儿童语言的发展与教育

徐雯雯 著

汕頭大學出版社

图书在版编目（CIP）数据

儿童语言的发展与教育 / 徐雯雯著. -- 汕头：汕头大学出版社，2022.12
ISBN 978-7-5658-4899-5

Ⅰ. ①儿… Ⅱ. ①徐… Ⅲ. ①儿童语言－语言能力－教育研究 Ⅳ. ①H003

中国版本图书馆 CIP 数据核字（2022）第 257565 号

儿童语言的发展与教育
ERTONG YUYAN DE FAZHAN YU JIAOYU

著　　者：	徐雯雯
责任编辑：	宋倩倩
责任技编：	黄东生
封面设计：	优盛文化
出版发行：	汕头大学出版社
	广东省汕头市大学路 243 号汕头大学校园内　邮政编码：515063
电　　话：	0754-82904613
印　　刷：	三河市华晨印务有限公司
开　　本：	710mm×1000mm　1/16
印　　张：	14
字　　数：	230 千字
版　　次：	2022 年 12 月第 1 版
印　　次：	2023 年 4 月第 1 次印刷
定　　价：	88.00 元

ISBN 978-7-5658-4899-5

版权所有，翻版必究

如发现印装质量问题，请与承印厂联系退换

前　言

语言是人类最重要的交际工具。幼儿处于学习使用语言的萌芽时期，这个时期的语言教育对儿童在未来的成长有重要的意义。在培养儿童学习兴趣的前提下，要正确引导儿童学习知识，为儿童养成终生的学习习惯打下良好的基础。儿童语言教育，应该根据教育发展规律，以及儿童身心成长的规律，对儿童实施有计划、有目的的语言教育，以此来促进儿童语言的良好发展。

本书共分为五章，对儿童语言的发展与教育进行了全面的探索与研究，具体内容如下。

第一章为儿童语言发声基础，主要包括儿童语言发声生理基础、儿童语言发声心理基础、儿童语言发声社会基础等内容。

第二章为儿童语言的获得，主要包括儿童语言获得理论概述、先天语言机制、后天习得机制、语言感知机制、语言运动机制等内容。

第三章为儿童语言的发展，主要包括儿童语言发展的规律、儿童语言发展的差异、儿童语言发展的基本阶段、儿童语言阶段性发展特点、制约儿童语言发展的因素、儿童语言发展的语言障碍等内容。

第四章为儿童语言教育，主要包括儿童语言教育概述、儿童语言教育的基本观念、儿童语言教育的特殊价值、儿童语言教育的发展趋势等内容。

第五章为儿童语言教育活动，主要包括儿童语言教育活动的类型、儿童语言教育活动的设计、儿童语言教育活动的组织、儿童语言教育活动的评价等内容。

本书适用于从事儿童教育方面的相关人员参考。作者在撰写本书的过程中得到了很多专家、学者的帮助，并从中受到了启迪，特向他们表示诚挚的敬意。由于时间仓促，作者的学识和能力有限，书中的不足之处敬请各位读者批评指正！

目 录

第一章　儿童语言发声基础 001
　　第一节　儿童语言发声生理基础 003
　　第二节　儿童语言发声心理基础 014
　　第三节　儿童语言发声社会基础 016

第二章　儿童语言的获得 023
　　第一节　儿童语言获得理论概述 025
　　第二节　先天语言机制 031
　　第三节　后天习得机制 039
　　第四节　语言感知机制 041
　　第五节　语言运动机制 050

第三章　儿童语言的发展 059
　　第一节　儿童语言发展的规律 061
　　第二节　儿童语言发展的差异 063
　　第三节　儿童语言发展的基本阶段 065
　　第四节　儿童语言阶段性发展特点 070
　　第五节　制约儿童语言发展的因素 082
　　第六节　儿童语言发展的语言障碍 086

第四章　儿童语言教育 115
　　第一节　儿童语言教育概述 117

第二节　儿童语言教育的基本观念 ………………………………… 130
　　第三节　儿童语言教育的特殊价值 ………………………………… 135
　　第四节　儿童语言教育的发展趋势 ………………………………… 140

第五章　儿童语言教育活动 ……………………………………………… 143
　　第一节　儿童语言教育活动的类型 ………………………………… 145
　　第二节　儿童语言教育活动的设计 ………………………………… 191
　　第三节　儿童语言教育活动的组织 ………………………………… 198
　　第四节　儿童语言教育活动的评价 ………………………………… 203

参考文献 ………………………………………………………………… 215

第一章　儿童语言发声基础

第一节　儿童语言发声生理基础

一、儿童语言的发音器官和听觉器官

（一）发音器官

发音器官的成熟是儿童语言发生、发展的重要生理前提。人的发音器官分为呼吸器官，喉头和声带及口腔、鼻腔、咽腔三大部分。

1. 发音器官的构造

与自然界的其他声音一样，人类的语音是由物体的振动而产生的。这个物体就是人的发音器官。跟成人一样，儿童的发音器官包括三大部分。

（1）呼吸器官。呼吸器官包括从口腔、鼻腔，到咽喉、气管乃至肺脏的一连串管道，主要部分是肺支气管和气管。肺脏呼吸时所产生的气流是人类发音的原动力。肺通过扩张和收缩吸入和呼出气流，当气流通过管道上的某些部位发生冲击摩擦时就形成了声音。语音一般都是在气流呼出时发生的。

（2）喉头和声带。喉头下连气管，上接咽部，是由几块软骨构成的一个精巧的小室。小室的中间就是声带，它由附在喉头上的两片黏膜组成，两片声带之间有狭缝，叫作"声门"。声带是主要的发音体，声音的高低取决于声带的厚薄、长短及其收缩程度。喉头则起调节声带开闭及松紧的作用。

（3）口腔、鼻腔和咽腔。人类的口腔、鼻腔和咽腔都有腔室，它们是三个共鸣器，能使声音产生不同的音色。鼻腔是固定的形式，而口腔则有形式的变化。在语音中，口腔共鸣音占绝大多数，鼻腔共鸣音占少数。声音的节奏快慢和清晰度取决于对舌头、小舌及软腭等部位活动程度的控制。

2. 发音程序

一般而言，发音器官的发音程序是这样的：空气在一定压力下由肺部出发，通过声带间的狭缝时使声带振动，产生声音。由于三个共鸣器的共鸣作用，声音的响度增加，加上口腔内部各部分器官的运动，便形成了不同的音色。婴儿具有发音器官，但要完全发出音节分明、有意义的语音，还需要在社会环境中长期接受成人语音的刺激，并经过大量的模仿练习才能逐渐成功，这个过程需要 3～4 年。

3. 发音器官的发育与儿童语言的发展

（1）发音器官的成熟是儿童语言发展的前提。随着发音器官的发育成熟，儿童逐渐发出音节分明的语音。儿童的喉头和声带处在不断发育之中。新生儿不能发出音节分明的语音的原因之一就是他们的发音器官还没有发育成熟。一两岁的儿童喜欢说单音叠词，如"猫猫""狗狗""鞋鞋""车车"等，这主要是因为这一时期儿童的大脑和发音器官发育都还不够成熟，发音器官缺乏足够的锻炼，重复一个属于同一个音节、同一个声调的音，不费力。如果发出不同的两三个音节，发音器官就要变换动作，对他们来说比较困难。

（2）随着发音器官逐渐发育成熟，儿童的发音也日趋准确。儿童的舌头及软腭、鼻腔等部位发育还不够健全，会影响其发音的准确性，有些语音他们还难以模仿发出，有些语音即使勉强发出也是含混不清的。例如，很多儿童平舌音与翘舌音不分，前鼻音与后鼻音不分。随着年龄的增长，他们的发音器官逐渐发育成熟，发音也越来越准确，越来越稳定。

（3）幼儿期是儿童语音可塑性最强的时期。随着儿童年龄的增长，声母、韵母发音的准确率会逐步提高，错误率逐渐降低。有研究发现，4 岁的城市儿童能够发准 97% 的声母和 100% 的韵母，同龄的乡村儿童能发准 74% 的声母和 85% 的韵母。儿童汉语发音的正确率：3 岁时约 10%，4 岁时约 35%，5 岁时约 60%，到 6 岁时则上升为约 70%[①]。可见，儿童的语音发展与发音器官的成熟程度有着非常密切的关系。

幼儿期是儿童学习语音的关键时期，也是他们语音可塑性最高的时期。

---

① 周兢. 学前儿童语言教育 [M]. 南京：南京师范大学出版社，2001：12.

3～4岁儿童最容易学会世界各民族语言的发音,因而被称为"国际公民"。这个时期的儿童学习外语或第二语言,可以获得比较纯正的目标语言的发音。

4.儿童发音器官的保护

任何一种发音器官的病变都会引起发音的异常。要保证儿童发音器官的发音质量,就要注意从小保护好他们的发音器官。

(1)养成良好的卫生习惯和形成良好的生活规律,预防呼吸道疾病。儿童的发音器官正处于发育过程之中,比较娇嫩,容易被感染。因此,家长要教育他们勤刷牙漱口,经常清洁口腔、鼻腔,正确擤鼻涕,不用脏手抠挖鼻孔,以免引起细菌感染,造成鼻炎等疾病。同时,家长要教育儿童养成良好的作息习惯,适当锻炼,积极预防感冒,预防不同类型的鼻炎、咽炎、气管炎、肺炎、哮喘等呼吸道疾病。

(2)培养良好的发音习惯,保护声带。因为声调过高或过低都会引发儿童声带过度疲劳,所以家长要教育儿童养成正确的发音习惯,并为他们选择合适的歌曲和朗读材料,说话、朗读、唱歌的声调要适合他们自身的音域特点。另外,家长要提醒儿童不要长时间大声喊叫、哭闹或唱歌,以免声带受伤。

(3)远离环境污染,保证良好的生活环境。空气污染会直接危害儿童的发音器官。因此,无论是在室外还是在室内,无论是在休息时还是在活动时,家长都要保证空气清新流通,让儿童尽量远离各种污染。另外,家长还要保证他们生活环境的温度和湿度适宜,常带他们去环境优美、空气清新的地方游戏、锻炼,以利于他们发音器官的发育和保护。

(二)听觉器官

1.听觉器官的构造

人耳主要由外耳、中耳和内耳三部分组成。外耳包括耳廓、外耳道;中耳包括鼓膜鼓室、听小骨(咽鼓管);内耳包括半规管、前庭、耳蜗。其中,内耳的耳蜗是听觉器官的重要组成部分。儿童基膜纤维的感受能力较成人强,所以他们的听觉较成人敏锐。到一定年龄之后,人的听觉通常会随年龄的增长而变得越来越不敏感。与成人相比,儿童的外耳道比较狭窄,鼓膜较厚。5岁时外耳道壁还未完全骨化和愈合,这一发育过程一般要到10岁才能完成。

2.听觉的形成过程

听觉是这样形成的：耳廓收集到的声波通过外耳道引起鼓膜振动，进而引起听小骨的振动并把声音放大后传到内耳，内耳中耳蜗上的听觉感受器产生兴奋，并由听觉神经传到大脑皮层的听觉中枢，就可以听到声音了。这个过程就是声音—外耳—中耳—内耳—听觉神经冲动—听觉中枢—产生听觉。

人耳的构造与它感受声音的能力是相适应的，而人类发出声音的范围与听觉的范围也是相符合的。人耳对语音的各种频率特别敏感，使人有可能在感知语言时区别细微的差异。

3.听觉器官的发育与儿童语言的发展

（1）听觉器官的发育是儿童语言发展的前提条件。掌握语音必须依靠听觉系统的发展，倾听是儿童感知和理解语言的基础和前提条件。儿童语音听觉系统的不断成熟与发展，也为儿童倾听能力的培养提供了重要的生理基础和物质前提。儿童的听觉系统发展较早，妊娠24周的胎儿的内耳已经发育并能听到多种声音，如母亲的心跳，甚至外界的声音。6个月以上的胎儿对母亲的语言有所反应，对不同的乐曲声也有不同的反应。出生后的婴儿很快就能够辨别语音的细微差异，听到父母说话就会心跳加快，这是他们与外界沟通的开始。

这些听觉经验对儿童早期的语言发展具有十分重要的意义。婴儿早期的与他人的交往行为正是以他们的各种听觉经验为基础的，这些听觉经验成为婴儿之后语言发展的基础。随着年龄的增长，特别是在掌握语言、接触音乐环境的过程中，儿童的听觉系统不断发展与成熟。

（2）儿童对母语比较敏感，对母亲的语音最敏感。出生不久的婴儿就喜欢人类的声音胜过其他声音，他们能够把语音与其他声音区分开，同时他们喜爱母语的声音胜过其他语言的声音。而在对周围人的语音感知中，婴儿对母亲的声音最为敏感。母亲也很了解这一点，她们在跟婴儿说话时声音温柔亲切，而且故意放慢语速，夸大那些重点字词的发音，这就是"儿向语言"。这种语言可以使婴儿听清楚母亲发出的那些重要的音节，为婴儿的早期模仿发音提供了基础，同时也为婴儿和成人的早期咿呀对话提供了条件。这种对话从婴儿出生两个月左右就可以进行。因此，成人要创设条件让其多听、多说、多看、多与人交往，提供多种形式的语言刺激和语言交流，使其在能够发出这些语音之前学会正确辨别这些语音。

（3）儿童对母语的辨音能力随着年龄的增长而不断提高。大班儿童辨别母语声音细微差别的能力比小班儿童强得多。小班儿童由于声音辨别能力差，往往不能区分成人发音的细微差别，从而在发音时常常出现错音、丢音、换音等语音错误现象，如把"老师"发成"老希"，把"肉"发成"又"，把"岗亭"发成"钢琴"等。

（4）儿童对母语和外语的近似音辨别有个敏感期。在敏感期内，他们的听觉比成人敏锐。6个月大的婴儿已经能够区分出母语中的某个词与从未听过的外语中的某个近似音，而10个月大的婴儿却无法分辨这种细微差别。

4.儿童听觉器官的保护

听觉对儿童的语言发展非常重要，如果在语言发展期间存在声音语言输入障碍，如中度以上听觉障碍，就会影响儿童对语言的理解和表达，导致语言发展障碍。因而要注意保护好儿童的听觉器官。

（1）保护耳朵，避免外伤。鼓膜、听小骨损伤或障碍，会导致听力下降，甚至耳聋。因此要教育儿童不要用尖锐的器物挖耳，避免耳朵部位受到重力撞击，避免被打耳光。

（2）远离各种噪声污染。教育儿童在巨大声响发生时，要迅速用手捂耳并尽量远离声源，避免损伤听力。如果长期处于过于嘈杂的高频噪声或低频噪声环境中，儿童的听力神经也会损伤。

（3）防治相关疾病。因为儿童的咽鼓管较成人的粗短，近水平位，所以当鼻咽腔受到感染时，就会引发中耳炎。因此，要注意预防儿童患外耳道疖，以及感冒和鼻咽炎等疾病引发的中耳炎，一旦患急性中耳炎，要及时治疗。同时，儿童游泳时需戴防水耳罩，不要潜水过深，以免感染。

（4）慎用可能造成听力损害的药物。在儿童生病时要尽量选择那些毒副作用小的药物，慎用耳毒性药物，如庆大霉素、链霉素等，防止造成儿童药物性耳聋。

二、儿童脑机能的成熟和语言发展

(一)脑的生长发育与儿童的语言发展

儿童出生时的脑重量为 390 克,3 岁时为 1101 克,7 岁时脑重量可达 1280 克,基本接近成人的脑重量(1400 克)。1 岁半以后,脑内细胞的大量增殖已基本结束,随后出现的脑生长的主要表现是脑细胞体积的增加,轴突和树突的延长和分枝,神经纤维迅速形成髓鞘,使得神经传导的数量增多,速度加快,内在联系复杂化。也就是说使神经网络的复杂性不断增加,这是加工词语形成概念的物质基础,因为词概念的形成依赖大脑能吸收和整合词所代表的事物或现象的全部信息,只有神经网络才能将这些信息相互沟通,进行同时性的加工,对词做出本质全面的理解。

上述脑发育的进程与皮亚杰有关智慧发展阶段的划分是一致的。皮亚杰将 8～2 个月这一年龄定为表征思维的起始年龄,其主要特征是动作内化为表象,并借助符号、表征内化的表象进行延缓反应或延缓模仿。该年龄段儿童已能利用替代物和象征性动作做模仿游戏,如学爸爸扫地、学妈妈煮面条等。形象表象和动作表象的积累使词语有了形象的依托,使大脑加工语言信息的能力得到发展。脑的发育和平龄的关系见图 1-1,图 1-1 表明,0～3 岁曲线的坡度最大,这说明认识能力、语言能力的发展与脑的生长发育的进程是同步的。

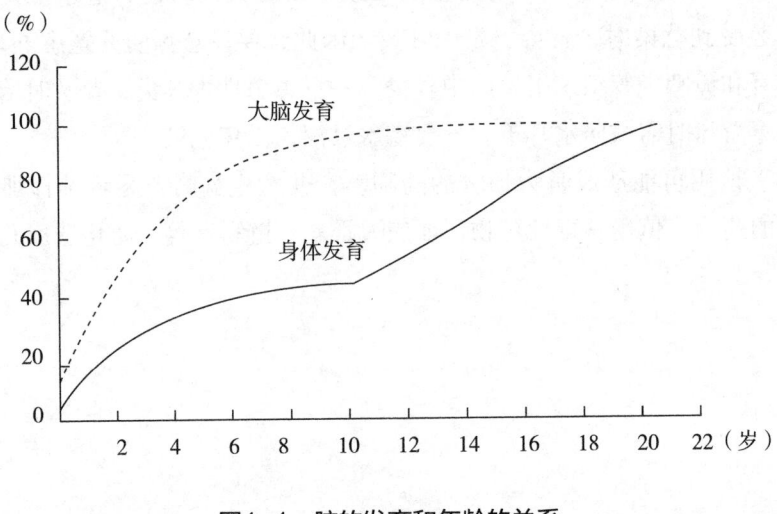

图1-1 脑的发育和年龄的关系

（二）人脑整体机能与儿童语言发展

1. 人脑的基本机能联合区概述

根据卢利亚的研究，人脑至少有三个基本机能联合区，任何一种心理活动的实现，都必须有三个机能联合区的协同活动，其中的每一个机能联合区都对整个心理过程的实现做出自己的贡献。这三个基本机能联合区具体如下。

（1）调节紧张度和觉醒状态的联合区。调节紧张度和觉醒状态的联合区，位置可能在脑干和脑的皮层下。这一区域器官受损，可以引起皮层紧张度的非特异性降低（非特异性是指这部分器官在接收信息时没有专门的分工），引起信息传入的困难而无法进行心理活动。

（2）接受、加工和储存信息的联合区。接受、加工和储存信息的联合区，位于枕叶、颞叶、顶叶等部位。第二区域器官受损，会严重破坏接收和加工信息所必需的条件，而每一种损伤都会引起明显的特异性破坏（视觉的、听觉的、空间运动觉的）。如果左侧半球这些器官受损伤，就会引起语言信息接受条件的破坏，无法借助语言加工一定的信息。

（3）规划、调节和控制复杂活动形式的联合区。规划、调节和控制复杂活动形式的联合区，位于大脑两半球的前部。这一区域器官受损，并不改变皮层总的紧张度，也不波及接收信息过程的主要成分，而是使主动加工信息的过程受到严重破坏，难以形成意向和规划行动，还会妨碍对行动过程的调节和控制。

上述结论是卢利亚在对创伤、肿胀或局部脑出血引起的大脑某些部分的局部损伤而造成的心理过程异常现象，进行了长期系统的分析的基础上得出来的。

2. 语言信息的处理离不开机能联合区的协同活动

上述表明，每一部位的脑损伤，都会使人丧失进行正常的、有意识活动所必需的一定条件，从而引起脑的整体机能系统的解体。只有三个基本机能联合区都健全地运行，才能保证意识活动的顺利进行。语言是与意识共存的活动，它的输入、加工、储存和输出，也必须由三个基本机能联合区的协同活动来实现。每一个基本机能联合区的受损，都有可能引起不同程度的语言障碍。第一基本机能联合区受损，语言信息就无法输入。第二基本机能联合区受损，语言信息就无法接受、加工和储存。第三基本机能联合区受损，人就会失去确定表达意向、主动编码和发送的能力，也无法监督意向和代码的一致性，导致想说的话和说出来的话的错位（词义脱节）。可见，语言活动和所有意识活动一样，和大脑，尤其是大脑皮层的整体功能有密切关系。正如卢利亚所指出的，话语的构成包括一系列连续的环节，每个环节都是这一过程的重要条件。不论话语形成（思想编码）的复杂过程，还是话语理解（或译码）的更为复杂的过程，其中包含的每一个条件，都是在对这一复杂过程起保证作用的诸大脑器官协同活动并直接参与下才得以实现的[①]。

3. 儿童脑机能的发展顺序

儿童脑的三个基本机能联合区协同活动的机能是逐步完善的，从个体脑的成熟顺序看，第一基本机能联合区的脑结构最先成熟，第二基本机能联合区次之，第三基本机能联合区最晚成熟。根据卢利亚的研究，最复杂的额区，只有到6～7岁才最后成熟。这与儿童语言发展从理解到说话，从掌握词语的个别表象意义到掌握词的概念意义，从被动说话到主动说话，从对话、复述到连贯表达的发展顺序有一定的对应关系。儿童主动调节和规划语言的能力发展较晚，不善于围绕主题和抑制无关联想，主动说话频率随着年龄增长而提高等语言现象，显然与额区成熟较晚有关系。

4. 树立儿童语言发展的整体观念

从上面的分析可以看出，三个基本机能联合区的范围波及皮层、皮下组织和脑干。由这些部分的共同协作、环环相扣，才能完成一切信息（包括语言信息）的处理过程。由此可以认为，任何有助于刺激大脑结构和机能发育的措施，也肯定有助于语言的发展。这些措施应该包括合理摄入营养、预防脑外伤和疾病、开展丰富多彩的活动全方位刺激脑的发育等。发展语言能力的工作不应该局限在语言教育和教学的狭小圈子里。大脑的健康发育，生活内容的丰富，是儿童语言记忆、语言理解和语言形成的物质基础和前提条件。

（三）皮层语言中枢定位的形成和儿童语言发展

神经心理学的研究成果表明，大脑的机能是整体性的，但又有相对稳定的中枢定位。根据对失语症病人的研究，语言功能和专门的中枢之间存在着联

---

① 卢利亚. 神经语言学[M]. 赵吉生，卫志强，译. 北京：北京大学出版社，1987：47.

系，既有语言中枢定位的不确定性，又有语言功能清晰定位的迹象。

1. 语言中枢定位的不确定性

人的大脑两半球都可以建立语言中枢。学者张明红总结了单侧脑损伤的病例，发现优势手与语言中枢定位在哪一半球有一定关系。大约有98%的右利手者的语言障碍是由左半球受损伤所引起的；但也有不到2%的右利手者的失语症是由右脑损伤所引起的。有大约33%的左利手病人的失语由右脑损伤而导致。[①] 可见无论是左利手者还是右利手者，都存在由左右半脑损伤而发生失语症的情况。刺激产生失语反应的点见图1-2，病变引起失语反应的区域见图1-3。但大量实验表明，左半球受伤发生失语症更为多见，右利手者的左脑优势比左利手者的右脑优势多得多。有人认为利手是大脑优势半球的外部标志；也有人认为优势手是否能作为优势半球的外部标志尚难确定，因为优势手的成因是很复杂的。个体之间语言中枢定位在哪个半球，可能是由早期受伤以至于使功能移位于别的区域而造成的。

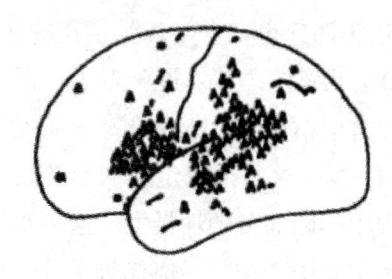

图1-2　刺激产生失语反应的点 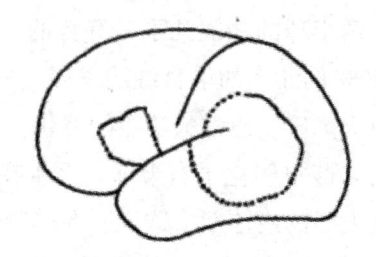　　　图1-3　病变引起失语反应的区域

2. 语言功能清晰定位的迹象

对人脑的研究发现，的确存在着一些与语言有关的特殊结构，存在着相对稳定的语言中枢。大脑外侧面解剖图见图1-4。一般认为，运动性语言中枢，即说、写中枢和感觉性运动中枢，即听、读中枢，分别分布在不同脑回（对绝大多数人而言是在左半球）上面，说话中枢在左侧额下回（布罗卡区）、书写中枢在左侧额中回后部，语言听觉中枢在左侧颞上回后部（韦尼克区），阅读中枢在顶、枕、颞叶交界处的角回。

---

① 张明红. 幼儿语言教育[M]. 上海：上海教育出版社，2015：18-19.

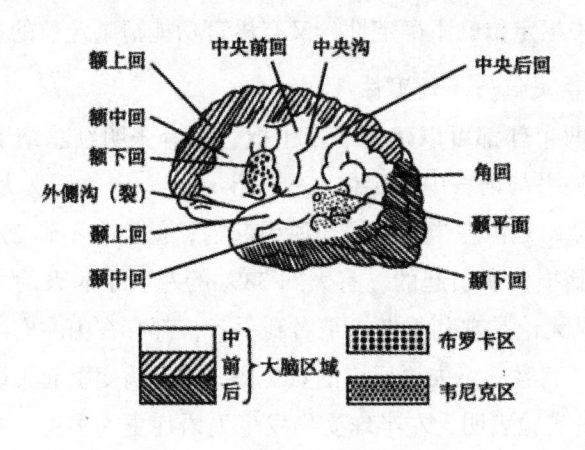

图1-4 大脑外侧面解剖图

3.大脑语言中枢机能定位的发展

大脑语言中枢定位的发展是缓慢的。6个月的胎儿,大脑两半球的结构是不对称的,可见解剖上的不对称在出生以前就建立了,但是从出生到2岁这段时间,两半球的功能几乎是等势的。在出生头两年里,左半球受了伤的儿童,其中50%的儿童的语言继续发展,另有50%儿童的语言发展延迟了,但没有受到重大障碍。通常脑功能的特化,即把语言中枢单侧化于左半球,而把某些非语言功能单侧化于右半球,发生在2～12岁,这是语音定型的年龄段,也是语言发展的最佳期,这说明在单侧化过程中,脑的可塑性最大。这一年龄段与优势手分化进程也是一致的。很难说优势手受语言控制,但优势手分化与功能的专门化之间似乎存在着一定关系。缺乏单侧优势,特别是没有形成偏手的儿童更容易出现口吃现象。语言功能的单侧化可以使各个中枢之间神经元的传导速度大大加快,不仅与语言发展有关,还跟一般认知能力的获得相关联。儿童越聪明,两半球的不对称也就越明显,而阅读迟缓跟两半球功能特化发展不正常有关。

对正常儿童语言中枢的成熟顺序和具体定位问题的研究很少,只能从语言发展的外部行为表现和脑生长发育的顺序进行比较和推测。

神经系统的发育顺序是从下到上的,即从脊髓、脑干、皮层下中枢直至皮层;皮层的发育顺序是从后到前的,即中央后回的各皮层区先发展,逐渐向中央前回推进,最发达的额叶最后发育完成。这与儿童语言行为发展的顺序基本上是一致的。由此可以得出两点看法。

（1）儿童听、说、读、写的先后顺序是由语言中枢的发育成熟顺序所决定的。婴儿的听音、辨音能力和对词义最初的理解力的发展早于发音能力和表达能力，这与听觉中枢（在大脑半球后部）发育较早有关。语言环境中的语音通过听觉器官传入初级听皮质邻近的颞上回，建立起有鉴别的语音表象，同时与语言所代表的视觉表象取得联系，获得最初的理解（声音和单一形象之间的联系），但是进一步的理解必经额叶的参与加工。因此，儿童对语义理解有一个逐渐复杂化的过程。

当语言单位积累到一定数量、口腔的协调动作能力达到能发出语音的时候，儿童便开口说话。阅读和书写语言属于书面语言，无论从种系看还是从个人看，其发展都是以口语发展为基础的，因为书面语言必须经过两次转换，是在口语发展到一定程度时才发展起来的。书写中枢在大脑半球的前部，在与手眼协调动作的相互作用中得到发展，无论从大脑皮层的发育顺序看还是从手部精细动作的发展顺序看，书写能力都在听、说、读能力后发展是有根据的。

值得指出的是，阅读中枢位于皮层后部，从脑皮层的发育顺序看应在说话中枢之前，儿童掌握字形与实体的联系比掌握语音和实体的联系容易，因此在说话前就能学习认字。

在婴儿满月后不久开始对其进行识字阅读教育，是最适宜的，因为可以赶在反抗期前为孩子打下学习的基础。到此，两个问题需引起注意：听、说、读、写的能力发展顺序，是大脑语言中枢成熟顺序所致，还是书面语言刺激大大少于口语刺激而引起阅读中枢发展迟缓？识字容易的说法，是只限于图形文字，还是有普遍意义？这均需有更多的研究。

（2）语言中枢成熟水平的个别差异影响语言能力发展的个别差异。有的儿童开口说话的年龄较小，发音比其他同龄儿童清楚，可能他的语言听觉中枢和语言运动中枢的发育较早、较好；有的儿童开口说话的年龄较大，但理解力并不差于说话说得早的儿童，可能因为他的语言运动中枢成熟稍迟，或者口腔运动能力发展缓慢。这些儿童在开口说话以后的语言表达能力的发展速度完全能赶上说话早的儿童。语言中枢成熟的速度与遗传有一定关系，有的儿童说话迟，追溯原因，发现父母和祖父母中有一方说话也迟。儿童口吃，也有家族易感人群的迹象。但是，语言中枢的成熟速度更与后天的语言刺激有关。教师和家长应对儿童语言发展的进程有正确的认识和评价。根据皮质机能区的发展程序，应根据语言理解和语言表达的情况，从先天和后天两个方面综合考察儿童的语言发展是正常的还是异常的，对儿童语言发展中出现这样那样的问题，既不能操之过急，也不能听之任之。

第二节　儿童语言发声心理基础

儿童语言发声是一个极其复杂的过程，所有生理正常发育的儿童都能在出生后4～5年未经任何正式训练，依然取得较好的语言发展，但为什么有的发展程度高一点，而有的发展程度低一点呢？这就需要对语言发展中复杂的心理过程和心理特点进行研究。

一、认知能力

在心理因素中，最重要的是大脑的认知能力。语言能力无论是印入性的（如听和阅读）还是表达性的（如说和写），都建立在对语言内容理解的基础上。也就是说，语言能力和认知能力有密切关系，语言能力是受一般认知能力制约但又有自己特殊性的认知能力。皮亚杰及其追随者，强调认知能力对儿童语言发展的单向作用，未免片面，但是语言能力确实受到认知的影响，这是毋庸置疑的。例如，通过感觉器官，儿童能分辨出物体的长短、大小、高矮、宽窄等；理解什么是高低、上下、内外、前后、左右等；通过听觉辨别出人声、动物的叫声、音乐声、各种物体的撞击声，以及哪些声音悦耳、哪些声音嘈杂等；通过触摸物体分辨其外形、质地、软硬度、温度等；通过味觉分辨出酸、甜、苦、辣、咸等味道；通过嗅觉闻出不同的气味，再凭气味辨别出不同的物质；通过运动觉知道不同的动作，如走、跑、跳、爬、攀登、抛、掷、弯腰、踢腿等。如果儿童对环境中事物的属性有了基本的概念，当他掌握到相应的词汇时，便可以用语言进行沟通了。

其实，在儿童学会用语言表达的时候，他们也会经历一个特殊的语言过渡阶段——手指语言，即用手指指东西。在这一阶段，他们虽不会用语言表达交流，可是会惊奇地发现，当人们向儿童提问"宝宝，妈妈在哪里啊？"，大部分儿童都能很快从人群中找到妈妈，并指向妈妈，似乎这就是在回答"妈妈在那里"。当然，除了指认人物外，儿童还可以指认出各种小动物、小物件，或是熟悉的生活物品等。儿童的手指语言也充分表明，当他们对事物积累了一定水平的认知后，就能将其所熟知的事物与语言建立起准确的联系，增加词汇积累，促进语言的发展。

语言是反映客观世界和人类社会生活的一种符号系统，语言运用受制于各种语境因素，特别是人际关系。语言系统和语言运用的一系列规则被深深地注入了语言社团的代代相传的文化因素。而要获得语言系统，学会按照社团的习惯使用语言，就必须对语言所表达的客观世界和人类社会生活有一定的了解，就必须掌握注入在语言系统和语言运用习惯中的文化因素；而要掌握这些因素，必然需要一定的认知能力。

相反，如果儿童对语言中所描述的事物全无概念，又不理解词义，当他人说出一些物体的名称或描述一些物体的形状时，其便会感到茫然，难以理解其语言内容。同样，其也不能用语言或文字去描述这些事物。因此，儿童如果缺乏认知能力和概念知识，当其听到别人说话时，便很可能产生理解错误，或者表达障碍。史慧中在《3～6岁儿童语言发展与教育》的调查报告中，得出："儿童的表达层次是零乱的，篇章意识是缺乏的，思维的逻辑水平是薄弱的、低下的。"该文进一步分析指出："结构杂乱、层次不清的讲述，在儿童期最主要的表现及原因：第一，不理解讲述的对象，不但讲述无重点、主次混杂，而且条理不清；第二，讲述前缺乏观察和思考，边看、边想、边说，以致语无伦次；第三，思维过于具体，以致事无巨细，均做具体琐碎的描述，讲述必然轻重倒置；第四，自我中心的思维特点，使其在讲述时沉醉于对事物所见所闻的过程中，因而表达随心所欲，缺乏条理；第五，缺乏概括与综合能力，对丰富的内容不知归类叙述，因而，内容越多，讲述越杂乱无章。"由此可以看出，认知能力对于儿童语言学习的制约。

二、个性品质

除了认知因素以外，儿童的其他心理素质也会影响儿童的语言学习和发展。比如，个性品质的差异。一般说来，性格外向、喜欢与人交往的儿童，其语言发展的速度较快，这是因为个性外向、自信、善于交际的儿童对周围人的言行比较注意，常常会自觉或不自觉地加以观察和模仿，敢于在各种场合表现自己,因此他们就能争取到许多语言学习和表现的机会。而性格内向的儿童往往缺乏自信,胆小怕羞,因而也就失去了许多语言学习和表现的机会,缺少成功与失败的体验,缺乏吸收语言信息的主动性和有效性。也有研究指出,女孩比男孩更乐于同成人交往,她们在干一件事情之前,往往要向成人请示。男孩和女孩这种心理差异及其带来的行为上的差异,是导致女孩语言发展快于男孩的原因之一。

第三节 儿童语言发声社会基础

语言是人区别于动物的一个重要标志。李浩泉等人在论述学前儿童五大领域教育及其活动设计研究中借用语言学家、结构主义语言学重要代表人物索绪尔的观点,即"语言是一种社会现象,是社会强加于全体成员的一种特殊的规约,一种必须遵守的规范,它具有稳定性、长期性等特点"[①]。由此不难看出语言具有社会性,那么儿童语言发声的社会基础是什么呢?后天环境决定论者给出了自己的解释。并且,在他们思想的基础上产生的"规则学习说"和"社会交往说"对此做出了一定程度的解释。

一、强调社会基础的理论假说

(一)后天环境决定论

在对待儿童成长的问题上,一直存在着先天(遗传、生理)与后天(环境、教育)的争论,这种争论也影响到对于儿童语言发展的看法。以巴甫洛夫的条件反射和两种信号系统的学说、华生的行为主义学说为理论基础的研究,在儿童语言发展的问题上都比较强调后天环境的因素。关于儿童语言发展的理论,可以被称为后天环境论。对于儿童语言发声具有一定解释力的有"模仿说"与"强化说"。

---

① 李浩泉,黄丽燕.学前儿童五大领域教育及其活动设计[M].东营:中国石油大学出版社,2016:104.

模仿说认为，儿童是通过对成人语言的模仿而学会语言的。成人的语言是刺激，儿童的模仿是反应。

强化说是行为主义最有影响的解释儿童语言发展的理论，在20世纪40年代和50年代初非常盛行。强化说以刺激-反应论和模仿说为基础，并特别强调"强化"在儿童语言学习中的作用，认为儿童是通过不断的强化学会语言的。

不管是巴普洛夫的经典条件实验，还是斯金纳的操作条件实验都说明：学习需要外部给予一定的刺激，不过前者认为刺激在学习行为之前，而后者则认为这个刺激出现在学习行为之后。

（二）规则学习说

规则学习说是在乔姆斯基和行为主义的双重影响下形成的一种儿童语言发展理论。这一理论的提出者和赞同者主要有布朗、弗拉瑟、伯科等学者。

规则学习说认为，儿童具有一种理解母语的先天处理机制，但是，这种机制主要是一种学习和评价的能力，而不具有如乔姆斯基所说的语言普遍特征。[①] 儿童学习母语是一个归纳的过程，而不是一个演绎的过程。儿童用先天的语言处理机制，通过对语言输入的处理归纳出母语的普遍特征和个别特点。

儿童的语言学习主要是对规则的学习。因此在儿童语言发展的早期，还有许多过分概括的现象。对规则的归纳，凭借的是工具性的条件反射，是刺激—概括的学习过程，是先天因素同后天因素的相互补充和相互影响。

规则学习说与行为主义的最大不同，是它强调儿童的语言学习有先天能力的存在。它与乔姆斯基学说的最大不同，是认为儿童学习语言的先天能力中，不包括语言的普遍特征；语言学习是一种在先天能力参与下的条件反射，对语言的学习是归纳的而不是演绎的。

（三）社会交往说

社会交往说是布鲁纳、贝茨等学者的理论主张。基于此理论，学者陶金玲将其归纳为语言获得不但需要先天的语言能力，而且也需要一定的生理成

---

① 李宇明.儿童语言的发展[M].武汉：华中师范大学出版社，1995：52.

熟和认知的发展,更需要在交往中发挥语言的实际交际功能。①因此,他们特别重视儿童与成人语言交往的实践,并认为儿童和成人语言交际的互动实践活动,对儿童语言的发展起着决定性的作用。

"社会交往几乎可以看作儿童的一种天性。"②儿童在会说话之前,就已经能用体态与成人交际,并听懂一些成人的话语;在单词句和双词句阶段,以语言、体态或者体态语言相结合的方式作为交际手段;最后过渡到可以完全用语言进行交际。规则学习说和社会交往说是比较有前途的理论。但是,由于这两方面的研究工作还没有全面展开,所积累的材料有限,所以其学说的系统性还需要进一步完善。

语言的基本职能是做交际工具。交际是一种社会活动,因此,语言从一开始就与社会有密不可分的关系。语言是一种社会现象,它随着人类社会的产生而产生,随着人类社会的发展而发展,并且将随着人类社会的消亡而消亡。

二、语言产生于社会、存在于社会

(一)语言产生于社会

只有当人类的活动由个体活动进入有组织的群体活动的时候,或者说,只有当人类进入一定的社会生活的时候,语言的产生才有了前提。人类的祖先是生活在热带和亚热带丛林中高度发展的类人猿,是一种群体动物。人类的劳动一开始就是以相互协作、共同劳动的集体形式出现的,正是原始人的生产劳动的协同活动,引起人们产生交际需要。换句话说,人类的交际需要产生于有组织的社会劳动中。交际是为了进一步或更好地组织和协调劳动,因为人类只有通过有组织的劳动才能改变生存的条件和质量。也正是原始人的生产劳动,提供了产生语言的可能。

(二)语言存在于社会

语言作为一种主要的交际工具,为社会全体成员服务,由社会全体成员

---

① 陶金玲.做中学与幼儿教育[M].合肥:安徽少年儿童出版社,2011:93.
② 李曙光.儿童发展与辅导[M].合肥:安徽大学出版社,2018:96.

使用。社会是语言唯一的活动天地。语言在使用中有各种不同的存在形式，发挥不同的作用，体现不同的功能。

1. 个体形式和整体形式

语言存在于言语活动之中，言语活动是一种个体活动，这种活动虽然受到社会的制约和规范，但在个体的使用中表现出千差万别。这些反映在语音、词汇、语义和语法上的差异尽管是非本质和非系统的，但这些个体差异仍然形成了语言的个体形式。语言的整体形式是指存在于语言个体形式之中、由个体形式中抽象概括出来的完整形式，因为就个体形式反映整体形式来说，任何一个个体形式都具有局限性，都不能全部包含和反映整体形式。语言的整体形式是完整的形式，也是抽象和概括的形式，是全部言语活动的总和，是全部个体形式的最大公约数。从根本上说，语言的个体形式和整体形式是统一的，语言的个体形式是在整体形式制约和规范下的个体形式，语言的整体形式又是个体形式基础上的整体形式。二者是个别和一般、抽象和具体、偶然和必然的关系。

2. 固定形式和环境形式

就语言作为交际工具的本质来说，其存在形式是一种动态形式，即在使用中发挥应有的作用，体现交际的功能。因此，语言就其构成要素来说，可以分为固定形式（即稳态形式）和环境形式（即动态形式）。无论语音、词汇、语义和语法，都有其基本的表现形态，即基本的形式、含义、功能和规则。但在使用中，或者说在特定的语境中，它们又表现为相应的特定形态或变化的形态，即在语言使用的不同环境中，在语音、词汇、语义和语法上表现出一定的差异，如语言使用于一般场合和正式场合所产生的差异，这些差异既反映在语音、词汇、语义等个别因素上，也反映在综合的因素上。

3. 全民形式和社团形式

语言在社会使用中一致的形式是全民形式，而由于不同的社会因素所造成的语言差异就是语言的社团形式。这些社会因素有的是政治的，如一些贵族的语言；有的是文化的，如知识阶层的语言；有的是性别的；有的是年龄的；还有的是职业的；等等。语言社团形式与全民形式没有质的差别，他们只是在语音、词汇、语法上反映出少量的特点或差异，并不影响彼此的交际。

4. 标准形式和地域形式

地域形式是指同一语言分布在不同地方的方言土语。标准形式是指地域形式经自然选择形成或以法令形式规定的共同形式或标准形式,也称标准语或普通话。标准语并不是专门的名称,汉语的标准语即普通话,是以北方方言为基础、以北京语音为标准音的汉语标准形式。标准形式是在地域形式的基础上形成的,它原来也不过是一种地域形式。或者由于政治、经济和文化等的历史原因,它逐渐成为一种大家都学习使用的比较通行的共同形式;或者出于社会的发展特别是创造文字的需要,同一种语言不同方言土语的使用者协商或约定,确立一种方言作为标准形式,以其作为标准语和文字创造的依据。一般来说,一种标准语的确定都要通过一定的立法手续,受到一定法令法规的制约。标准形式一旦确立,将对地域形式产生重大影响,地域形式的使用范围将受到一定的限制,并在适应中自觉和不自觉地向标准形式靠拢。从理论上说,地域形式最终将被标准形式所替代,事实上这是一个漫长的过程。标准语是多层次的,或者说一种语言不一定只有一种标准语。比如,我国苗族创造四种文字,以四种方言为基础,确定了四种标准语。这些文字具有方言文字的性质,因此这些标准语本身就具有一定的地域性,与由全部地域形式基础上集中起来的标准语不属于同一个层次。

5. 书面形式和口头形式

文字是记录语言的工具。由文字记录下来的语言形式就是语言的书面形式,人们日常生活中口头上使用的语言形式就是语言的口头形式。语言的书面形式与口头形式是不完全一致的。这是因为:第一,文字固定下来的语言形式是一种规范、准确、精练、文雅的形式。第二,书面形式比口头形式具有更丰富的历史和方言积淀,比任何一种口头形式都要丰富。第三,一般来说,书面形式以口头形式为基础,在反映口头形式时总是落后于口头形式。然而,词汇的扩展、语法的精密化和语言的文学化,大多是通过书面语来实现的。从这种意义上来说,书面形式有时又走到了口头形式的前面。第四,口头形式是任何一种语言的必然形式,而书面形式却不一定,因为有的语言只有口头形式而没有书面形式。我国许多少数民族,如土族、裕固族等,都是只有本民族的口语而没有文字。第五,有的语言只有书面形式而没有口头形式。这是因为这些语言在口头使用上已经消亡,但书面形式以文献的形式保存下来,如契丹文、西夏文所反映的契丹语、西夏语的书面形式。语言的各种存在形式不是固定不变的,而是不断地变换和发展的。比如,有的地域形式变为标准形式,口头形式变为书面形式，社团形式变为全民形式等。语言的存在形式及其发展和变化，是语言学尤其是社会语言学研究的一项重要内容。

三、语言发展于社会、依存于社会

（一）语言发展于社会

由于社会的发展，物质文明和精神文明的提高，语言为了适应这种发展的需要，要不断地进行改进，最大限度地满足物质和精神两方面的发展。语言这个交际工具无论在反映新事物、新概念方面，还是在表达的准确性和丰富性方面，都要与社会获得同步的发展。语言的发展有两个不同的方面：一是语言系统内部结构要素的发展，如词汇、语义和语法的发展。二是语言的整体存在形式的发展，如语言的形成、语言的分化、语言的统一和语言的消亡等。语言发展的这两个方面有联系，但又并不相同。语言系统内部各结构要素的变化比起其他上层建筑的发展是缓慢的、渐进的，这也是由语言和社会的关系所决定的。

如果语言发生突变，就会失去社会的"约定俗成"性，就会使交际发生困难。各语言要素的发展速度是不均等的，其中以词汇的发展最为迅速，这是社会对语言的要求。科学技术和人类文明的不断进步，人类活动领域的不断扩大，新事物的不断出现，都要求语言的表达内容不断更新。据记载，宋朝之前没有桌椅，人们席地而坐，宋朝以后才有桌椅，"桌""椅"也随之相继出现。近几十年来，新事物层出不穷，新词汇也不断涌现，如"电脑""千年虫""网虫""多媒体""碟片""打工"等；外来语也进入汉语词汇体系，如"因特网（互联网）""AA制""沙龙""克隆"等。词汇的增加和更新，最能反映语言的社会特色，每一个历史阶段都会产生一大批反映当时政治、经济和社会生活的词汇，如改革开放初期的"万元户""联产承包责任制""一国两制"等[1]。但无论怎样变化，语言中的基本词汇还是很稳定的，许多新词汇都属于一般词汇，是由基本词汇和其他一些词汇组合而成的。与词汇的发展速度相比，语法的发展比较缓慢，但也随着社会的发展而不断地发生着变化。我国商代的甲骨

---

[1] 张明红.婴幼儿语言发展与教育[M].上海：上海科技教育出版社，2017：31.

文字，人称代词不完备，数词中还没有序数词和基数词的分别，介词和连词非常少；句子中以单句为主，复句很少见；而少见的复句中以并列复句为大多数，其他复句较少。这一语法水平大约相当于当今4岁儿童语法的发展水平。社会的发展、交际的需要以及人类思维水平的提高，推动着语法结构的不断完善。语音的发展变化速度也比词汇慢。从方言的语音、古诗词的韵脚与当代普通话语音的比较中可以发现，语音也是不断发展的。

（二）语言依存于社会

语言是一种社会现象，离开社会语言就会消亡。如中国历史上的契丹语、西夏语等古代语言都是由于社会的消亡而消亡的。这是因为语言作为交际工具被使用于社会，交际功能就是使用的功能，语言一旦脱离社会，就等于停止使用，难逃消失的命运。社会的消亡不能简单理解为政治制度的更迭或统治集团的崩溃，也不能简单理解为社会成员的消散，尽管这两种因素是造成语言消亡的重要原因。比如，在上述两种古代语言的消亡过程中，这两种因素都曾起到非常重要的作用。但从现实和历史上语言消亡的过程来看，语言的消亡主要是由使用上的退化，即语言功能的削弱造成的。导致语言功能削弱的原因是多方面的，既有政治的因素，也有经济和文化的因素，甚至还有语言使用者的心理因素。因此，所谓社会的消亡，不是社会成员的消失，语言的消亡只是使用的停止，换句话说，只是语言原来的使用者放弃了对这种语言的使用而改用另外的语言。由此可见，社会的消亡导致语言的消亡，而语言的消亡不一定以社会的消亡为前提，或者说与社会的消亡有必然的联系。

反过来说，社会同样也要依赖于语言，客观上也不存在没有语言的社会，因为社会要靠语言来维系，语言的消失必然会导致社会的崩溃。社会的发展影响语言的发展，反过来语言的发展同样推动社会的发展，因为语言的发展促进了思维的发展，语言的发展也加速了语言使用的发展。语言的使用包括语言的传播、交际和教育等各个方面，包括了社会物质生产和精神活动的全部内容。一般来说，语言的发展总是落后于社会的发展，因为语言对社会的反映主要是间接的反映，社会的发展永远是第一性的，社会发展的需要促进了语言的修订、改进和更新，语言只能在一定的条件下对社会起到推动的作用。

第二章　儿童语言的获得

第一节 儿童语言获得理论概述

一、对语言的认识

(一) 语言的概念

要研究儿童语言必须知道什么是语言。这个问题涉及语言、言语和交往这三个术语。

1. 语言

一般认为，语言是人类所特有的用来表达意思、交流思想的工具，是一种特殊的社会现象。同一个民族的语言是统一的。语言是由词汇、语法和语音构成的系统。词汇是语言的建筑材料，词汇量越大，语言也就越发达，表达也就越丰富；语法是讲用词造句的规律的，能使语言获得条理性，具有含义；语音是语言的声音，只有通过语音把话说出来，才能让别人知道你在想什么。

2. 言语

言语就是口语，就是说话。言语是个体的心理现象，具有个体主观反映和表达客观事物的特点，表现出个人对现实的态度。

3. 交往

交往是互相往来，主要是指借助语言进行信息交流的过程。这是一种狭义的交往，是人类所特有的交往形式。交往必须包括信息传递者和信息接收者。在交往过程中，人们需要利用语言对信息进行编码（以能被对方接收和理解的方式传递）和解读（收到对方传达的信息并理解它）。

语言只能客观地存在于言语中，必须通过语言交往活动才能起到交往工具的作用。语言还只有从言语中吸取新的要素才能不断地发展。某种语言如果不再被人们用于交往活动，就会失去存在的价值。而语言必须依靠言语来进行。人们只有利用语言中的词汇和语法规则，才能表达自己和理解别人的思想、情感和态度等，也就达到相互了解的目的。

（二）语言的功能

1.符号固着功能

语言词汇能够表达与称呼物体、行动和状态等的功能，就是符号固着功能。有了这个功能，词汇就能够表示各种不同的事物。

符号固着功能把人的语言同动物的交往行为明显地区别开来。动物虽然能发出各种声音，但是这些声音只是表明其恐惧、饥饿或满足的状态，并没有表达事物的功能。这种表现只是由于在同类动物中具有一定共性，才能成为它们交流的信号。对于人类，词汇和人们具有的事物表象联系着，也就是"信号的信号"，能向人们提示相同的物体、现象等，所以能使人们在交往时达到相互理解的效果。对于儿童，一个词语到底意味着什么，需要一个习得过程。在劳动、游戏和学习过程中，经过成人的指点帮助，儿童逐步把一个个的词汇同相应的事物联系起来，渐渐地理解到词汇的符号固着功能。

2.语言概括功能

语言词汇不但能表达个别的现象，而且能表达某一类别的现象，能够反映事物的本质特征，是各种概念的基本载体。

词汇的概括功能和思维紧密相连，使语言成为思维存在的重要形式，成为抽象逻辑思维的最佳形式。这是由于思维过程中最基本的能力就是抽象和概括。为了进行抽象逻辑思维训练，必须能够时而抽出事物的一些特征和属性，时而抽出它们的另一些特征和属性。例如，对于铁，有时抽出其坚硬性，有时抽出其可锻性，有时又抽出其导电或氧化特征。在抽象基础上进行概括，根据铁的可锻性，能把它同金、银、铜等纳入金属范畴；根据铁能氧化的特征，能把它和不氧化的稀有金属区分开来。

3.语言交流功能

交流功能就是传达知识、态度和情感的功能。可以说，前两个功能大体上属于内部的心理活动，交流功能则表现为外部的、指向别人的行为。它本身包含着报告、表情和调节等三个方面的功能。

报告功能是指传递知识。它和表达与概括功能密切相关。要传递好知识，必须善于挑选准确表达思想的词汇，以便引起对方同样的思想或表象。表情功能是指传达自己的情感及态度。这个功能的充分发挥有赖于正确使用肯定与否定、强调与委婉、活泼与迟疑等不同的语气。同时，人们往往辅以相应的表情。在把表现强烈情感的表情和说的内容融合一起时，说的话就具有很大的感染力，即使话的内容本身不一定很有依据，也能使听者信服。调节功能是使对方的行为服从于自己的意图。这个功能的发挥也与说话时情感和态度的表达密切相关。说话态度明确、情感丰富的人，就容易控制对方的行为。

但是，语言的调节功能不仅仅是指向别人的，也可能是指向自己的。儿童发展到一定阶段，就渐渐地能用自己的语言调节自己的行为。其在完成一定任务时，会一边说一边做，怎样说，就怎样做，再往后，其语言不再表露于外，一边想（默默地说），一边做。即使到了成年，人们的许多行为也都是在内部语言调控下完成的。

正是由于语言具有这三种功能，它就成为人们保存和传授社会历史经验的手段、交流思想和情感的工具、进行思维的武器和调节行为的方式。

二、儿童语言获得理论

（一）环境决定论

该理论强调环境和学习对语言获得的决定性影响。环境决定论包括模仿说和强化说。

1. 模仿说

这是心理学界关于语言获得机制的最早的一种理论假设，主要有以下两种观点。

第一，传统的模仿说。儿童语言只是对成人语言的模仿，是成人语言的简单翻版。随着年龄的增长，儿童的语言与成人的语言越来越相似，就把这种结果归因于模仿。这实际上强调的是一种机械的模仿，往往将儿童语言发展的结果与过程相混淆。

第二，选择性模仿说。儿童学习语言不是对成人的机械模仿，而是有选择性的：一是示范者的行为与模仿者的反应之间具有功能关系，即不仅在形式上，更重要的还在于功能上的相似。模仿者对示范者的语言不必是一对一的完全临摹，只要功能上相似即可，可以有差异和选择。二是模仿性选择不是在强化和训练的情况下发生的，而是在正常的自然情况下发生的语言获得模式。所以，模仿者的行为和示范者的行为之间在时间上不是很相似，在形式上也不是一对一的。儿童能模仿成人话语的结构，并在新的情景中用以表达新的内容，或组成新的结构。这样获得的语言既有学习和模仿的基础，又有新颖性。

2. 强化说

强化说是行为主义最有影响的解释儿童语言发展的理论。其主要代表人物是美国行为主义心理学家斯金纳。杜秀花对斯金纳关于强化说的理论进行总结，认为强化说以刺激－反应论和模仿说为基础，并特别强调"强化"在儿童语言学习中的作用，认为儿童是通过不断强化学会语言的。[①] 具体体现为在接触语言的过程中，儿童对一个刺激最初正确的反应，就会得到成人的强化口头赞许或物质上的满足，这就增强了在类似情景中儿童再做出正确反应的可能性，这种作用就是强化作用。成人的赞许往往用话语表达，这些话语大多与特定的情景相联系。如儿童在牙牙学语时期，常常会自动地、无目的地发出各种声音，一旦有些声音近似成人的某种语音时，成人便会立即对这些声音做出反应，予以强化。如当儿童发出了类似"ma"或"mama"声音时，成人立即有反应，如果当时妈妈在场，就会出现在儿童面前，情绪兴奋地重复"mama"进行强化，使"妈妈"这个人与"mama"声音之间建立了联系。这种现象，斯金纳称为"强化依随"，即指强化刺激是紧跟在语言行为之后发生的。当这种语言的操作性条件反射在真实生活情景中多次重复后，儿童就会通过联想准确地将"mama"与妈妈的形象联系在一起，"妈妈"这个词就学会了。强化在儿童语言的获得中无疑具有相当重要的作用，它使儿童的语言逐渐变得有效和得体。这种强调起到提供正确语言范例和正确强化的作用，对心理学界和语言学界曾产生过很大影响。但强化毕竟只是影响儿童语言发展的一种因素，用它

---

① 杜秀花，李德方，狄阳群.小学双语教育原理与实践[M].苏州：苏州大学出版社，2021：101.

来涵盖所有儿童语言学习现象，必然会是片面的。

（二）先天决定论

1. 先天语言能力说

该学说是由乔姆斯基的语言学理论发展起来的一种儿童语言获得学说。"儿童生下来就有一种适宜学习语言的、人类独有的知识，这种知识体现在受遗传因素决定的先天的'语言习得机制'（简称LAD）里面。"[①] 语言是一种充满抽象规则的复杂体系，而且还有许多不规则的和歧义的现象，但是儿童居然能够在其生下来的前几年里，在其身体和智力还很不发达的情况下，就顺利地掌握了本族语，乔姆斯基觉得这只能说明儿童有一种遗传的机制。这种机制可以使儿童对其广泛接触的语言素材进行处理，并逐步形成某种转换语法来认识这些语言素材。在这个过程中，儿童发现了语言的深层结构以及把深层结构转换为表层结构的规则，于是就能创造性地运用语言了。先天决定论把儿童获得语言描绘为一个积极主动、充满创造性的过程，在这一过程中，儿童获得的不是一句一句具体的话语，而是关于语言的一系列规则。这一系列规则，能够使儿童听懂其从未听过的话，能够让儿童具有生成其从未听过的话语的能力。儿童在获得语言的过程中所使用的特有的句法现象，就是儿童创造性的最明显的体现。此学说是一个里程碑，它深化了对儿童语言能力的认识。

2. 自然成熟说

该学说是由哈佛医学院心理学家伦内伯格提出的一种儿童语言发展的理论。1967年，伦内伯格发表了他的重要著作《语言的生物学基础》。在该书中，伦内伯格提出了用来鉴定一种能力是先天的还是后天的六条标准，认为语言能力具有先天性。伦内伯格同乔姆斯基等人一样，也赞成先天说，但是，他的理论基础是生物学和神经生理学。伦内伯格把儿童语言的发展看作一个受发音器官和大脑等神经机制制约的自然成熟的过程，认为语言能力是自然成熟的。语言是人类所特有的，人类具有一种先天的潜在语言结构，有适合语言的生物学基础。人类有着任何动物难以比拟的发达的大脑。儿童出生时，发音器官和大脑等神经器官都不成熟，当与语言有关的生理机能的成熟达到一种语言准备状

---

① 陶金玲. 做中学与儿童教育[M]. 合肥：安徽少年儿童出版社，2011：91.

态时，只要受到适当的外界条件的激活，就能使潜在的语言结构状态转变成现实的语言结构，语言能力就显露出来了，儿童的语言也就逐渐发展成熟了。不同民族的儿童生理发展是相似的，所以其语言的发展过程和速度也是相似的。儿童生理的发展是由遗传因素决定的，语言获得是由先天遗传因素决定的。

（三）相互作用论

1. 皮亚杰的认知说

皮亚杰是瑞士著名的儿童心理学家，也把儿童的语言获得作为自己的研究目标，主要是考察语言在儿童认知能力发展中的作用，因为他认为儿童的语言反映了儿童心理的发展，可以作为认知能力发展的"路标"。卢长娥在论述学前儿童语言教育的研究中借用皮亚杰的观点，即人类有一种先天的认知机制，这是一种一般性的加工能力，它不但适用于语言活动，而且适用于其他一切认知活动。[①]儿童语言发展的普遍性，不是因为他们有一个与生俱来的普遍语法，而是由于人类具有普遍的认知策略。儿童并没有特殊的语言学习能力，语言学习能力只是认知能力的一种。语言能力的发展不决定认知能力的发展，相反，认知能力的发展决定语言能力的发展。语言能力的发展不能先于认知能力的发展；儿童的语言发展，是儿童主体因素和客观环境因素相互作用的结果，是通过同化和顺应不断地从一个阶段发展到一个新的阶段的过程。

认知说是当前儿童语言学中较有影响的理论。但要弄清儿童认知水平的发展与语言结构的发展之间的关系，还需要做大量的工作。而且这两种发展是否就那样平行，也还缺乏足够的证据。语言发展受诸多因素的影响，过分强调认知这一个因素，也未免有片面之嫌。需要特别指出的是，认知说只强调认知发展对语言发展的影响，而忽视乃至否定语言发展对认知发展的影响，这种"单向"影响的看法，已经受到越来越多的质疑。

2. 规则学习说

规则学习说是在乔姆斯基和行为主义的双重影响下形成的一种儿童语言发展理论。这一理论的提出者和赞同者，主要有布朗、费拉瑟、伯科、欧文等学者。规则学习说的观点表现在：儿童具有一种理解母语的先天处理机制，但是，

---

① 卢长娥. 学前儿童语言教育[M]. 合肥：安徽大学出版社，2020：52.

这种先天的处理机制主要是一种学习和评价的能力，而不具有乔姆斯基所说的语言普遍特征。儿童学习母语是一个归纳的过程，而不是一个演绎的过程。儿童用先天的语言处理机制，通过对语言输入的处理，归纳出母语的普遍特征和个别特点，儿童的语言学习主要是对规则的学习。因此，在儿童语言发展的早期，会有许多过分概括的现象。对规则的归纳，凭借的是工具性的条件反射，是刺激—概括的学习过程，是先天因素同后天因素的相互补充和相互影响。

规则学习说同行为主义的最大不同是，它强调儿童的语言学习有先天的能力存在。它与乔姆斯基学说的最大不同是认为儿童学习语言的先天能力中，不包括语言的普遍特征；语言学习是一种在先天能力参与下的条件反射，对语言规则的学习是归纳的而不是演绎的。

3. 社会交往说

社会交往说是布鲁纳、贝茨、麦克惠尼是等学者的理论主张，卢长娥对以上学者的理论主张进行总结，得出语言获得不但需要先天的语言能力，而且需要一定的生理成熟和认知的发展，更需要在交往中发挥语言的实际交际职能。因此，他们特别重视儿童与成人语言交往的实践，并认为儿童和成人语言交际的互动实践活动，是儿童的一种天性。[①]儿童会说话之前，就已经能用体态与成人交际，并听懂一些成人的话语；在单词句和双词句阶段，儿童以语言、体态或者是语言与体态相结合的方式作为交际手段；最后过渡到可以完全用语言进行交际。

第二节 先天语言机制

一、语音感知功能与辨析功能的先天性

（一）语音感知功能的先天性

语音感知功能具有先天性可通过下列事实来证明。

---

① 卢长娥. 学前儿童语言教育[M]. 合肥：安徽大学出版社，2020：53.

（1）初生儿既不能听话，又不能说话，如何能够观察出他们具有先天的语音感知能力呢？专门研究儿童语言发展的科学家们设计了多种巧妙的实验方法，其中的一种是装有记录婴儿吮吸率功能的人工奶嘴。卡斯珀和斯彭斯曾做过这样一个试验：让临产前6周的孕妇每天读两遍苏斯博士写的故事中的篇章。实验者对出生才几天的两组婴儿用人工奶嘴测量他们的吮吸率。婴儿戴上耳机，一组婴儿听的是母亲以前念过的段落（苏斯博士写的故事），另一组听的是新故事。结果发现，在胎儿阶段听过苏斯博士故事的婴儿吮吸速率加快，而另一组婴儿却没有反应。这表明不仅初生儿，甚至胎儿都已具有对语音的感知与记忆能力。

（2）何克抗总结了梅勒与克里斯托夫关于初生儿的实验观察的实验结果，得出4天的婴儿能毫无困难地区分两种不熟悉的语言……婴儿注意的是声谱中低于400 Hz的成分所负载的主要特性[1]。事实上，婴儿仅对滤波后400 Hz以下的话语成分有反应，但是对话语顺序颠倒后的语言变化没有反应。梅勒等人的研究结果显示：初生儿确实具有对言语声音的声谱分析能力，他们能够感知声谱中低于400 Hz成分所负载的主要特性（人类语音声谱的主要成分正是在这一低频段），若将话语顺序颠倒，使之成为没有意义的声音串，初生儿就不会做出反应（即没有语音感知发生）。

（3）我国心理语言学家桂诗春教授指出，言语声音比非言语声音更容易吸引婴儿的兴趣和持久的注意；一个4个月的婴儿倾向于听妇女的声音，而不喜欢白噪声或无声。桂诗春还进一步分析了婴儿易于感知人类语音的原因是"怀孕期的最后3个月里，胎儿的听觉系统开始发挥作用。母亲的子宫壁可以对声音信号起到减弱和低频过滤的作用，所以传递到子宫里的最佳声音是婴儿自己母亲的声音。母亲的言语所产生的强度比外部环境的声音要大得多。其结果是母亲的言语形式，特别是其韵律特征使婴儿在胎儿期就开始熟悉"[2]。笔者认为，这一点确实是婴儿优先注意人类声音并易于感知语音的原因之一，但并非最主要的原因。真正最主要的原因或根据所在是左颞叶中存在高级言语中枢，即有脑神经机制的支持。

---

[1] 何克抗. 语觉论：儿童语言发展新论 [M]. 北京：人民教育出版社，2004：50.
[2] 桂诗春. 新编心理语言学 [M]. 上海：上海外语教育出版社，2000：134-135.

（二）语音辨析功能的先天性

如上所述，语音辨析是指通过音位特征的比较匹配，把连续输入的语音串转换为一组按音位特征排列组合的语音单位序列（即单词序列）的过程。可见，语音辨析的关键是对音位特征的分析与辨别。

平时分析一个语音系统所得的"音素"，实际上大都是根据音位学理论进行归纳分析的结果，从这个意义上说，一个音素也就是一个音位。在语言学中，一般认为音位和音素是两个不同的概念，事实上，在绝大多数情况下，一个音位就是一个音素；但是也确实存在某些情况（如出现"音位变体"的情况），一个音位可以相当于几个音素。不过，出现这种情况的机会很少，所以，在下面的讨论中，若无特别说明，均把音素视同于音位。这样，语音辨析问题就被归结为对音位或音素的分析与辨别问题。

关于语音辨析功能的先天性，除了上面所述"左颞叶中存在的高级言语中枢，是语音辨析功能具有先天性的神经生理基础"这样一个有力证据以外，还可从音位（或音素）分析角度提供下述例证。

为了检验婴儿是否先天就具有通过音位辨析把连续语流切分成词一级单位的能力，克里斯朵菲等人在1994年设计了专门的实验。实验表明，出生4天的法国婴儿可以从连续语音串中辨别出特定的音位特征组合，例如，可以从mathematician中把具有"辅音—元音—辅音—元音"音位特征组合的mati辨别出来；还可以对从一个单词中辨别出来的特定音位组合和从两个单词相交处辨别出来的同一音位特征组合加以区分，例如，可以将从panorama tibetan中辨别出来的mati和从刚才那个mathematician中辨别出来的mati加以区分。

其他一些语言学家也发现出生不久的婴儿就表现出对多种音素的辨析能力。我国学者何克抗分析归纳了西方学者艾马斯等人的"吮吸实验"与苏联心理学家施瓦茨金8个多月的实验结果，总结得出"一个月的婴儿能区分清、浊辅音[ba]和[pa]；到四个月，能区别男声和女声；到6个月，婴儿就开始注意言语中的语调和节奏""婴儿自动学会辨识俄语音素有一定的次序：首先学会区别元音，接着区分前元音、后元音、高元音和低元音，然后学会区分闭塞音、擦音、鼻音、流音和滑音，最后才学会区分清浊辅音。婴儿不仅能迅速学会辨别元音和辅音这类音素，跟音调有关的音素也能很快掌握"。[①] 莫尔斯

---

① 何克抗.语觉论：儿童语言发展新论[M].北京：人民教育出版社，2004：51-52.

1972年的实验表明，7周的婴儿就能区别升、降调，例如 [ba↑] 和 [ba↓]。

综上所述，对于任何民族的初生儿来说，他们无须别人教授也无须任何调适过程，就能将输入的句子（语音串）区分为单词串，即"婴儿天生就具有语音辨析能力"这一点已被当代儿童语言发展研究的愈来愈多的成果所证实，并已经成为众多儿童语言学家的基本共识。

二、语义分析与识别功能的先天性

判定人类是否具有先天的、可通过遗传获得的语义分析与识别能力，这本来是极为困难的问题，因为正如著名语言学家布朗所言，要回答人类语言能力是否生来就有的问题，只有考察那些出生在没有语言的人类社会里的人的情况才有可能。可是，人们无法在地球上找到这样的社会，也找不到这样的人。这个问题的解决似乎走入了死胡同。幸亏到了20世纪的70年代，对儿童语言发展的研究才有了意外的发现。1977年，美国宾夕法尼亚大学的研究人员苏珊和海迪记录并研究了6名耳聋儿童自己发明手势语的案例。其中2名为女孩，4名为男孩，年龄从17个月到49个月不等。这些儿童的父母皆有正常听觉，原来都不懂手势语，所以这些聋孩的手势语并非来自父母传授，也不是来自聋哑学校教师的专门教学，而是完全由这些聋孩自主发展出来的。这6名聋孩各自发展的手势语虽各不相同，但从内容到结构都经历了相同的发展路线；而且这6名聋孩在手势语方面所经历的发展阶段和正常儿童在有声语言方面所经历的发展阶段以及聋哑儿童学习美国手势语所经历的阶段完全相同：先是单词句，然后是双词句、电报句，最后才是完整句子和更复杂的句子，即能够把两个以上的手势符号连成短语和句子以表达各种语义关系。正常儿童完成这几个发展阶段大致是在以下年龄段：单词句——10个月至1岁半；双词句——1岁半至两岁左右；电报句——两岁至两岁半左右；完整句——两岁半以后。这6名聋孩也大致是在类似的年龄段达到同样的发展阶段（如上所述，本案例中的6名聋孩年龄为17个月到49个月），所不同的只是前者运用的是语音，后者运用的是手势。而他们所要表达的实际含义，即每个句子中的语义关系则是完全相同的。

例如，聋孩会先指向一只鞋，然后再指向桌子，意思是"把鞋子放在桌子上"；或者是聋孩先张开手掌，意思是要对方"给"，然后用手指指向某件东西再指向自己的胸前，意思是"把那件东西给我"。和正常儿童一样，他们谈话的内容最早是关于动作和方位的，然后是关于属性的，最后才是关于动作的承受者和动作的手段的。这类聋孩在这些手势语中所表达的语义关系实际上都可以用格语法中的格关系来描述。"把鞋子放在桌子上"的格关系见图2-1，"把那件东西给我"的格关系见图2-2。

```
所处格语块        谓语         把      受事格语块
（在桌子上） ───→ （放） ─────────→ （鞋子）
```

图2-1 "把鞋子放在桌子上"的格关系

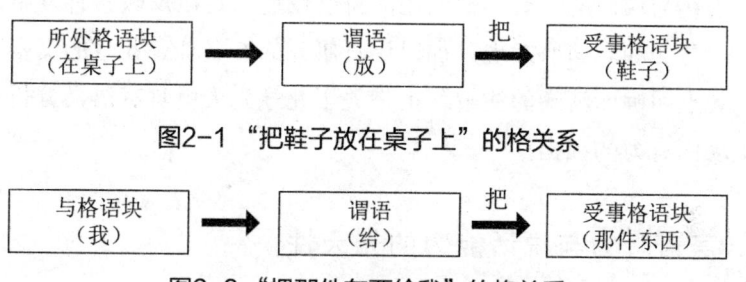

```
与格语块         谓语          把       受事格语块
（我）    ───→  （给） ─────────→    （那件东西）
```

图2-2 "把那件东西给我"的格关系

其他手势语包括涉及更多手势符号的复杂手势语（如不仅涉及谓语和受事，还涉及施事、工具、原因、时间、结果等语义关系的手势语）都可通过菲尔莫所定义的八种格关系把它们所要表达的各种语义关系——反映出来。

由于这 6 名聋孩都是在没有别人传授或专门指导的条件下，自主地创造出各自的手势语来和自己的父母或其他人交流（聋孩的父母在此情况下不得不向孩子学习他们自己创造的手势语，而父母手势语中所用的词语要比自己孩子的少，结构也简单得多），所以苏珊和海迪认为，儿童就是在非常不利的环境下（如耳聋），也有某种自然倾向和能力去发展一种结构化的交流系统，以便表达和沟通彼此的意思。苏珊和海迪还将 6 名聋孩发展手势语的过程与黑猩猩掌握手势语的过程加以比较，指出这二者有本质上的不同：聋孩是自主创造、自己发明的；黑猩猩则要靠人类教师多年培训与教导。另外聋孩的手势语是开放的——手势符号及由符号构成的短语、句子均可不断扩展，并自主生成；黑猩猩的手势语则是封闭的——顶多学会几百种手势，能学会的短语就更少，且结构简单，与人类手势语的丰富性、复杂性不可同日而语。既然苏珊和海迪所发现的这种言语能力倾向是与生俱来、无师自通的，而且对于任何智力正常的个体（哪怕已失去听力）都可在一定年龄段内（即关键期内）自动获得，那么这种能力就应该是天生的。另外，这种能力所发展出的"交流系统"是为了表达和沟通彼此的意思，如上所述，这些意思都可用格语法的各种格关系（即语义关系）来描述。可见，这种能力就是一种对语义的分析与识别能力。正是因为任何一名儿童（包括聋哑儿童）都天生具有这种能力，才有可能在短短几年内（从出生到四五岁），无师自通地掌握包含各种数不清语法规则的本民族语言；而在失去听力、不能掌握有声语言的极端不利条件下，也能在同样短的时间内掌握社会通用的手势语，甚至在他们没有机会获得社会通用手势语的情况下，为了表达与沟通的需要，他们还能自己创造出足以反映各种复杂语义关系的手势语。苏珊和海迪所发现并加以认真研究的6名耳聋儿童的真实事例，就是对这一观点明确而清晰的注解，也是关于儿童先天就具有语义分析与识别能力的最生动而有力的证据。

三、言语听力与说话能力的先天性

（一）言语听力的先天性

众所周知，言语能力包括"听、说、读、写"四种能力，要讨论言语能力是否具有先天性，需要分别讨论这四种能力是否具有先天性。

言语理解对应"听"，言语生成对应"说"。可见，要想弄清听、说能力是否具有先天性，需要从儿童言语理解生成的心理加工过程及加工特点的分析中找到答案。

儿童言语理解心理加工过程大致经历五个阶段或五个环节，即语音感知、语音辨析、单词识别、语块生成（即短语或词组构成分析）和语义辨识。其中，单词识别和短语构成分析均属语法分析范畴，且都由大脑皮层中语觉的高级中枢布罗卡区完成，所以也可统称之为"语法分析"阶段。而语音感知和语音辨析，虽然同属语音范畴，但二者的分析方法及加工机制有很大差异：语音感知是通过声谱分析方法实现的，而且是由皮层下的语觉低级中枢完成的；语音辨析则是通过"词汇音位表征库"与输入语音串的音位组合特征进行匹配比较而实现的，而且是由大脑皮层中的语觉高级中枢韦尼克区完成的。所以，这二者虽同属语音范畴，但从其心理加工特点与加工机制上看彼此有很大差异，显然应当把它们归入两个不同的心理加工阶段。这样，言语理解的心理加工过程，实际上可以认为只包含语音感知、语音辨析、语法分析和语义辨识等四个环节。其中与语音感知、语音辨析和语义辨识这三个环节相关的心理加工能力，确实存在显著的先天遗传特性。只有与语法分析环节相关的心理加工能力，由于涉及不同语言的符号系统以及因语言而异的各种数不清的语言现象和语法规则，所以必须通过后天的学习才能够获得。

这就表明，与听力有关的四种主要心理加工能力中，有三种都具有先天性，可通过遗传获得；只有一种不具有先天性，要依靠后天的学习才能掌握。不过这里应当强调指出的是，这里所说的语法分析能力，只涉及单词和词组（相关的语法只涉及词性、词义以及与词组构成有关的较简单的知识与规则），而不涉及句子的复杂句法和句型分析，只是整个语法分析中的一个局部，所以其和整个句子的语法分析过程相比，还是要简单得多。为了和通常复杂、完整的语法分析相区别，不妨将这种只涉及单词和词组的语法分析称为"简易、局部的语法分析"。

最后可以得出结论：言语听力主要是先天遗传的能力（四种主要心理加工能力中的三个都具有先天性），但也包含一定的后天习得成分。因为其中还有一个主要心理加工能力与后天习得有关。不过，由于这种能力只涉及"简易、局部的语法分析"，所以尽管也需要靠后天习得，但相对难度要小得多，习得时间也要短得多。

（二）说话能力的先天性

儿童言语生成心理加工过程大致经历五个阶段或五个环节，即语义匹配、语块分离（短语或词组构成分析）、单词识别、音位规划和发音规划。其中的单词识别和语块分离因二者的分析方法以及心理加工机制都很相似，所以可统一用语法分析阶段或语法分析环节表示。而音位规划和发音规划，虽然同属语音范畴，但二者的分析方法及加工机制有很大差异。如前所述，音位规划是指在语块分离、单词识别的基础上，运用韦尼克区的"词汇音位表征库"通过匹配比较来确定已分离语块中单词的音位表征（即音位组合特征），这时的加工机制是在大脑皮层的语觉高级中枢韦尼克区；而发音规划则是指，布罗卡言语中枢利用由韦尼克区传送来的音位表征信息，以生成可控制言语器官（口腔、声带）动作的指令，这时的加工机制是在语觉的另一高级中枢布罗卡区。所以，这二者虽同属语音范畴，但从其心理加工特点与加工机制上看彼此有较大差异，显然应当把它们归入两个不同的心理加工阶段。这样一来，言语生成

（即"说"）的心理加工过程，实际上就可看作只包含语义匹配、语法分析、音位规划和发音规划等四个环节。由于语义匹配的心理加工机制和语义辨识完全一致，而语义辨识的先天遗传特性已在上文做过论证，关于语法分析的后天习得性也已如上所述，那么，与音位规划和发音规划相关的心理加工能力又该具有何种特性呢？

一般认为，婴儿生长到五六个月开始由发声练习期转入言语准备期，即咿呀学语阶段。在这一阶段，婴儿逐渐掌握各种音素（或音位），即各种元音和辅音。根据李宇明教授对我国1～120天婴儿发音的观察研究，婴儿对辅音的掌握具有"由后跳前、挤向中间"的部位发展趋势，"开始辅音集中在小舌、咽腔等发音器官后部，后来跳出双唇辅音；接着后部音推向舌根，双唇音后展到唇齿；再后便是舌辅音的发展阶段。鼻音、擦音和塞音发展较快，塞擦音和送气音发展较迟""元音的一般发展趋势是舌面先于舌尖，不卷舌先于卷舌，不圆唇先于圆唇，低先于高，前先于后"[①]。国际上的儿童语言学家也认为婴儿掌握音位的发音能力通常有一定的次序：元音"是从前元音、中元音而后元音；辅音则相反——先是软腭音（由于吞咽动作），然后是齿龈音和双唇音（由于吮吸动作），最后才是齿音和腭音"。咿呀学语这一阶段延续5～8个月，然后进入"音位组合"（即音节和词）的发音阶段，也就是言语发展期（12～30个月）。如前所述，按照儿童说出话语的完整程度，这一时期又可进一步划分为独词句、双词句和电报句等三个子阶段。而这个由发声练习开始，经历咿呀学语到能够流畅地说出各种词语的整个过程，完全是由儿童无师自通地在较短时间内自动完成的。

由于音位规划和发音规划是前后连贯、不可分割的两个环节，作为韦尼克言语中枢进行音位规划结果的"音位组合特征"（也就是单词的语音形式），被视为发音规划环节的输入信息；布罗卡言语中枢即据此信息形成控制发声器官动作的指令，这两个环节心理加工的最终结果就表现为由该指令控制发声器官所发出的语声，即儿童说出的各种词语。这就表明，上述关于儿童能在较短时间内无师自通地完成由发声练习、咿呀学语到流畅地说出各种词语的言语掌握过程这一事实，应当可以作为音位规划和发音规划具有先天遗传特性的充分证据。

---

① 李宇明. 儿童语言的发展[M]. 武汉：华中师范大学出版社，2004：83.

第三节　后天习得机制

语言的后天习得机制的说法来源于著名的巴普洛夫与狗的实验，一个行为主义学习理论实验。巴普洛夫在研究狗的进食行为时发现，狗吃到食物时，会分泌唾液，这是自然生理反应，不需要学习，这种反应叫无条件反射。如果在狗每次进食时，人都在一旁摇铃铛发出声响，一段时间后，狗只要听到铃声就会分泌唾液，由此引发的唾液分泌，就是条件反射。

这个实验结果可以迁移到儿童的语言学习当中，也就是说，小孩子可以通过反复的训练形成条件反射。例如，父母多用英文单词跟孩子交流，经常让孩子听英语，看英文动画等，会对孩子的大脑产生一定的刺激，并不断强化，会促进孩子学习一门语言，自然而然地就能够说出一些单词或者简单的句子，而且很有可能有的单词孩子并不知道是什么意思，但看见这个单词会说，这便是一种后天学习的行为。

一、阅读能力的后天习得性

阅读过程的心理加工包含文字感知、文字辨析、单词识别、语块生成和语义辨识五个环节。单词识别和语块生成的分析方法及加工机制相同，二者可以统一用"语法分析"范畴表示。这样，阅读的心理加工过程实际上可认为只包含文字感知、文字辨析、语法分析和语义辨识等四个环节。

关于语义辨识能力的先天遗传特性在上文中已经详细论证，关于语法分析能力必须通过后天一段时间的学习才能掌握，这一点在本章第二节中也已具体阐明。剩下文字感知（文字感知是指将文字符号信息按其图形与轮廓的大致特征从众多视觉信息中区分出来并加以感知的能力，即对一组文字符号的整体做综合感知的能力）和文字辨析（文字辨析是指能从一组符号串中按照拓扑结构、几何特征、笔画特征把一个个文字符号辨别出来的能力，即对每个文字符号的"个体"特征做细致辨析的能力）这两个环节，其后天习得性也是显而易见的：由于这两个环节都涉及书面文字，而不同语言的书面文字形式是多种多样的，世界上不同民族的语言文字有几百种。因此儿童不可能一生下来就具有先天遗传的文字感知和文字辨析能力。语音感知和语音辨析能力之所以有可能天生遗传，是因为各民族的语言虽然不同，但组成语音的最基本单位"音素"则是共同的——民族语言中的音素皆由各种元音和辅音构成，因此经过几百万年的进化，人类才有可能获得先天的语音感知和语音辨析能力。而关于文字感知与文字辨析的先天性，则迄今为止国内外都尚未能找出一个实际案例来给予支持。

视觉是一种天生的能力，而文字感知和文字辨析是通过视觉通道实现的，当然它们也应该具有天生遗传的特性。不错，视觉（即"视感知觉"）确实是与生俱来的、由父母遗传的、人人都具有的一种能力，但这只是对于感知客观事物的某些外部特征（如颜色、亮度、轮廓、形状……）而言的，并非指感知客观事物的内部属性，更非客观事物的本质。若要感知后者，光凭天生的视觉能力是不够的，还必须加上后天的学习。对于某些复杂事物内容及本质的认识，不仅要通过后天的学习，还要通过后天长期、艰苦的学习才有可能获得。对于"乐谱"的识读就是一个典型的例子：乐谱是用一组特定的音乐符号来表示音阶、音程等演唱要求和演唱节奏的书面材料。由于乐谱是书面的材料，人们可通过视觉去感知它。但是对于不懂音乐的人来说，他所感知到的只是一组特殊符号的集合，并不知道这种东西叫"乐谱"（即不能完成对乐谱的"感知"）；也不能辨别乐谱中各个符号的特征，以及它们之间的联系与区别（即不能完成对乐谱的"辨析"）；更不可能按乐谱演唱（即不能识别其中每个符号的意义，并在此基础上理解整个乐谱）。可见，想要认识乐谱，光靠天生的视觉能力是远远不够的，还必须要有后天专门的学习，而且往往是有人教导的学习，才有可能达到目的，即不可能无师自通。作为音乐书面语言的"乐谱"的学习是如此，作为一般书面语言的文字材料的学习也是如此。也就是说，文字感知和文字辨析这两个环节是不可能与生俱来、无师自通的，而是要靠后天习得的。[①] 这就表明，与阅读过程四种主要心理加工环节有关的能力中，与文字感知、文字辨析和语法分析这三个环节有关的能力都不具有先天性，都要靠后天的学习才能掌握；只有和语义辨识这一个环节有关的能力具有先天性，可以通过遗传来获得。由此可以得出结论：阅读能力主要是靠后天习得的。

---

① 何克抗．语觉论：儿童语言发展新论[M]．北京：人民教育出版社，2004：103．

二、书写能力的后天习得性

书写过程的心理加工包含语义匹配、语块分离、单词确定、字形规划和书写规划等五个环节。其中,语块分离和单词确定由于分析方法及加工机制相同,和阅读过程一样,这二者可统一用"语法分析"范畴表示,这样,书写的心理加工过程实际上可认为只包含语义匹配、语法分析、字形规划和书写规划等四个环节。语义匹配的心理加工机制和语义辨识完全相同,因而也具有先天性。语法分析则因涉及不同语言的各种复杂语法现象和数不清的语法规则,只能通过后天的学习才能掌握。字形规划和书写规划因涉及不同语言的书面文字系统,而不同民族语言的书面文字形式丰富多彩、千变万化,显然不可能通过先天遗传来获得,只能通过后天专门的学习,并且往往是有人教导的学习才能掌握。事实上,迄今为止,国内外都尚未找出一个实际案例来证明:儿童一生下来就具有"字形规划"和"书写规划"的能力,也就是一生下来不必专门教,无师自通就会写字。这就表明,与书写过程四种主要心理加工环节有关的能力中,与语法分析、字形规划和书写规划这三个环节有关的能力都不具有先天性,要靠后天的学习才能掌握。只有和语义匹配这一个环节有关的能力才具有先天性,可以通过遗传获得。由此可以得出结论:书写能力也是主要靠后天习得的。

第四节 语言感知机制

语言的感知机制包含了听觉生理的基础及语言学知识。声音信号通过听话者外耳、中耳传递到内耳,在内耳基底膜的螺旋器上进行声学信号处理,神经传递过程将基底膜输出的声音信号转变成听觉神经的电信号,听觉神经冲动传递到大脑高级听觉中枢后,以抽象的方式转变成语言代码,进而最终获得言语的理解。当说话者向听话者传递某一信息时,首先将该信息在大脑中进行加工处理,然后将该信息转变成语言代码,选定了语言代码后,说话者的大脑中枢就发出一系列神经肌肉的运动指令促使声带发生振动,进而使声道形状发生变化。这些指令必须能够同时控制发声系统和构音系统中各器官的运动,包括控制声带、嘴唇、下颌、舌部和软腭的运动,这样就产生了一系列有序的言语声,最后由说话者说出。

一、听觉基础

声音在空气中是以声波的形式传达到人们的耳朵的。声波通过外耳道引起鼓膜振动进入中耳,再至内耳,最后由听神经将讯息传达至大脑皮质的听觉处理区。

(一)声波

声源振动、发出声音的同时,也造成了空气中介质的振动。声波前进的方向等同于介质振动的方向,因此声波属于纵波。

(二)外耳

外耳的构造包括耳廓、耳垂、外耳道以及鼓膜。耳廓的功能是收集声音,因耳廓上有深浅纹路,可用来帮助人们辨别声源的位置。外耳道约 7 mm 宽、2.5～3.5 cm 长,靠近外侧的前 1/3 由软骨组成,后 2/3 由颞骨组成;外耳道形状弯曲,略成 S 形,先为向上再往下倾斜,因此若要用耳镜观察鼓膜,可将耳廓向后上方拉起,会看得较清楚。外耳道内的上皮组织具有纤毛以及会分泌耳垢的腺体。除此之外,因为外耳道的长度和形状,会选择性地放大特定频率的声音,可增加约 20 dB。

外耳道的尽头是鼓膜。鼓膜隔开外耳与中耳,是一片半透明灰白色的薄膜,面积约为 5 mm^2;略呈漏斗状,往内最凹陷之处称作鼓膜凸,是与锤骨柄的连接处,也是鼓膜最紧的地方。当声波到达鼓膜,会引起鼓膜的振动,并带着锤骨一起振动,将声波传入中耳。鼓膜是一个三层的结构,最外层与外耳道的上皮层相连;中间层是纤维层,具有弹性和张力;最内层是黏膜层,与中耳室相连。从整体看,鼓膜的上 1/4 是松弛部,这部位缺乏纤维层,因此较松弛;剩下的 3/4 是紧张部,在耳镜的照射之下,其前下方会有一锥形的反光区,称作光锥。

(三)中耳

中耳是个很小的腔室,里头有三块小听骨,分别是锤骨、砧骨和镫骨。锤骨柄连接鼓膜,锤骨首连接砧骨,砧骨的长端再连接镫骨,镫骨足板连接卵圆窗。三块骨头相互连接，称作听骨链。中耳内有两条肌肉，一条连接到镫骨，为镫骨肌，由颜面神经所支配；一条连接到锤骨柄，为鼓室张肌，由三叉神经所支配。咽鼓管连接中耳及鼻腔，可平衡中耳与外界的压力。

声波振动鼓膜造成鼓膜的前后位移，此时带动三块小听骨的运动，由于镫骨足板连接着卵圆窗，也连带着运动，使耳蜗内的淋巴液产生波动。在此过程中，声波被转换为机械能，而不同形态的能量转换会消耗部分的能量，所幸中耳有所谓的能量匹配作用，得以去除部分的换能损失。能量匹配作用其实就是能量增益，来源包括以下两方面。

1. 面积比例

鼓膜的面积是卵圆窗的 17～20 倍，所以卵圆窗上承受的压力，大于鼓膜上承受的压力。因为压强是单位面积上承受的力，根据物理学的公式 $P=F/A$，所以，卵圆窗承受的压力要大于鼓膜承受的压力。

2. 杠杆作用

听骨链的锤骨柄长度是砧骨柄长度的 1.3～1.5 倍，加之锤骨的运动就像杠杆般地施力在砧骨上，因此产生更大的力量。当声音传到卵圆窗时，压力增加了 22～30 倍，相当于声音扩大了 26～27dB，于是外耳传来的声音，得以在不减损太多能量的情形下，顺利传到内耳的淋巴。

声学反射又称镫骨肌反射，是听觉的保护机制。若音量大于 85dB，镫骨肌会收缩，镫骨移动的幅度会减小，因而传递至耳蜗的能量也会受损。声学反射是听觉检查的项目之一，因听觉的神经传导路径为双侧，当右耳接收到声音，会上传至同侧的腹侧耳蜗核，接着再到同侧的上橄榄核，紧接着传到同侧以及跨传到对侧的颜面神经及三叉神经的神经核。由于镫骨肌是颜面神经所支配，鼓室张肌由三叉神经支配，所以两侧的镫骨肌都会收缩，鼓室张肌也会收缩。

（四）内耳

内耳掌管平衡以及听觉功能，平衡功能由内耳的前庭系统所执行，听觉功能则由耳蜗负责。前庭系统由椭圆囊、球形囊及三个环形的半规管组成，其中负责线性加速运动感知的是椭圆囊与球形囊，而负责立体空间动作感知的则是三个半规管，其结构特殊，两两互相垂直，分别负责前后、左右、上下三个平面，因此能够有三度空间的感知。耳蜗是一个像蜗牛壳形状的构造，由中心往外环绕二又四分之三圈。若观察耳蜗的横切面，每一层内可分为三个腔，上、中、下分别是前庭阶、中阶以及鼓阶。前庭阶和鼓阶内充满着外淋巴，中阶内充满着内淋巴。中阶的侧边壁的上皮细胞是一层富含血管的组织，称为血管纹，主要负责内淋巴液的钠、钾离子平衡。中阶的底部是基底膜，基底膜的宽窄依耳蜗部位而不同，基部端较窄、紧且轻，当高频的声音进来，会引起基部端的振动；顶部端较宽、松且重，低频的声音会引起顶部端的振动，形成耳蜗部位与频率分布具有关联性的特色。基底膜按照频率高低如此有系统地排列，被称为基底膜的音频排列特性；其实不只在基底膜上，随后提到的皮质、丘脑，都有这种音频排列的特质。

虽然基底膜上的频率分布设计看似完美，事实上当声音低于200Hz时，基底膜上振动的位置是相同的，因此用音频排列特性的位置理论无法解释低频辨识的问题。解决此问题的一个理论——齐射原则，指的是神经细胞只对声音的特定相位做反应，因此当一群细胞一起运作时，就能忠实地呈现出声音原本的频率。

（五）听觉路径

当声音进入耳朵时，基底膜位移，引起毛细胞产生动作电位，接着传递至听神经，听神经将讯息传至桥脑的背侧耳蜗核以及腹侧耳蜗核。紧接着，从腹侧耳蜗核再传到双侧的上橄榄核，再由两侧的上橄榄核传递至中脑的下丘，再往上到丘脑的内侧膝状体核，最后传抵听觉皮质。

（六）听觉皮质

讯息从丘脑出发，首先到达颞叶、初步听觉皮质，此区也是布罗德曼第41区。此区亦对声音的频率做出有系统的排列顺序，且下皮质和表层负责相同的频率，呈现柱状的结构。此外，低频音分布在前端，高频音分布在后端。这样的音频排列特性，从基底膜、上橄榄核、下丘以至皮质，安排得如此精细都是为了避免神经传导出错。

主要听觉皮质负责低阶的声音处理，如声音的频率和音量；复杂的声音讯息，如语音或环境的声音，则会由主要听觉皮质传递至次级听觉皮质，再至其他周边的听觉皮质进行更高层的分析处理，如语义分析的韦尼克区等，从而完成听觉的处理。

二、语言学知识

语言是人们进行沟通交流的各种表达符号。语言具有社会功能和思维功能，其中社会功能包括信息传递功能和人际互动功能。语言依靠语音实现它的社会功能，语音是人类发音器官发出的具有区别意义功能的声音，是语言符号的物质形式。发音器官的活动部位和活动方式的不同，决定了语音的不同性质。

研究语言的学问被称为语言学，其所牵涉的范畴很广，以下概略地介绍语音学、音韵学、语义学、构词学、语法学和语用学等六个领域。

（一）语音学

在语言学的范畴下，研究语音的学问被称为语音学，主要探讨语音的生理、物理及心理特性。生理层面，是描述发音器官如何协同动作来产生某个语音，物理层面是探讨不同的语音在声谱图上的声学特性，也就是声音的频率、音量强度在时间轴上的变化；心理层面也就是知觉的特性，着重在当物理刺激呈现时，人们如何察觉并分辨出当前的这个声音是哪一个语音。以下介绍的是构音器官与汉语的元音和辅音。

当声带振动发出声音，气流通过喉部，往上在咽腔、口腔和鼻腔内发生共振，随着声道的形状不同进而产生不同的声音，声道的形状则是依着构音器官的运动而被塑形。构音器官可区分为不可运动以及可运动两类。不可运动的构音器官包括牙齿及硬腭，可运动的构音器官有下巴、嘴唇、舌头、软腭（包括悬雍垂）等。其中，活动范围最大也最重要的构音器官就是舌头。利用舌头在声道中的运动及接触的位置，就可发出汉语大多数的语音。

语音可分为元音和辅音。当声带振动、声道保持畅通时，随着舌头的前后高低位置的变动，即可发出不同的元音；当舌头或其他构音器官在极短暂的时间内改变位置，造成声道的紧缩、阻塞，从而产生摩擦、爆破的噪声音源，此即形成辅音。简略来说，在汉语里面，单独一个元音或是一个辅音加上一个元音的组合就形成了一个单音节的语音。

（二）音韵学

语音学和音韵学都是研究语音的科学，但语音学主要探讨语音的生理、物理及心理特性；音韵学是较抽象的规则系统，如在某语言中语音组合的规则，以及语音与语义的关联。

语音组合的规律性指的是，尽管所有人类的构音器官皆相同，但在不同的语言中，语音组合的方式不一定相同。例如，在英语中有 [fi：d]（feed，意思是喂食），[f] 和 [i] 的组合在汉语中是不存在的。

音韵规则包括以下几点。

1. 同化

连续的语流中，相连的两个音相互影响而发成相似的音，称作"同化现象"。例如，"继续"（jixu），在快速的说话中很容易发成"'具'续"（juxu）。又如，在快速的语流中说"面包"，此时"包"的"b"可能会因前面"面"所带有的鼻音影响而有鼻音的特性。

2. 增加

辨音成分增加指的是赘加的语音，但不是由于同化的影响。例如，汉语的"他"（ta），在很多时候人们将"a"添加了鼻音的特性。

3. 省略

在唇腭裂的孩子身上时常会观察到某些音省略的情形，例如，"爸爸"（baba）的辅音省略而变成（aa）。

4. 位移

有些时候儿童在快速说话时，很容易将前后两个音节的音素对调，例如，将"奔跑"（benpao）误发成为"喷保"（penbao）。

5. 取代

少部分发展中的儿童，其舌根塞音的发展尚未完全，会将"姑姑"（gugu）误发成"督嘟"（dudu），这样的情形就是将 g、k 以 d 取代。

（三）语义学

语义学是对语义的研究，包含了符号的意义、词汇的意义以及句子的意义。其中，语义学牵涉到语义的成分与语义间的关联性。

1.语义的成分

过去传统的语义学把词当作语言中最小的有意义的单位,但事实上,一个词包含了数个不同的语义成分。以"铅笔"为例子,除了可以用来书写之外,它还包含了"木制的""中间部分有铅制的芯""可以被擦掉的"等成分。但没有答案可以说明一个词要多少个语义成分来解释才足够。不过,当某些词具有相同的语义成分时,的确需要更多的语义成分来区分,如"冰""雪"和"霜"的语义成分分析见表2-1。

表2-1 "冰""雪"和"霜"的语义成分分析

语义成分	冰	雪	霜
由水分组成的	+	+	+
固体	+	+	+
0 ℃以下	+	+	+
由空中落下	−	+	−
在地表的	−	−	+

两个词共有的语义成分愈多,表示这两个词的语义愈相近。因此,语义成分分析的方式让词语得以被更精确地描述,而透过这样的分析方式也让语义相近的词语得到更理想的比较。

2.语义间的关联性

词和词之间,语义的关联性就像网络般相互联结。以下概略介绍语义之间的关系。

(1)上下义关系:如"交通工具"与"汽车""火车","交通工具"属于上义词,"汽车"属于下义词。

(2)反义关系:如"生"与"死"、"长"与"短"、"黑"与"白"。

(3)同义关系:指的是两个词有相同的意思,如"母亲"和"妈妈"。

(4)一词多义:指的是某个词有多个相关的意思,被称为多义词。例如,"花瓶"可指用来插花的花瓶,也可用来比喻外表姣好但什么事都不会做的女性,带贬义。

（5）同音异／同形异义：同音异形异义词指的是发音相同，但对应到不同的字形，也有不同的语义，如"迷路"与"麋鹿"。同音同形异义词指的是发音相同，对应的字形也相同，但有不同的语义。例如"黄牛"，可以指犁田的黄牛，也可指利用不正当手段骗人钱财的人；又如"过节"，可以说"张三和李四之间有过节"，也可以说"春节前夕大家纷纷返乡过节"。

除了上述提到的语义的成分以及语义间的关联性外，语义的分析也和情境、先前发生的事件等都有关联，可见语义学的范畴相当广泛且复杂。

（四）构词学

"词"是具有语义的最小单位。在语言学中，最小具有意义的单位被称作词素。中文里"字"和"词"较难区分，多数的字都有其意义，如"车""马"等；但有些联绵字，如"蚯""蚓""葡""萄"，则必须组合在一起才能具有意义。构词学是研究词的内在结构功能及规则的学问，其中包含了语音与语义的组合，不单指书面的文字和语义的配对。

中文构词的方式通常指的是词根与词缀的组合过程。若以英文的"happy"（快乐）与"unhappy"（不快乐）为例，"happy"可以独立存在，称作"自由词素"，亦被称为词根；"un-"不能独立存在，被称作"附着词素"。附着词素又称词缀，附在词根的前面称"词头"或"前缀"，附在词根后面的叫"词尾"或"后缀"。此时的"un-"即前缀，"cup"（杯子）的复数"cups"，其中的"-s"即后缀。中文的特性和英文有很大的差异，"我们"的"我"可视为自由词素，而"们"可视为词缀。以下就中文的构词方式做简要介绍。

衍生的意思是将某个词加上词缀，形成另一个词，如优养化、商业化、语言学家等。

复合指的是将两个词根合并变成另一个词，如左右、吃饭、奔跑等。

略语在英文中指的是将词组中各个单词中首字母抽出来形成一个新的词，如美国太空总署"National Aeronautics and Space Administration"可略为"NASA"。但中文的特性不同，其略语用法是将一个多音节词组的某些字抽取出来，形成另一个较简短的词但代表相同的意思，如将"公共汽车"省略为"公交车"等。

融合指的是将两个字中的一个字取一部分来组成一个新字，中文较少见。以英文为例子，"brunch"（早午餐）是"breakfast"和"lunch"的融合，"chemotherapy"是"chemistry"和"therapy"的融合。在中文里，"甭"是"不用"的融合。

借词是每种语言都会发生的现象，指的是向外来语借词，如巧克力（chocolate）、苏打（soda）、摩托车（motorcycle）等。

功能转换指的是改变原本的词类变成一个新的词。例如，"希腊"原为名词，但可改变做形容词用，如："今天的天空很希腊。"

创新词指的是过去从未出现过的词。例如，"氛围"意思是气氛；又如，"动画"意思是卡通。这些新词已慢慢取代原本的词。

（五）语法学

语法是语言的结构规则，包含了语素组合成词的规则、词和词组合成短语的规则、短语构成句子的规则。理解一个句子，不仅要懂得每个词所表示的意义，还要了解词和词之间的关系。参考下面的句子：

（1）妹妹把花捧在手上。

（2）花把妹妹捧在手上。

（3）捧在妹妹手上花把。

句子（3）虽与句子（1）有相同的字和词，但不能被视为真的句子。句子（2）虽然合乎语法，但因词的顺序与（1）不同，语义也有很大的差异，在语义的解释上也不合理。因此，词序对句子结构中的语义理解可以说是相当重要的。

虽然语言的规则是有限的，但人们平日说话的句子多得难以计数。换言之，只要掌握了语法规则，就可以运用有限的词汇创造出无限的句子，此即语法的抽象性。而语法单位组合的过程，就是依照内部结构，按层级组合而成，造出结构复杂的句子。

（六）语用学

一般而言，说话时包含了很多种言语行为，这些言语行为都须符合当时的语境。语用学即研究语境对语义解释的影响，因此"言语行为"是其中相当重要的部分。

言语行为不只是发声或说话本身，还牵涉到了更广的层面。简单而言，说话时句子本身所代表的意思被称作表意行为，若句子里包含了请求、命令、询问或承诺等意思，则属于非表意行为；若句子中带有恐吓、说服、欺骗等，这一类话说了之后可以达到某种行为效果，则被称为遂行行为。例如以下的句子：

房间的空气很闷。

句子指的可以是"表意行为"，陈述了"这个房间里的空气相当闷"的意思；但也可以是"非表意行为"，若当时的语境是教师希望学生能尽快把窗户打开，就表达了"这房间太闷了，去开窗吧！"的请求。除此之外，也可以是遂行行为，若当时的语境是希望某人不要进到房间里，因此表达了"这间房间很闷，所以我们不要进去"的意思。若在语境线索充足的情况下，却时常对语句做出错误的理解，则可能暗示了某种程度的语用困难。

语言障碍牵涉了语言形式的异常、语言内容的异常以及语言功能的异常。语言形式包含了前面提到的音韵学、构词学及句法学的知识和能力，语言内容指的是语义的分析；而语言功能指的是语用，牵涉到语言的形式和内容等讯息的整合。学习者若了解了语言成分的组合，对未来在儿童言语、语言障碍方面的鉴别就会有更清楚的方向。

第五节　语言运动机制

一、呼吸机制

呼吸系统是言语产生的动力源，包括肺、气管、支气管和胸腹部的呼吸肌群。言语是在呼气的过程中所产生的，在言语过程中，需要瞬间吸入大量的气体并维持平稳的呼气，用较小的气流来维持足够的声门下压，这种呼吸调节过程要求呼气运动与吸气运动之间相互协同和拮抗，即呼吸支持，从而获得言语的自然音调响度以及丰富的语调变化。因此呼吸机制成为各种形式发音的关键组成。

（一）胸腔骨架

胸腔骨架提供了呼吸系统的支持与保护。脊椎的七节颈椎、十二节胸椎、五节腰椎、五节荐椎和四节尾椎，共三十三节，使得躯干得以支持，众多的肌肉得以附着其上，以及神经得以传导和支配。

胸架包含了锁骨与肩胛骨，两者皆与胸骨相连。第一到第七对肋骨称为真肋，与胸骨相连。第八到第十对肋骨称为假肋，与胸骨之间借着软骨连接。第十一和第十二对肋骨属游离肋骨，与胸骨没有连接。在休息的状态下肋骨往下倾斜，吸气时才会上提。

胸骨的构造很特殊，可分成胸骨柄、胸骨体和剑突。锁骨和第一对肋骨连接胸骨柄，第二对肋骨附着于胸骨柄和胸骨体的交界处，其他的肋骨附着在胸骨体上。十二对肋骨和胸骨结合形成了肋骨架，肺脏位于肋骨架中，获得了完好的保护。

（二）吸气肌与呼气肌

1. 吸气肌

休息时的呼吸只有少数的吸气肌会动作，如膈。膈为主要的吸气肌，当其收缩时，中间的圆弧部分会往下降，让胸腔的空间变大，以利于空气进入。

胸腔前方的肋间外肌、软骨间的肋间内肌也都属于吸气肌，收缩时会拉高胸架，增加胸腔的前后空间。胸腔后方的肋提肌的短肌与长肌、上后锯肌，亦属吸气肌群。位于颈部的胸锁乳突肌，两端分别附着于颞骨下方的乳突和锁骨，只有在深呼吸时才会收缩，是主要的吸气辅助肌肉。当我们用力深呼吸时，可触摸到颈部两侧有两条肌肉突起，这就是胸锁乳突肌。斜角肌附着于脊椎和肋骨上，由三条肌肉构成，分别为前、中、后三条，用力吸气时，可以辅助将胸架上抬。斜方肌位于颈部及肩膀的表层，亦属于吸气肌。

胸大肌、胸小肌也都是吸气时的辅助肌肉，但只有在深深吸气的末尾才有收缩。除此之外，前锯肌、锁骨下肌、肩胛提肌、大菱形肌、小菱形肌等，也都属于吸气肌。

2. 呼气肌

休息时的呼气依赖膈自然恢复的弹力，当膈回到原来的位置时，胸腔空间变小，内部压力变大，空气自然地流出。但当说话和用力呼气时，呼气的量和时间需有精确的控制，因此需要呼气肌的运作。胸腔前侧真肋间的肋间内肌、胸肌与胸腔后方的肋下肌、下后锯肌、肋间最内肌、背固肌等胸腔的前、后侧肌肉，都可辅助将肋骨往下降。腹部的腹内斜肌、腹外斜肌，以及腹部后侧的腰方肌，收缩时会将下端的肋骨向下拉平。而腹横肌、腹直肌则帮忙收缩腹部，使腹部的空间变小，驱使膈向上弹回。

（三）软组织与呼吸道

人体左右两边各有一个肺，左边的肺有两叶，右边的肺有三叶。气体的运输和交换，仰赖着肺部的气管和支气管，支气管的末梢充满着被许多细小微血管包住的肺泡，此即进行气体交换的地方，让氧气入肺泡，二氧化碳出肺泡。气管的上方即喉部，接着是口腔和鼻腔，整体呈现出"F"形的构造，为气体通过的管道。

二、发音机制

人类能够发音或说话依赖喉部精细的结构，因此在英文中有"声音的盒子"之称的就是喉部。喉部包含了许多软骨、肌肉和韧带，它们相互连接，且各司其职。除了发声外，喉部也执行保护的机制，防止异物掉入肺部。[1] 以下逐一介绍喉部的结构。

（一）喉部的软骨

整个喉部的软骨包含了甲状软骨、环状软骨、会厌软骨及成对的杓状软骨和小角软骨。虽然舌骨不属于喉部的结构之一，但其介于喉部和舌头之间的重要位置。舌骨与其他的骨头不相连，只与甲状软骨的上角有接触，形状呈U形，若用手触摸自己下颌和颈部的交界处并往内推，可感觉到一个坚硬的结构，即舌骨的本体，其两侧各有一对大角和小角。

甲状软骨位于舌骨的下方，是喉部体积最大的软骨。甲状软骨主要由两块甲状薄板组成，中间夹的角度被称为甲状角，成年男性的角度较狭窄，因此也较明显；若正面观察颈部，可看到一明显的突起，为喉结。两块甲状薄板之

---

[1] 陈小娟，张婷. 特殊儿童语言与言语治疗[M]. 南京：南京师范大学出版社，2014：51.

间有一个小凹陷，称作甲状凹。甲状软骨的后端，有两对突起，分别是上角和下角，上角和舌骨有关节面接触，下角和环状软骨有关节面接触。

会厌与甲状软骨相连，是一个叶形的结构，根部以甲状会厌韧带附着在甲状凹的内侧下方。杓状会厌襞连接会厌与杓状软骨，会厌在吞咽的过程中，会盖下以避免食物进入喉部，是一个相当重要的结构。

甲状软骨的下方有一块环形的软骨，称作环状软骨，位于气管的最上方，也是喉部最底部的软骨。其两侧有和甲状软骨相接的关节面，其上方也有一对与杓状软骨相接的关节面。

成对的杓状软骨坐落在环状软骨上，在其顶端也是成对的小角软骨。杓状软骨的内侧有个突起，称作声带突，甲状声带肌的两端就是分别附着在甲状软骨内侧以及声带突上；而杓状软骨的外侧有肌肉突，甲杓肌其中一端即附着在此处。借由不同的肌肉收缩造成杓状软骨的摇摆及滑动，声带可以打开或关闭。

（二）喉部的肌肉——喉内肌

喉内肌群可让声带做相当细致的运动，其功能包括：在用力呼吸时声带张得更开；咳嗽时闭紧声带；吞咽反射启动时，声带、假声带、会厌逐一关闭，避免食物进入喉部及气管内；四肢用力时启动声门紧闭反射，例如用力举起重物，声门的关闭让肺部充满空气、胸腔扩张，以增加肢体用力的效果；发声时声门关闭，气流通过声带发出声音，并借由喉内肌的协同收缩、调整声带肌的张力来呈现高高低低的音调。

（三）喉部的肌肉——喉外肌

因喉部的软骨不与身体其他部位的骨头连接，因此喉外肌的功能主要是固定以及上提或下拉喉部。

1. 舌骨上肌群

舌骨上肌群负责将舌骨和喉部上提。例如，吞咽反射启动时，舌骨上肌群收缩，将喉部往上、往前提；发声时，喉部上提可发出较高的音调。舌骨上肌群包括前二腹肌和后二腹肌、茎突舌骨肌、下颌舌骨肌、颏舌骨肌、颏舌肌。由其相对位置来看，前二腹肌、下颌舌骨肌由三叉神经支配，后二腹肌与茎突舌骨肌由颜面神经支配，颏舌骨肌、颏舌肌皆由舌下神经支配。

2.舌骨下肌群

舌骨下肌群负责将喉部往下拉，与舌骨上肌群相互拮抗；收缩时会产生较低沉的声音。舌骨下肌群包括胸骨舌骨肌、肩甲舌骨肌、胸骨甲状肌和甲状舌骨肌。胸骨舌骨肌由第一至第三颈椎神经支配。肩甲舌骨肌以中间腱区分，上段由第一颈椎神经支配，下段由第二及第三颈椎神经支配。胸骨甲状肌由第一及第二颈椎神经支配，甲状舌骨肌由第一颈椎神经支配。

（四）声带

声带由五层不同的组织组成。最外层是上皮层，非常薄，仅约0.1 mm厚，是鳞状上皮结构，用喉镜观察会看到呈现白色反光的波纹。

上皮层之下是固有层，固有层包含了三层不同的组织，固有层的最外层——表层，也就是声带结构的第二层，约0.5 mm厚，由弹力纤维组成，结构较为松软并富含水分。发声时，此层的摆动最为明显。上皮层和表层合称为声带的黏膜层。

中层，也就是声带结构的第三层，1～2 mm厚，亦由弹力纤维组成，且此层的组织为前后排列，韧性较大。

深层，也就是声带结构的第四层，也是1～2 mm厚，富含胶原纤维，组织排列和中层相同，呈纵向排列。一般而言，声带韧带指的就是中层和深层。

固有层之下是肌肉组织，即前述所提到的甲状声带肌。

三、共鸣与构音机制

声带振动发出声音，经过声道的共鸣以及构音器官互相协调动作，进而发出语音。元音的产生就是仰赖共鸣系统运作的，而构音器官快速地变换位置，这是不同特性的辅音产生的来源。因此，以下就共鸣与构音机制分别来介绍。

（一）共鸣机制

共鸣的位置，由声带开始，经喉部、咽部、口腔，再往上是鼻腔，形成一个"F"形的管子。

1. 咽腔

咽腔分成三个部分，鼻腔的后方称为鼻咽腔，口腔的后方称为口咽腔，喉头的上方称为喉咽腔。发非鼻音时，软腭及悬雍垂收缩上提，堵住通往鼻腔的通道，因此除了口腔之外，喉咽腔和口咽腔为发声时主要的共鸣位置；但发鼻音时，软腭及悬雍垂放松，通往鼻腔的通道打开，因此鼻咽腔和鼻腔得以产生共鸣。

2. 口腔

口腔内的构造包括嘴唇、牙齿、舌头、硬腭、软腭、悬雍垂、前咽门柱、后咽门柱与扁桃体。

3. 鼻腔

鼻腔位于硬腭上方，此部位布满鼻黏膜，除了具有嗅觉功能的纤毛外，还可以温热吸入的空气。其中有上鼻甲、中鼻甲、下鼻甲三个夹层，在它们的后方就是鼻咽腔。

（二）构音机制

产生辅音的构音器官很多，包括嘴唇、牙齿、舌头、硬腭、软腭与悬雍垂，在某些语言中，声门也可以是构音器官之一。以下就各个构音器官的构造、肌肉和神经支配一一做介绍。

1. 舌头

舌头在口腔中占了很大的体积，是重要的构音器官。若将舌头往外吐，可见到舌尖和舌面，中间有一条中央沟；舌根位于舌头的后方，其后连接喉部上方的会厌，两者中间的区域称作溪域。舌根的两侧有扁桃腺，扁桃腺的前后分别是前咽门柱与后咽门柱。若将舌头上抬，可见到舌头与口腔底部有舌系带相连。舌头完全由肌肉构成，包含了舌内肌和舌外肌，负责控制舌头的形状、位置以及运动的方向。

舌内肌主要负责改变舌头的形状，让舌头得以做出精确的构音动作，有上纵肌、下纵肌、横肌、直肌等四对舌内肌。

上纵肌位于舌头的最上层表面，肌肉走向为前后向；当上纵肌收缩时，舌尖会向上卷起，因此与卷舌音有关，若为单侧上纵肌收缩，舌尖会偏向收缩侧。下纵肌与上纵肌互为拮抗肌，亦为前后走向，是舌内肌的最下层；当下纵肌收缩时舌尖会往下卷，若是单侧的舌下肌收缩，舌头会偏往收缩侧及被拉往下。

横肌和直肌交错，位于上纵肌和下纵肌之间。横肌的走向为左右向，当横肌收缩时，舌头的两侧会向中间靠拢，因此舌头会变窄。直肌的走向和横肌垂直，为上下走向，当直肌收缩时，舌头变得较扁平，并往口腔的下方靠；舌内肌都是由舌下神经支配的。

舌外肌主要负责舌头的移动。颏舌肌占舌头的最大体积，是主要的舌头运动肌肉，从下颌骨内侧成扇状连接舌尖到舌根。颏舌肌位于舌头的中间部位，因此下纵肌、舌骨舌肌、茎突舌骨肌皆位于颏舌肌的两侧。当颏舌肌的前部收缩时，舌尖往下，舌根会往后拢起，而当后部收缩时，舌根往下，舌尖往前帮助舌头外吐；若前部和后部同时收缩，舌面中间的部位就会往下凹陷呈杯状。

舌骨舌肌一端附着于舌骨本体的侧边，另一端往上、往前嵌入茎突舌骨肌与上纵肌之间。当舌骨舌肌收缩，舌头会被往后、往下拉，因此与发低元音 [a] 有关。小角舌肌属于舌骨舌肌的一部分，附着于舌骨的小角，当其收缩时，会让舌头的位置更加往下。

茎突舌骨肌一端附着于颞叶骨突出的茎突前端，另一端往前、往下嵌入舌头下部的两侧。当茎突舌骨肌收缩时，舌头会被往后、往上拉，因此与发高元音 [u] 有关。

腭舌肌属于舌头和软腭的一部分，连接舌头的下部和软腭。当腭舌肌收缩时，舌头会被往前、往上拉；腭舌肌与舌骨舌肌相互拮抗，所有的舌外肌亦都由舌下神经支配。

2. 颜面肌肉

脸部的表情和说话的动作由许多精细的肌肉操控，其中主要负责圆唇的是口轮匝肌，包围住嘴唇。笑肌与颊肌由上颌骨出发向下嵌入嘴角，因此收缩时能产生展唇的动作。提上唇肌、颧小肌和提上唇鼻翼肌主要负责将上唇上提，并且让张开的嘴巴可再张得更大。提嘴角肌，顾名思义就是将嘴角上扬，颧大肌收缩时亦会让嘴角向上勾起，因此与微笑有关。降下唇肌收缩时会将下唇往下并往外拉，降嘴角肌将嘴角往下拉。下颌肌收缩时，下颌会产生皱褶，下唇会往前突。而颈阔肌是延伸至颈部的一条肌肉，收缩时能帮助下腭往下打开。颜面神经的肌肉都是由颜面神经支配的，而颜面部分的感觉则是由三叉神经支配的。

3. 上颌

口腔内上颌的结构包括牙齿、齿槽、硬腭、软腭、悬雍垂、前咽门柱、后咽门柱与扁桃腺。就发出语音而言，从牙齿到悬雍垂都是非常重要的结构，而前咽门柱、后咽门柱则与吞咽较为相关，而位于前后咽门柱之间的扁桃腺为淋巴组织，属于免疫系统的一部分。

牙齿的咬合对发音和吞咽而言都相当重要，主要分成三种咬合形态：第一种咬合形态是正咬合，指的是第一对下臼齿和第一对上臼齿刚好对齐；第二种咬合形态是前咬合，指的是第一对下臼齿比第一对上臼齿往后至少一颗牙；而第三种咬合形态是后咬合，指的是第一对下臼齿比第一对上臼齿往前至少一颗牙。前咬合和后咬合较有可能会影响构音的清晰度。

软腭位于硬腭的后方，包含了五条肌肉：腭帆提肌、悬雍垂肌、腭帆张肌、腭舌肌与腭咽肌。

腭帆提肌主要抬高软腭的肌肉，收缩时，会将软腭及其后端向上、向后移动。悬雍垂肌为张口时软腭后方的垂状物，收缩时整个软腭会变短且缩成一团。腭帆张肌收缩时会拉紧软腭，并使其变得较扁平，且腭帆张肌收缩会打开咽鼓管，得以让气体进出中耳腔来平衡压力。腭舌肌其实就是组成前咽门柱的主要肌肉，收缩时会将舌头往后上方拉起，或将软腭往下拉。腭咽肌位于后咽门柱的后方，是组成咽门柱的主要肌肉；当腭咽肌收缩时，咽腔会变窄，软腭会被往下拉，且可帮助喉部上提。

发鼻音时，须将口腔和鼻腔间的通道保持畅通，让声音得以在鼻腔内产生共鸣，因此需要腭舌肌和腭咽肌的收缩。发非鼻音以及吞咽时，皆须把通往鼻腔的通道关闭，此时则需要腭帆提肌收缩将软腭上提，悬雍垂肌收缩让通道的闭合更紧密。神经支配方面，除了腭帆张肌是由三叉神经的下颌分支支配外，其他上述的软腭肌肉都是由副神经与迷走神经支配的。

4. 下颌

除了上述的构音器官，下颌的开合对构音和吞咽而言也是贡献很大的。下颌和头骨借由颞颌关节相连。

主要协助下颌关闭的肌肉有嚼肌和颞肌，其中颞肌是相当强而有力的，可迅速关闭嘴巴的肌肉；此外，内翼肌也可协助将下颌上提。和内翼肌同源的外翼肌收缩时，则协助将下颌往前移动。而二腹肌的前段、下颌舌骨肌、颏舌骨肌以及颈扩肌都是协助将下颌往下拉，让嘴巴打开的。嚼肌、颞肌、内外翼肌和下颌舌骨肌皆是由三叉神经支配的。较特别的是二腹肌，因其分成前腹与后腹，前腹由三叉神经支配，后腹由颜面神经支配，而颏舌骨肌则由舌下神经支配。

第三章　儿童语言的发展

第一节　儿童语言发展的规律

虽然不同民族的儿童在语言习得上表现出一定的特殊性，但人类语言具有普遍性，人脑和语言器官具有普遍性，人类的认知发展具有普遍性，因而儿童语言的发展也表现出一定的共性。

一、语言发展的先天生物学基础

儿童之所以能获得语言，是由人的一些先天的生物学特点所决定的。

（一）具备特殊的语言器官

在所有的动物中，人具有得天独厚的高度发达的交际系统，这是因为人具有特殊的适于发声的器官，并能够有效地控制声道，具备与之相对应的视听器官。这些结构是语言能够产生的重要物质基础。视听器官和发声器官的不正常发展，会影响人的语言能力。

（二）具有先天的语言处理能力

人类具备处理复杂语言符号系统的能力。这种能力与儿童的大脑发育及脑功能的完善有关。先天性脑发育不全的婴儿往往会显示出低下的语言能力。大量的研究表明，在脑的发展和语言发展之间存在着高度的相关性。

二、置身于语言环境是语言发展的必要条件

儿童与生俱来的生物条件只是为儿童获得语言提供了基础，但仅凭这一

点并不能保证儿童具有获得语言和发展语言的能力。那些生来就脱离了人类语言环境的儿童不能自发地产生人的语言,而生活在不同语言环境中的儿童掌握了不同的语言。尽管对于学习和强化在语言发展中的作用还有争论,但儿童置身于一种语言环境并学习这种语言,无疑是获得和发展这种语言能力的必要条件。一个从未听说过某种语言的人要掌握这种语言是不可能的。例如,许多聋哑儿童不会讲话的主要原因是耳聋,他们的发音器官并没有缺陷。

三、语言发展与认知发展关系密切

认知中的语义编码是语言与认知之间联系的桥梁。例如,如果儿童没有时间概念,要使儿童掌握标志时间的词和时态变化的语法是不可能的。儿童分析和产生语言是以两种基本的认知能力为前提的:他必须在不会说话时就能够领会父母或其他成人所说的话;他必须注意他们怎样谈论事情。只有具备了这两种能力,他才能通过语言将声音和意义联系起来。所以,儿童必须掌握领会意义的某种方法,而且必须掌握领会那些与意义相联系的声音是怎样构成的方法。

语言发展与认知发展的密切联系还表现在语言发展与思维发展的关系上。一方面,语言发展为认知发展提供了概念赖以存在的符号;另一方面,思维发展的水平又决定了语言发展的水平。当儿童还处在皮亚杰所说的感知运动阶段和前运算阶段时,儿童只能掌握情境性的语言;而当儿童处于具体运算阶段时,儿童才能掌握连贯性的语言。抽象的词和语法的掌握有赖于认知的发展,而语言的掌握又对认知的发展起推动的作用。

四、语言的理解先于语言的产生

儿童最初的言语活动是从听懂成人说出的词开始的。1岁左右的儿童能懂得成人说出的某些词,当成人说出这些词的时候,儿童就用定向反应或运动反应来回答。例如,成人问"小猫呢?",儿童就会注视小猫或转头去找小猫。但儿童说出的词很少,即使能说出几个词,也往往不完整。因此,理解能力的发展是先于生成能力的发展的。语言理解先于语言产生不只在语言发展的开端如此,在以后的发展中仍如此。当儿童还听不懂具有某种句法结构的句子时,要生成具有这种结构的句子是不可能的。

五、句子的掌握由简单到复杂

先掌握具体的词，然后才能掌握抽象的词，儿童语法的发展是由不完善到完善的。儿童在满1周岁时，就有可能理解并说出很少的词，在这个基础上经过幼儿时期，在教育的影响下，儿童的语言才逐步发展起来。约从1.5岁起，儿童对语言的积极性大大高涨起来；随着对语言的理解，儿童开始说出更多的语词，语言交际活动的机会日益增多，从而使儿童的语言过渡到一个新的阶段，从单词句到多词句。到了3岁末，他们已经能够使用各种基本类型的句子（简单句和某些复合句）。儿童语言发展的这种趋势同样说明，儿童语言的发展是受认知发展制约的。

第二节 儿童语言发展的差异

虽然儿童语言习得与发展作为一门独立的学科时间较短，但经过此前一段相当长时期的研究，学者们基于不同的理论背景和研究方法，对儿童语言的发展提出了自己的看法。例如，行为主义者强调模仿和强化在儿童语言发展中的主导作用；心灵主义者则认为人有一种先天遗传的"语言习得装置"；认知主义者认为，语言的认知遵循人类普遍认知发展模式。观点的分歧促使学者们进一步思考"儿童究竟是如何获得语言的"或者"影响儿童语言发展的因素是什么"等这类对认识人类的语言能力具有普遍意义的问题。通过对正常儿童与非正常儿童语言发展过程的调查与分析，学者们普遍认识到，儿童语言的发展是多重因素综合作用的结果，诸如儿童自身的生理因素、儿童所处的语言环境、个体认知发展水平以及个人差异、语言学因素和社会学因素等。以下主要从民族差异、人脑和语言器官的差异、认知发展的差异、儿童本身的差异等四个方面展开论述。

一、民族差异

不同民族的语言虽具有普遍性，但相互间也存在着一些个性差异。语言是一套符号系统，是客观事物及其相互之间的关系在人脑中的反映，这种反映对人类来讲具有普遍性，决定了不同民族儿童的语言习得也具有普遍性。另外，不同民族的语言在符号系统中对这种现象和关系的反映存在着一定的差异，如词汇因素差异和句法规则差异等，也决定了不同民族儿童的语言习得在共同具有的普遍性的前提下，在某些语言成分的掌握上又体现出一定的特殊性。例如，对人称代词的掌握，使用英语和汉语的儿童都能在3～4岁时基本掌握第一人称单数代词，普遍存在着对第一、第二人称的掌握先于第三人称的现象。但由于英语的人称代词有性和格的变化，而汉语没有，因此使用汉语的儿童掌握人称代词比使用英语的儿童要早一些，也更容易一些。

二、人脑和语言器官的差异

人脑和语言器官有普遍性，人脑中有关语言的区域以及人的语言器官都具有共性，这个生理因素也影响并决定儿童语言获得的普遍性。但是，其发育水平存在差异。儿童语言器官的发育和认知的发展有早晚的不同；两者在发展速度的匹配上也有所不同，这就使得儿童语言的获得和发展有所差异。

三、认知发展的差异

儿童的认知发展具有普遍性，但存在的某些差异能促进或限制语言的获得。儿童获得语言需要以一定的经验和认知发展作为基础，并要有一定的抽象概括水平。儿童的认知是从具体到抽象不断地发展的，因此儿童的语言获得也是先具体后抽象一步步地发展的。但是儿童在认知发展方面存在着某些个体差异，这些差异能促进或限制儿童语言的获得和发展。

四、儿童本身的差异

儿童本身的特质及其与环境的交互作用影响儿童语言的发展。儿童与成人的语言交际、成人的语言教授和儿童相应的模仿学习,以及儿童本身的选择性和主动创造性也是影响儿童语言发展的重要因素之一。

齐沪扬等人通过对许政授等在 20 世纪 80 年代追踪考察儿童在 11 个月到 14 个月期间获得的第一批词的研究进行分析总结,以此探讨成人语言教授和儿童相应的模仿学习在儿童语言获得中所起的作用。结果表明,不论从儿童所获得的第一批词的数量看,还是从这些词的具体内容看,它们对语言获得都起着重要的作用。[①] 但是从进一步的分析中也可以看到,儿童在与成人的交际过程中,不是单纯机械模仿。儿童没有模仿成人教授的某些词,因为儿童模仿时发音有困难,并且没有这方面的经验,认知水平也还达不到要求;另有一些词,儿童虽然模仿了,但仍没有获得,因为这些词离儿童的生活比较远。由此可见,成人的语言教授是通过儿童语言器官的成熟、认知的发展以及儿童本身的选择性而起作用的。正是交往过程中成人的语言教授以及儿童的模仿学习及主动性、创造性都有所不同,才造成了儿童语言获得的个别差异。

大量的研究表明,儿童的语言发展状况受到多种因素的影响。儿童语言获得与发展是儿童主体因素与客观环境相互作用的结果。儿童的先天素质状况、生理成熟的程度、认知发展的水平和后天的学习情况在儿童的语言发展中起着十分重要的作用。虽然不同民族甚至同一民族的儿童个体语言发展过程有差异,但同样值得重视的是,不同民族儿童的语言发展具有很强的普遍性,特别是在早期的语言发展中,这种共性表现得尤为明显。

第三节　儿童语言发展的基本阶段

一、发声练习期

在这一时期中,婴儿还没有言语能力,即既不能说出任何词语,也听不懂任何词语,但是能发出各种不同的声音。起初发出的声音比较单一,以后通过模仿使发出的声音越来越富于变化。这一时期所发出的声音只是用于表达婴

---

① 齐沪扬,陈昌来. 应用语言学纲要[M]. 上海:复旦大学出版社,2009:233.

儿的饥、渴、喜、痛等感觉，或是某种要求和欲望，还不是代表特定含义（概念）的语音符号，所以仍属于巴甫洛夫所说的第一信号系统，而非第二信号系统。正如桂诗春教授所指出的："婴儿的哭叫声源于他的不舒服感觉。这些声音大都是尖声和鼻化元音，发自嘴的前部，且伴以脸部紧张表情。母亲很快就能根据其哭声的形式不同而辨别其原因，如肚饿、疼痛、过冷和过热等。除了反映不舒服的声音外，婴儿还会发出表示舒服感的声音，这是一种松弛的、较深沉的、没有鼻化的鸣鸣声。接着出现的是某些辅音……最早发出的辅音大概有 wa、la、nga、ha、ma、na 等。但是这些声音并不具备语言交际意图。"①桂诗春教授这一段关于婴儿发声原因的分析是很有见地的，但是最后关于"婴儿声音没有交际意图"的论断值得商榷。尽管婴儿的声音不是有目的的行为，但是笔者认为还不能由此就断定这些声音没有交际意图。在桂诗春自己编著的《新编心理语言学》第 4 章（第 138 页）中就给出了这样的事实：根据儿童语言学家的观察，即使出生仅 3 个月婴儿的"鸣鸣"声也会引起母亲或保姆的注意；而当成人做出回应时，婴儿就会产生更像言语的声音，而且婴儿在发出这种声音后，还会继续等待成人再回应，彼此之间的反应和对话过程很相似。可见，从 3 个月左右开始，婴儿就有通过声音来和成人建立某种沟通方式的意图——这就是一种交际意图。当然，这种意图还是很初步的，没有太明确的目的，或者说，只是一种本能行为。

二、语言准备期

语言准备期一般也称为"咿呀学语期"，婴儿长大到五六个月就开始进入这一时期，并将持续半年左右。桂诗春在《新编心理语言学》中指出："婴儿最初的咿呀学语往往是在吃饱后仰卧在床上进行的。这时嘴里有唾液，很容易会做出吞咽的动作，于是就学会发后辅音如 gu、ga、ka、cha、ra 等。婴儿在吸吮时不光要使用嘴唇，而且还要用舌头顶住上齿龈，并随着吸奶把舌头放下。在此过程中，如果婴儿一边做吸吮这个动作，一边呼气，就会发出 ta、da、la、na 等辅音。"以后婴儿将逐渐习得其他的辅音和元音。元音习得顺序一般是从前元音开始的，然后依次是中元音和后元音；辅音则相反——先是软

---

① 桂诗春. 新编心理语言学[M]. 上海：上海外语教育出版社，2000：50.

腭音，然后是齿龈音和双唇音，最后才是齿音和腭音。在这一时期，儿童将学会语言系统所涉及的各种音素。不少心理学家还发现，到此为止（即到咿呀学语阶段结束止），或是在此之前，世界各民族儿童所能感知和发出的各种音素都是相同的（这是儿童先天具有语音感知和辨析能力的又一证据）；但是从此以后（或是稍稍在此之前）即开始分道扬镳——各民族的儿童逐渐变得只能感知和发出本民族语言的所有音素了。

为了探明咿呀学语和本民族语言习得之间到底存在何种关系，王双宏等人对德·波逊等人关于母语为粤语的婴儿和母语为英语的婴儿的元音比较的实验结果进行总结，得出母语为粤语的婴儿所发出元音的第一共振峰的平均频率要比母语为英语的婴儿的高些，而第二共振峰的平均频率则要低些。这两者的差异恰好与粤语和英语元音的声学特征及出现频率一致——对两种语言单词中元音分布的分析显示：英语偏向高、前元音，而粤语偏向低、后元音。从这项研究的结果可以看到，母语环境对婴儿元音发音的习得过程有不容忽视的影响。元音发音的习得过程如此，其他音素发音的习得过程也与此相似（即都要受母语环境的影响）。[①] 这就表明，在言语准备期（即咿呀学语期）结束之前，婴儿已经学会根据母语来调节自己的发音。这项研究表明为什么咿呀学语期之前的婴儿能感知和发出世界各种语言的音素，但婴儿长大以后只能感知和发出本民族语言所涉及的有关音素，而不能再感知和发出其他民族语言所特有的音素。

在言语准备期中，婴儿虽然还不能说出词语，但已开始能对话语进行初步的理解。例如，当听到"把苹果给妈妈"的话语时，婴儿能做出拿苹果给妈妈的反应。此外，婴儿还能通过简单的体态语和手势与成人进行交流。例如，举起双手表示要大人抱，用嘴巴做吮吸动作表示想吃奶；手势则以"指向"为多，一般是食指伸直，其他四指弯曲，指向的功能是提出请求或指认事物，对指向的正确反应是看所指物，而不是看食指。据李宇明教授的研究，对于这一时期后半段的婴儿来说，能大致理解（即能基本听懂意思，但还不能够表达出来）的词语有 200 个左右，其中名词性词语和动词性词语大致各占一半。这是第二信号系统开始建立的时期，可见，婴儿开始具有初步言语能力是在这一时

---

① 王双宏，黄胜.学前儿童发展心理学[M].成都：西南交通大学出版社，2018：89.

期的后半段，即在 11 或 12 个月前后。① 应当指出，在咿呀学语后期，婴儿不仅逐渐掌握本民族语言的各种音素，还开始习得更复杂的发音方式——音素或音位的组合（即音节和词），也就是说，婴儿开始能说出单个的词。这样就为下一个语言发展阶段做好了充分的准备。

三、语言发展期

在这一时期，儿童已能以主动方式参与言语交际活动，即不但能听，而且能说。但是这个时期儿童所使用的语言还是不成熟、不完整的，属于幼儿的特殊语言，这种特殊语言的发展又可以划分为独词句、双词句和电报句等三个子阶段。按照"语觉论"的观点，儿童天生就有语义感知觉能力，即对语音和语义进行辨识的能力。如上所述，李宇明的研究也证实了这一点——7 至 12 个月的儿童已能听懂 200 个左右词语，并能理解较简单的句子。在这一时期儿童之所以只能用片断的词语或电报句来说出自己的意思，而不能用完整、连贯的句子来表达，只是由于掌握的词语和语法规则的数量还很有限，并不是因为对所要表达的整个句子的语义理解有问题。例如，表达"我想要妈妈抱"和"希望姐姐陪我玩车车"这两个完整的句子，儿童在不同年龄段有以下三种不同的表达方式。

1 岁至 1 岁半往往是说"抱"（或"抱抱"），"车"（或"车车"）——独词句阶段；

1 岁半至 2 岁往往是说"妈妈抱""玩车车"——双词句阶段；

2 岁至 2 岁半往往是说"我妈妈抱""姐姐玩车车"——电报句阶段。

对于这样的独词句、双词句或电报句，若孤立地看，是有歧义甚至让人无法理解的，但在一定的交流背景下（即有一定的上下文语境），伴随儿童的手势、体态、表情，用这类不完整的语言和别人交流将不会有什么障碍。

---

① 李宇明，陈前瑞．语言的理解与发生：儿童问句系统的理解与发生的比较研究 [M]．武汉：华中师范大学出版社，1998：105．

四、语言成熟期

两岁半以后，由于儿童的实践活动（游玩、学习等）日益增加，和别人的交际范围逐渐扩大，言语能力随之得到迅速的发展，儿童对本民族口头语言的掌握逐步熟练与完善。在 20 世纪 80 年代，我国心理学家曾对 10 个省市 2000 余名儿童掌握的口头词汇量进行统计，结果表明：3～4 岁儿童的常用词有 1730 个，4～5 岁儿童的常用词有 2583 个，5～6 岁儿童的常用词有 3562 个。[①] 与此同时，儿童对本民族语言的语言规则的掌握及语言现象的了解也日益增加。语言学家李宇明教授曾以"疑问句系统"这一语言的子系统为例，对我国 1～5 岁的婴幼儿的语言发展做了深入研究，之所以选择"疑问句"作为研究对象是因为，提问是个体与社会进行信息交流的主要手段，儿童通过理解问话和回答问题，可以迅速提高理解话语、重组知识经验、表达思想感情等多方面的能力，所以疑问句在儿童的语言与思维发展中具有特殊的重要地位。李宇明教授在《语言的理解与发生——儿童问句系统的理解与发生的比较研究》一书中的研究结论指出："三岁以后儿童的问句体系进入完善期。在这一时期，儿童的各种问句格式都逐渐出现，反问句和特指疑问词的非疑问用法大量涌现，句法组织渐趋流畅。特别是到了四岁以后，原因问句大量使用，表明儿童的因果意识逐渐加强；并且出现了较多的'求解性'问句。这说明儿童问句的功能已经发展成熟，今后的重要任务是问句语用的发展。"李宇明的研究虽然只涉及疑问句这一种语言子系统，但是如上所述，这一子系统在儿童语言与思维发展中具有特殊的重要性与代表性，所以对这一语言子系统的学习与掌握过程，应能在很大程度上反映儿童对整个本民族语言的学习与掌握过程。换句话说，根据李宇明的研究结论，儿童到 4 岁以后，对本民族口头语言的各种句型的掌握都已经逐渐趋于完善与成熟，今后主要是向"语用"方向进一步发展。事实上，当今的语言学界都承认这样一个基本事实：任何民族的四五岁儿童都能无师自通地掌握包含数不清语法规则变化的本民族口头语言。只是对于"儿童为何能够只用几年时间就无师自通地掌握本民族口头语言？"这样一个问题，目前语言学界还有各种不同的说法和争论。

由以上分析可见，"开始具有初步言语能力"是在儿童"语言准备期"的

[①] 朱智贤. 儿童心理学[M]. 北京：人民教育出版社，2000：125.

后半段，即在 11 或 12 个月前后（1 岁左右）；而"具有熟练的口语能力"则是在儿童"语言成熟期"的后半段，即在 4 岁半或 5 岁左右。

第四节 儿童语言阶段性发展特点

一、0～1 岁儿童语言发展特点

出生后的第一年是儿童语言发生的准备阶段，这一阶段又被称为前言语阶段，是儿童语言发展的重要时期。这一阶段儿童语言的发展主要体现在语言感知、发音以及交际能力三个方面。这三个方面的发展为儿童以后语言的发展打下了基础，是儿童顺利掌握并运用语言的准备阶段。根据儿童发音的多少和复杂程度以及与母语的接近程度可以把前言语阶段分为三个阶段，即简单音节阶段、连续音节阶段和学话萌芽阶段。下面，本节将从前语言阶段感知能力、发音能力以及交际能力三个方面来分别探讨这三个阶段儿童语言发展的特点。

（一）前言语阶段感知能力的发展特点

对语音的感知是人们获得语言的基础。在这一阶段，正常的儿童不但能够听到声音，而且会用某种方式给予回应。积极地感知语言可以帮助儿童自己获得语言。前言语阶段儿童感知能力的发展主要呈现以下几个特点。

1. 简单音节阶段儿童感知能力的发展特点（0～3 个月）

这一阶段儿童听觉较敏锐，对语音较敏感，具有一定的辨音水平，表现出一定的语音偏好。婴儿早在胎儿期 5～6 个月就具备了听觉。婴儿很早就表现出对语音的敏感，听觉较敏锐。出生 3 天后，婴儿就能够辨别不同的声音。2～3 个月的婴儿虽然不能发出音节分明的语音，但是能够分辨语音的细微差异，对不同的声音做出不同的反应。语音的感知辨别能力在 0～3 个月就已经形成，这一能力主要表现为两个方面。首先，婴儿学会语音与其他声音的区别。新生儿能够对不同的说话声音和敲击物体的声音做出不同的反应，如目光的凝视或转移、蹬腿等动作，这是儿童感知语言能力的第一步，将语音与其他声音分辨出来。其次，婴儿在这一阶段获得了分辨不同话语声音的感知能力。婴儿在24天后可以分辨出不同性别的声音，以及母亲的声音与其他女士的声音，并能够分辨出不同音量、音色的声音。研究还发现，出生36小时以内的婴儿听到母亲的声音，可以控制自己吮吸奶嘴的速度。这一阶段的婴儿不但具备了分辨语音的能力，而且对语音表现出一定的偏好。李香娥等人在《学前儿童语言教育》一书中提到德卡斯伯和斯潘斯让孕妇在孕期内对胎儿读故事，结果发现婴儿对在母体内听到的故事非常偏爱。相对于不熟悉的声音，婴儿更加偏爱熟悉的声音。[①]

2.连续音节阶段儿童感知能力的发展特点（4～8个月）

相对于3个月的婴儿，这一阶段婴儿感知分辨语音的能力增强，能辨别语调、语气和音色的变化。这一阶段的婴儿对区别语义的字词并不感兴趣，但十分注意他人说话时的语调，从不同语调中感知来自交往对象的情感和态度。4个月的婴儿能够对成人愉悦和冷淡这两种较为熟悉的语调、语气中感知成人的态度，并做出不同的反应。6个月后，婴儿能够同时感知愉悦、冷淡和愤怒三种不同的语调，并能够以愉悦和冷淡的态度对前两种语调做出反应。这些都表明婴儿感知能力的增强，语言理解水平的提高。

3.学话萌芽阶段儿童感知能力的发展特点（9～12个月）

婴儿在9个月大的时候感知语言的能力进一步增强，开始真正理解成人的语言。这一阶段婴儿虽然还不会说话，但是能够听懂成人一些简单的语言，并利用肢体动作来回应成人的话语。比如，成人问"爸爸在哪里"，婴儿会用手指向爸爸；成人在离开时，妈妈对婴儿说"跟叔叔再见"，婴儿会向成人挥挥手。这些都表明婴儿已经可以理解成人的话语。

（二）前言语阶段发音能力的发展特点

在前言语阶段，除了大量的语言感知经验外，婴儿还在不断地发展本民族语言的发音能力，这是儿童语言学习的一个重要方面，也是在为以后人际交往做准备。这一阶段婴儿发音能力在不同的阶段呈现出不同的特点，以下为具体以阐述和分析。

[①] 李香娥，李宪勇.学前儿童语言教育[M].沈阳：辽宁大学出版社，2013：28.

1. 简单音节阶段儿童发音能力的发展特点（0~3个月）

这一阶段婴儿能够发出一些简单的音节，且多为单音节。儿童刚出生的时候，就会发出声音。新生儿因呼吸而发声，哭是儿童最初的发音。在新生儿哭声中，特别是在哭声停止的时候，可以听出"ei""ou"的声音。两个月的时候，婴儿开始发出一些非哭叫的声音，出现"喝喝"作声的情况。在他们睡醒后躺着的时候，会发生很愉快的自言自语的声音。这种声音只有在安静或是满足时才出现。研究还发现，婴儿韵母发音较早，声母较晚，且语音中极少见，几乎没有，主要是"h"音，有时是"m"音。两个月以后，婴儿不哭时也开始发音，当成人引逗时，发音现象更明显，已能发出"ai""a""ei"等音。发这些音不需要较多的唇舌运动，只要一张口，气流自口腔冲出，音也就发出了。这与儿童发音器官不完善有关。此外，该阶段的婴儿在焦急或不舒服时常常发出"i""e"等音，在放松状态下"o""a""u"音较多。

2. 连续音节阶段儿童发音能力的发展特点（4~8个月）

4个月后，婴儿发音开始发生明显的变化，经常会发出连续的音。这一阶段，婴儿明显变得活跃起来。当他处于舒适的状态如吃饱、睡醒时，常常自言自语。在自动发出的声音中，韵母逐渐增多，增加了"ong""eng"，声母也开始出现并增多，如"b""d""g""p"等。声母和韵母结合的音也开始出现，婴儿会连续重复同一语音，如，ba-ba-ba，da-da-da等，其中有些音节与词音很相似，如 ba-ba（爸爸），ma-ma（妈妈）等。父母常常以为这是孩子在呼喊他们，感到非常高兴。其实，这些音还不具有符号意义。成人可以在生活中抓住教育机会，比如当婴儿发出 ba-ba 这个音时，爸爸微笑着答应，并及时给一个拥抱，给予婴儿以鼓励和支持，强化婴儿的这一行为，使婴儿明白这些符号具有一定的意义。

另外，这个阶段的婴儿还出现了"小儿语"，会用语音来吸引别人的注意。这些"小儿语"听起来似乎是在表达一种要求和愿望，但是成人一般听不懂。并且婴儿在与年龄相仿的同伴相处时，会有相互模仿的现象，而且"交谈"得很愉快。婴儿独处时会出现嘴唇运动，非常注意别人的发音，并对其进行模仿，还会发出一些语音吸引成人的注意。

3. 学话萌芽阶段儿童发音能力的发展特点（9~12个月）

9个月后婴儿的发音能力进入一个更加复杂的时期。这个阶段婴儿的发音中连续音明显增多，并且不只是同一语音的重复，近似词的发音增多，发音时的声调也开始多样化。10个月后，婴儿开始开口说话，出现第一个有意义的单词。这是婴儿语言发展的一个非常重要的时期，也是婴儿语言发展的一个里程碑，因为这个时候的发音是一种有意运动，是后天学习到的，发出的单词具有一定的意义。由于遗传、环境等多方面的原因，婴儿开口说话的时间有个体差异性，较早的在10个月之前，较晚的甚至在1岁半以后。

这些单词往往与婴儿生活中某一特定的对象联系起来，并且是婴儿较为熟悉和感兴趣的。婴儿较早掌握的单词是一些具体的名词，专指某一类对象。比如，"车车"专指婴儿的玩具车。1岁前婴儿掌握的单词还很少，并且此时的婴儿发音往往是在一种情境中的模仿活动，处于学话萌芽的阶段。

（三）前言语阶段交际能力的发展特点

掌握语言是为了更好地与人进行沟通和交流，前言语阶段是语言发生的准备阶段，不仅为感知辨别语音和发音做准备，还是儿童人际交往的准备阶段。婴儿交际能力在出生后不久就开始发展了。由于前言语阶段儿童年龄较小，语言发展还处于准备阶段，所以儿童与成人的交往大多数情况下不是依靠语言，而是依靠表情、手势和动作等，主要呈现以下特点。

1.简单音节阶段儿童交际能力的发展特点（0~3个月）

这一阶段婴儿与成人进行面对面"交谈"时，表现出交际倾向。1个月的婴儿已经可以用不同的哭声表达自己不同的需求，吸引成人的注意，这是婴儿前言语阶段交际的第一步。比如，婴儿饥饿时哭声会特别响亮，短促有规律；要求抱抱时声音小且哭哭停停。在大约两个月的时候，婴儿开始用声音或肢体动作来回应成人的行为，就像在跟成人"交谈"。比如，婴儿吃饱后，会发出轻松的声音，或用两只眼睛一直看着母亲，仿佛是在告诉妈妈自己吃饱了，很舒服。另外，研究还表明，两个月大的婴儿对成人的逗弄和语言刺激会报以微笑，并能够用身体的同步动作予以应答，身体动作与成人的话语节奏是一致的，也就是当成人话语开始或停止时，身体动作也随之开始或停止。

2.连续音节阶段儿童交际能力的发展特点（4~8个月）

4个月以后，婴儿在与成人交往中似乎开始学习一些交际的基本规则。这个阶段的婴儿与成人交往时出现了以下几点新的变化：①当成人用话语逗婴时，婴儿会给予一定的语音应答，仿佛在与成人进行交谈；②在用语音与成人交流时，成人说一句，婴儿发几个音，成人再说一句话，婴儿再发几个音，也就是说婴儿与成人交谈已经开始出现"对话"；③当一段"对话"结束后，婴儿开始主动与成人进行交流，通常会发出几个语音吸引成人；④这个阶段儿童开始学会用不同的语调和动作来表达自己的情感。婴儿的这些变化表明此时的交际已经具有明显的"社会性"成分，婴儿在不断地学习和吸收来自外界的语言交往的经验，并促使自己快速地适应社会。

3.学话萌芽阶段儿童交际能力的发展特点（9~12个月）

随着对语言理解能力的增强，这个阶段婴儿的语言交际功能开始进一步发展。婴儿尽管还不能够以说话的方式与成人进行交流，但是可以通过肢体动作、语音以及表情的组合回应成人的话语。婴儿可以执行成人简单的指令，并通过建立一些动作联系与成人交流。比如，当成人让婴儿跟阿姨说再见的时候，他们会挥挥小手；当成人讲故事给他们听时，婴儿会用手指着自己感兴趣的动物，让成人重复讲读，并对成人的行为示以微笑。另外，这个阶段婴儿用不同的语调表达不同态度和情感的能力增强，他们的语音已经产生了陈述、否定、疑问、感叹、祈使、指令各种句式的意义。

二、1~3岁儿童的语言发展特点

（一）1~2岁儿童的语言发展特点

经过了近一年的言语准备阶段，婴儿已经能听懂成人简单的话语，并开始说出有真正意义的词。1岁以后，婴儿开始进入学习口语的全盛时期，1~2岁被称为语言发生阶段。这一阶段婴儿的口语处于不完整句时期，具体可分为单词句和双词句两个阶段。

1.单词句阶段的语言发展特点（1~1.5岁）

在这一阶段，婴儿常常用一个词来表达整个句子的信息，其被称为"单词句"。比如，"妈妈"这个词常常可以反映多种意思：让妈妈抱、要吃东西、要某个玩具等。这时候婴儿说出的词并不与该词所代表的对象发生联系，而是和包括这一对象在内的整个情境相联系。所以在单词句阶段，家长需要将孩子说话时的手势、表情、体态等作为确定孩子说话意思的参考因素。该阶段婴儿的语言发展特点具体表现在以下几个方面。

（1）出现发音紧缩现象，会用简化策略发出语音。在前言语阶段，婴儿能发出很多无意义的语音。1岁以后，无意义的连续语音大大减少，他们往往只用手势和动作来进行表达，独处时也停止了那种自发的发音活动，出现了一个短暂的相对沉默期。这一阶段的婴儿还会使用一些特殊的发音策略来简化他们难发或者还不会说出的语音。这些策略有以下几种。

重叠音：两岁是重叠音使用的高峰期，这时幼儿使用的重叠音不但数量多，而且遍及名词、动词、形容词、量词等多种词类。有时同一个重叠音可以代表不同的词性。其中，名词的叠音现象最多，延续时间最长。

替代音：用浊辅音代替清辅音。如 ge ge（哥哥）说成 de de（得得）。用擦音代替词首的塞音，如 cha（茶）说成 ta（它）。

省略音：省略词尾或词首的辅音。如 niu（牛）说成 you（油），xing xing（星星）说成 xi xi（嘻嘻）。

（2）理解能力迅速发展，能理解比较复杂的意思。这一阶段，婴儿能理解的言语大量增加，但是他能听懂的话比能说出的话要多得多。婴儿所能理解的名词和动作较多。名词主要是婴儿生活中熟悉的物品的名字、人物的称谓、动物的名称和特征较明显的身体器官的名称等。动词主要有表示身体动作的，表示事件和活动的能愿动词和判断动词。这一阶段婴儿对成人命令式的语言能理解并执行，对成人具有方向性的命令式语言，不用凭借动作或面部表情就可以完全理解。

（3）词义模糊，出现词义泛化和词义窄化现象。儿童在大量早期词的理解和使用上，都与成人有很大程度的差异，表现为词义泛化和词义窄化。词义泛化是指儿童最初使用一个词来指代更广泛范围内的物体、动作或事件的倾向。例如，"猫"这个词，不仅被用来专指一只猫，还用于指代四条腿的小动物或所有会活动的小动物等。词义窄化是指儿童用一般化的单词指代较小范围内的物体动作或事件的倾向。例如，只将"车"指代自己用的婴儿车，而不是所有的交通和运输工具。随着年龄的增长和经验的增加，儿童从具体到抽象地逐步掌握了词义，这种"用词不当"的现象就会消失。

（4）以声音代物，词性不确定。以声音代物是1岁半以前的孩子说话的一个明显的特点。对于能发出声音的物体，儿童总是首先抓住该物体的声音特征，并模仿该物体的声音，将物体的声音作为该物体的名称。例如，"嘟嘟"表示汽车，"汪汪"表示小狗等。这是因为声音是物体或活动的鲜明特征，容易记住。

虽然婴儿可以用声音来代表某一物体，但事实上，该声音不仅在不同的情境下往往作为不同的词性，还包含了更多的意义。例如，"喵喵"可以当作名词称呼"猫"或者表示"猫的叫声"，还可以当作动词表示"猫正在叫"。因为此阶段的儿童还没有句法结构和语义范畴的知识，只能用简单的词来对整个情境进行笼统的描述。

2. 双词句阶段的语言发展特点（1.5～2岁）

从这一阶段早期开始，儿童开始把两个词以不同的方式组合在一起来表达语义。两个词的结合有着句子一样的语音模式，两个词之间也有着明确的句法关系和语义关系。这一阶段，婴儿的说话积极性非常高，语词大量增加，集中的无意义的发音现象已经消失，此时的发音已经与发出的词和句子整合在一起。总之，这一阶段应该是婴儿掌握词语的第一个关键期。这一阶段婴儿的语言发展特点主要表现在以下几个方面。

（1）能理解和掌握的词汇数量与日俱增，出现了"词语爆炸"现象。这一阶段，婴儿掌握新词的速度突然加快，词汇量急剧增多，平均每月说出25个新词。婴儿到18个月时，经常挂在嘴边的单词有20个左右，到20个月时能说出的单词就有100个左右，到24个月时能说出300多个。这种掌握新词速度猛然加快的现象是以后各阶段不再有的，被称为"词语爆炸"。在婴儿所掌握的词汇当中，近70%的词仍然是名词，其他各类如动词、形容词、数词、代词、副词、感叹词等虽占比例很小，但是都开始出现在婴儿的话语当中，这是一个可喜的现象。词汇量的迅速增长使婴儿具备了进一步发展口语的能力。

（2）以双词句为主，且增长速度加快。双词句是由两个单词组成的句子，如"妈妈抱抱""看狗狗""饼饼没了"。这些话听起来就像发电报时所采用的省略句，因此又被称为"电报句"。在这一阶段初期，单词句仍然占主要地位。从20个月开始，儿童开始说出双词句。到这一阶段末期又出现了复合句。所以，从1岁半到2岁的儿童说话是多种句式并存的，其中双词句占一半以上。从20个月开始，儿童双词句的数量逐月成倍增长，如21个月时儿童的双词句是 50 个，22 个月时是 100 个左右，23 个月时是 250～300 个，到 2 周岁则可猛增为近 1000 个。

（3）喜欢提问，开始学会使用疑问句和否定句。这一阶段后期，婴儿开始进入人生的第一个反抗期。心理和行为上的独立要求在语言发展上也有所反应。他开始不断向成人提问，要求告知各种事物的名称、特征、用途、构造等有关信息。这实际上也是婴儿学习语言的一个途径。他开始使用疑问句来提问，运用否定句来表示反抗。如他经常把"不"挂在嘴边以示拒绝，这是儿童否定句发展的第一个阶段。

（二）2～3岁儿童的语言发展特点

1. 词汇量迅速增加，对新词感兴趣

这时期儿童的语言发展特别迅速，说话的积极性特别高，词汇量在急剧增加，几乎每天都在掌握新词。到 3 岁时，其词汇量可达 1000 个，是 2 岁时的三倍，并且词类的比例也在发生变化。这种变化表现在名词和动词的比例减少，较抽象的形容词、副词和代词的比例增加，但是名词和动词仍然占多数。

这一阶段由于好奇心和求知欲的发展，儿童对新词句表现出极大的兴趣，变得喜欢提问，经常提出"这是什么？""那是什么？""为什么？"之类的问题，从成人的回答中他们也会学到很多新词。例如，当儿童指着某个物体问"这是什么？"时，成人不要只限于教儿童说物体的名称，而要教会儿童物体的作用，对物体外部特征的描述，如大小、颜色、形状、轻重等，扩展儿童对物体的理解，使儿童获得更大的收获。

2. 句法结构日趋完善

在这一阶段，儿童已经掌握了语法和句子结构的基本要点，开始运用简单句来表达自己的意思。随着简单句的不断完善，儿童在 2～2.5 岁开始能说出复杂句。例如，"小红吃完饭就看电视""老师教我们做游戏""两个小朋友在一起玩就好了"。3 岁儿童的话语已基本上都是简单句或复杂句。句子的含词量也在不断增多，大部分句子都有 6～10 个词，由不同的词类构成。简单句的结构主要包括主谓、谓宾和主谓宾结构三种类型。与此同时，自 2～3 岁起，儿童语言中还出现了复合句（即指由两个或两个以上的意思关联比较密切的单句合起来构成的句子）。最初的复合句，是省略连词的简单句的组合，例如，"我不喜欢哥哥，他打我"。经常出现的复合句已经占总句数的 1/3 以上。由于逐步掌握了各种基本的句式，儿童可以和他人进行更多有效的交往，能够按照成人的要求完成某个动作或行为，能够表达自己的愿望或提出请求等。到了 3 岁，儿童说话的方式基本上和成人差不多了。

3. 语言理解能力不断提高

2～3 岁的儿童逐步摆脱了具体情境的约束，对语言的理解能力迅速提高。这一时期，儿童能理解的词汇量有 900 多个。随着他对词义理解的加深，词的概括性程度也有很大提高，词的泛化和窄化现象明显减少，对词义的理解也逐渐接近成人用词的含义。例如，儿童对"水果""蔬菜"这些词已能理解成代表一类事物的词，能够说出自己喜欢的或者熟悉的水果和蔬菜的名称。语言对于心理活动和行为的调节作用也明显增强，对于成人的语言指示都能做出相应的正确反应。

4. 语言表达能力不够流畅

这一阶段的儿童虽然掌握了很多新词，但是要把这些新词组织成有条理的句子说出来，还是有一定难度的。这个阶段的儿童由于思维迅速发展，组织语言时，说的能力赶不上思维的速度，想用语言表达自己的想法，一下子找不到合适的词汇，但又着急想要把它说出来，于是就出现了说话不流畅、经常重复同一个词或句子、不该换气的地方换气而显得气喘吁吁等现象，看起来好像口吃。但对 3 岁的儿童来说，说话不连贯、重复都是正常现象。如果处理不当，反而会引起他们语言发展上的危机，语言发展的缺陷也就会在这个时期出现。

三、3～6 岁儿童的语言发展特点

3～6 岁儿童语言发展的主要任务是口语的发展。[1]3 岁左右儿童已经基本掌握了本民族的口语，而口语的发展主要体现在语音、词汇以及语法等的发展上。随着年龄的增长，3～6 岁儿童口语也在不断发生变化，呈现出与之前阶段不同的特点。只有了解和掌握此阶段儿童语言发展的变化以及特点，才能够制定良好的教育目标，采取有效的教育措施。以下将分别阐释 3～6 岁儿童语音、词汇和语法三个方面的发展特点。

---

[1] 李香娥，李宪勇. 学前儿童语言教育[M]. 沈阳：辽宁大学出版社，2013：36.

（一）儿童语音的发展特点

语音是儿童口语发展的第一个方面，3～6岁是儿童语音可塑性最强的时期，其中3～4岁是语音发展最为迅速的时期，4岁后儿童基本上能掌握本民族的全部语音。随着发音器官的成熟，大脑机制的完善，儿童语音的发展也逐渐稳定和完善。

1.发音水平随着年龄的增长逐渐提高

4岁儿童不论是声母还是韵母的发音正确率都高于3岁儿童。4岁儿童发音正确率为32%，5岁儿童发音正确率为57.7%。这些数据表明儿童的发音水平随着年龄增长而逐渐提高，这与每个年龄段儿童发音器官的完善程度以及儿童所处的语言环境有很大关系。因此，这个阶段儿童的发音水平也存在较大的个体差异，有些儿童6岁时发音仍然存在不准的现象。所以，在进行语言教育的时候就要采取有针对性的教育措施。

2.与韵母相比，声母的发音较困难，错误较多

这一阶段的儿童声母的发音错误率较高，并主要集中在z、c、s、zh、ch、sh、r、n、l这几个声母上，其中zh、ch、sh容易与z、c、s相混。相对来说韵母的发音就较为准确，水平较高，但是后鼻音eng、ang、ing容易与前鼻音en、on、un相混。这一发音特点普遍存在于这个年龄段的儿童身上。出现这个现象的原因与这个阶段儿童的生理特点有关。声母的发音需要唇、舌、齿等细微的变化，而3岁儿童还没有掌握声母的发音部位和方法，生理不够成熟，不能恰当地支配发音器官。因此，这一阶段的儿童往往出现zh、ch、sh与z、c、s相混的现象。

3.4岁儿童基本掌握本民族的全部语音

随着儿童年龄的增长，生活范围逐渐扩大，3岁后儿童游戏和学习等活动也开始增多。因此，儿童交际范围逐渐扩大，语音也得到迅速发展，对本民族口头语言的掌握逐步熟练与完善，4岁时儿童基本上能够掌握本民族的全部语音。

儿童的语音发展的过程有语音扩展和语音收缩两种趋势，发生在儿童语言发展的不同时期。儿童从不会发音、发不清楚语音到能够发出越来越多的语音，这是语音扩展的时期。3～4岁是儿童发音学习最为容易的时期，这个阶段的儿童是"国际公民"，很容易学会世界上各民族的语言。4岁儿童掌握母

语后，在学习其他的语音时就会出现困难，年龄越大困难越大，学习第二语言的语音受到第一语言语音的影响，这一时期为语音收缩时期。因此，在实施语言教育时，要有针对性，并特别注意3~4岁儿童的正确发音。

(二) 儿童词汇的发展特点

词汇是语言的基本组成部分，儿童对词汇的掌握程度直接影响其语言的发展。如果不能掌握足够的词汇量，就很难表达自己的意愿，同时在与其他儿童进行沟通时也会存在障碍。一般来说，儿童只能掌握基本的口语词汇。词汇的发展主要体现在词汇数量的增加、词类范围的扩大以及对词义理解的深化等方面。

1. 词汇数量不断增多

这个阶段儿童的词汇数量随年龄增长而不断增多，3~6岁是词汇数量增加最为迅速的时期。其中，4~5岁是儿童词汇发展的活跃期，这个阶段词汇增加最快。另外，由于每个个体生理条件以及生存环境等方面的原因，词汇数量的增加存在个体差异。词汇数量的多少是衡量一个人智力发展水平的标志之一。因为词和概念是不可分的，概念是用词来表示的，一个人掌握的词越多，说明这个人掌握的概念一般也越多。

2. 词类范围不断扩大

随着年龄的增长，儿童不但词汇数量增多，而且掌握词的种类也在不断增加。儿童先掌握的是实词，然后是虚词。实词代表比较具体的事物，虚词代表意义比较抽象的事物。在这一阶段，儿童掌握的实词较多，虚词较少。根据史慧中在《3~6岁儿童语言发展与教育》的调查报告中可以得出，儿童对实词的掌握在3~4岁时发展比较迅速，而对虚词的掌握在4~5岁时发展比较迅速，这在一定程度上也反映了儿童认知水平的提高。

3. 词义理解不断深化

随着年龄的增长，3~6岁儿童对词义的理解也开始深化和准确。同一个词，不同年龄段儿童的理解不同，这与儿童心理发展水平尤其是思维发展水平有关。儿童对词义的理解从笼统、具体到确切、深化，这基本上遵循了儿童思维发展的一般规律。比如，1岁左右的儿童常常用"嘀嘀"一词来代表汽车，同时又用"嘀嘀"代表各种交通工具，用"嘀嘀"代表去坐车。儿童对"嘀嘀"

一词的理解是非常笼统的，随着年龄的增长，儿童不但明白了"嘀嘀"一词的表面含义，而且能够确切将各种交通工具发出的声音用不同的词语表示。儿童掌握的词义越丰富和深刻，运用该词的积极性就越高。这类词汇就会从消极词汇转变为积极词汇，积极词汇的数量开始增加。

（三）儿童语法的发展特点

儿童在学习语言的过程中，不仅要掌握一定的词汇，懂得词汇的含义，还需要掌握一定的语法。语法和词汇一样都是社会上约定俗成的，儿童学习语言的过程，也是掌握语法的过程。实际上，儿童开始学习说话就已经开始学习语词，学习语法（主要是句法）。由于所处语言环境和自身发展速度等各方面的原因，儿童在语法发展方面存在一些差异，但是有一些基本相同的发展趋势，主要表现在以下三个方面。

1. 句型逐渐完整

2岁前儿童掌握的句子是不完整的，以单词句和多词句为主。2岁后儿童掌握的句子随着年龄增长逐渐完整，直到6岁，98%以上的儿童能够使用完整句。不完整句主要包括单词句和多词句，而完整句主要包括简单句和复合句、陈述句和非陈述句、无修饰句和修饰句。儿童对完整句的使用也有一定的发展趋势，主要表现在三个方面。

（1）从简单句到复合句。简单句指句法结构完整的单句，2岁左右的儿童开始使用简单句，随着年龄的增长，2岁半左右的儿童开始说出复合句。复合句是指由两个或两个以上的单句组合而成的句子结构相对复杂的句子。早期儿童掌握的复合句相对较少，比例不大；到晚期，比例仍然在50%以下。

（2）从陈述句到非陈述句。儿童最初掌握的是用来表示具体事物或现象的陈述句，在整个早期，儿童使用的句型以简单的陈述句为主，占全部语句的2/3左右，而使用非陈述句则较少，如祈使句、疑问句等。

（3）从无修饰句到修饰句。儿童最初说出的句子是没有修饰语的，只是说简单的具体事物，如"宝宝画画""小猫叫"等。2~3岁时，儿童偶尔会说出一些带有类似修饰语的句子，如"大灰狼""小白兔"等。但是实际上他们把修饰词和被修饰词作为一个词组来使用，在他们的心目中，"小白兔"就是"兔子"，不管它是大还是小，是白色还是灰色，所以有时候会出现"灰色的小白兔"的说法。等到3岁时，儿童句子中的修饰语开始增多。儿童3~3.5岁是复杂修饰语句的数量增长最快的时期；4岁开始，有修饰的语句开始占优势；到6岁，修饰语句比例为90%以上。

2. 句子结构逐渐分化

这个阶段儿童对句型的掌握和使用逐渐复杂，句子的结构也开始从混沌一体到逐渐分化，主要表现在以下三个方面。第一，句子表达内容的分化。2岁和2岁半的儿童多半是边做动作边说话的，用动作来补充语言所没有完全表达的意思，3岁后开始分化。第二，词性的分化。最初，儿童运用语词不分词性，经常将动词和名词混用，3岁后儿童逐渐分化出名词和动词等词性。第三，句子结构层次开始分化。儿童最初使用的句子是不分主谓语的单词句或多词句，随着年龄的增长，儿童开始掌握和使用结构层次分明的句子。

3. 句子含词量不断增加

随着年龄的增长，儿童使用的句子中词汇量不断增加，句子的长度有延伸的趋势。儿童最初使用的是只含有一个词的单词句，随后开始出现多词句，3岁后，句子含词量不断增加。3~4岁儿童使用的句子，以含有4~6个词的为主；4~5岁儿童使用的句子，以含有7~10个词的为主；5~6岁儿童使用的句子多数含有7~10个词，有时候甚至含有11~16个词，而含有3个词以下和16个词以上的句子很少见。

第五节　制约儿童语言发展的因素

健全的生理机制是影响儿童语言发展的首要条件，除此之外，儿童语言的发展还受到后天环境和教育等多方面因素的影响。因此，儿童语言的发展是多种因素相互作用的结果。这些因素在语言发展的不同时期，对儿童语言的发展有不同的影响，下面将从不同的角度对其进行分析和阐述。

一、生理因素

生理因素对儿童语言的影响主要表现在语音方面。发音器官、听觉器官等的发育情况影响儿童的语言类型以及语言发展的速度。另外，不同性别的儿童语言发展也会表现出不同的特点。

（一）发音和听觉器官

婴儿发音器官运动的顺序，首先是双唇和舌，而舌的运动首先是舌尖和舌根，然后是舌面。而在婴儿的发音中，唇辅音和鼻辅音的出现早于舌辅音，舌辅音中的舌面音出现最晚，与发音器官运动发展顺序是相一致的。人类的发音器官刚开始是非常不成熟的，随着儿童年龄的增长才逐渐完善和成熟。婴儿发音器官运动的发展经历了从单一运动到复杂运动的过程。因此，儿童在婴儿期最早的发音是直嗓子，之后才出现了复杂的发音。另外，在现实生活中有些儿童虽然能较早地听懂大人说的话，但是自身开口说话较晚，这可能与他们舌头肌肉的发展有关系，家长在遇见这种情况时，一定要冷静处理，耐心等待。这些现象说明，发音器官的成熟，对婴儿早期的发音顺序有着至关重要的影响。儿童的语音听辨能力与听觉器官的发育状况有直接的关系，语音听辨能力也因听觉器官的发育状况而有所差异，而听觉器官是由先天因素决定的，因而不同民族儿童的早期发音又具有许多共同性。

发音器官、听觉是保证语言发育的先决条件，任何一个环节出现问题都会导致语言或言语的障碍。

（二）性别

儿童说话的时间与性别有关。一般来讲，女孩说话时间较早，男孩较晚。造成这一结果的原因可能有两个：一是先天原因，男孩与女孩先天生理机制不同；二是后天原因，在家庭环境中，家长对女孩说的话比对男孩多，而对男孩的要求往往集中在身体方面。另外，有些女孩虽然说话较早，但是进步较慢，尤其在词汇量及语言表达的流畅程度方面不如男孩。

二、环境因素

随着儿童年龄的不断增长，生理因素对儿童语言发展的影响逐渐减弱，其他因素的影响逐渐增强，尤其是环境因素对儿童语言发展起的作用越来越大。环境因素主要包括家庭环境、社区环境和幼儿园环境。

（一）家庭环境

家庭环境是儿童最早接触的环境，也是最自然的生态环境，儿童身在其中会受到不同程度的影响，而这种影响是在潜移默化中获得的。儿童语言的发展与家庭环境有密切的关系，家庭生活质量、家庭活动的多样性以及家庭的教育条件、家庭教养态度等对儿童的语言发展都存在一定的相关性。比如，周兢教授在对汉语儿童语言发展研究中发现，教育背景好的家庭和教育背景差的家庭，儿童在言语倾向、言语行动和语用发展三种水平上的评价指标均存在一定的差异。[1]另外，大量研究表明，家长自身的素质、家长受教育的程度以及教育儿童的方法、与孩子沟通的方式等对儿童语言的发展也有一定的影响。因此，在现实生活中，人们经常会发现有些孩子的说话方式以及语言沟通的方式与家长相似。

（二）社区环境

社区是城市建设发展的产物。在这个相对较广阔的环境里，儿童可以感受到更多的人文环境所带来的信息，与更多的人进行言语交流，形成最初的个体与群体的概念，在和人们广泛的接触之中促进儿童亲社会行为的发展。所谓亲社会行为，通常指对他人有益或对社会有积极影响的行为，包括分享、合作、助人、安慰、捐赠等。在这个较大的社会群体中，儿童开始逐渐感受到集体的力量，出现较为丰富的情感，形成最初的道德判断标准。这一系列的变化都成为儿童语言发展的强大基础。

（三）幼儿园环境

现代家庭中，独生子女日益增多，儿童从小缺少游戏伙伴，家庭给予儿童知识的灌输不成系统。所以，3岁左右的儿童就可以进幼儿园继续接受正规的教育。在幼儿园，有教师系统、认真、成套的教学计划；有很多孩子做伴，一起学习、生活、游戏。幼儿园给儿童提供了一个全新的语言学习的场所，儿童可以在这里充分发挥自己的特长，并且可以得到教师耐心、细致的指导和充满鼓励的微笑。在幼儿园里，教师为儿童提供真实而丰富的语用情境，创设可

---

[1] 周兢. 汉语儿童语言发展研究：国际儿童语料库研究方法的应用与发展[M]. 北京：教育科学出版社，2009：268-276.

以帮助他们运用多种语言进行交流的交往情境。例如，在专门的语言教育活动中，让儿童学习在不同的语用情境里如何运用相应的语言交流方式来与人交往。在谈话活动中儿童学习如何倾听他人的语言，并采用合适的内容和语言形式与他人交谈；在讲述活动中儿童学习怎样在集体面前比较清楚地表达个人的看法；在文学活动中儿童侧重理解和使用叙事性的语言表达方式；在语言游戏中儿童学习如何使用敏捷应变的语言；在早期阅读活动中儿童学习如何理解书面语言等。在这里，儿童正式开始了规范、系统、科学的语言训练，为儿童进入小学学习书面语言打下了基础。

三、文化因素

在儿童成长过程中，文化是一个重要的影响因素。不论是哪个地区、哪个国家，任何人之间的交往都带有某种社会文化因素，其中也包括成人与儿童之间的交往和互动。通过交流互动，成人将社会文化传递给儿童，以使人类的文化继承和延续下去。在这一过程中，语言既是一个重要的交流工具，又在不断交流中得到发展。儿童语言的发展与文化的传递和继承相互影响，相互作用。在众多的文化因素中，最重要的两个因素是语种和语言观念。

（一）语种

语言是一种文化符号，从一定意义上讲，语言本身就是一种文化。不同的民族具有不同的语言，不同语言的组合和使用方式代表着不同民族的文化内涵，反映了不同的文化底蕴，这对儿童语言发展的速度和特点有着重要的影响。语种对儿童语言发展的影响最初表现在语音方面。不同的语种在语音方面表现出很大的差异，其中声音的高低、词汇的使用频率、说话的速度等都有所不同。而新生儿对人类声音的音高范围非常敏感，他们有一种惊人的语感能力，能够分辨出语音的细微差别，这一技能可以帮助他们破译本民族语言的语音代码。这一事实和语言学的语言发展理论相一致。

（二）语言观念

语言观念是指人们对语言的认识、情感、态度和看法等。不同地区的人们语言观念不同，对儿童语言的发展也有重要的影响。通过对比中国和外国不同国家儿童语言的发展,笔者发现儿童使用词汇的种类以及先后顺序与当地的文化有较高的相关性。另外,学者李香娥等人的研究发现中国不同地区的儿童语言发展速度以及使用各种词汇的频率与当地人们的语言观念有较高的相关性。[①]

第六节 儿童语言发展的语言障碍

一、儿童语言障碍概述

(一)语言障碍的定义

1987年,全国残疾人抽样调查时,对语言障碍的研究还存在不足。把语言障碍纳入听力残疾之中,统称为"听力语言残疾"。当时使用的定义是"由于各种原因导致不能说话或语言障碍,从而难能同一般人进行正常的语言交往活动"。本书中使用的就是这种广义上的"语言障碍"。

美国学者偏向于把语言障碍称为"言语、语言障碍",并分为"言语障碍"和"语言障碍"进行研究。

1.言语障碍

言语障碍是指儿童在发准声音、保持适当的言语流畅性及节律,或者有效使用嗓音方面表现出的缺陷及困难。但是,并非这些方面的任何表现都被称为言语障碍。这里需要有一定的先决条件。如果一个儿童说出的话在这些方面对常规标准的偏离相当明显,以致招来别人对他不满的注意,妨碍他同别人的正常交往,造成他在社会联系方面的困难等,才可以认为他存在言语障碍。这时他就需要专业人员的帮助,以改善其交往活动。总的干预目标是使儿童的言语清晰而舒适,以便把别人的注意力从其说话方式转移到其言语内容上。

2.语言障碍

语言障碍是指儿童在理解或运用语言符号及规则方面发生的问题,或者

---

① 李香娥,李宪勇.学前儿童语言教育[M].沈阳:辽宁大学出版社,2013:46.

儿童语言能力的发展明显落后于同龄伙伴的水平。理解语言有困难的儿童不能够按指令做事情，或者不能按顺序说出一周的日子；语言表达有困难的儿童掌握的词汇量很小，可能会把词语的音节结构或句子的词语次序说颠倒，不会正确地遣词造句。一般地说，语言表达有困难的儿童可能也有理解方面的障碍，但也可能没有。语言发展迟缓的儿童可能要到比预期年龄晚得多的阶段，才开始习得语言或语言理解能力。如果一个儿童到六岁时还不知道"钥匙"是什么，或者不会使用代词"我""你""他"，那么，就可以说他的语言发展严重滞后，存在一定的语言障碍。

（二）语言障碍的原因

个人的语言活动是大脑的基本功能，其发展有一个相当复杂的过程，会受先天生物遗传、后天环境及所受教育等因素的制约。这些因素中的任何一个出问题，都会破坏言语的正常发展。造成语言障碍的原因很多，一般可归为以下三类。

1. 器质性原因

这种原因可能发生在出生之前及出生过程中，如大脑和外围言语器官的发育不良或损伤、颅内出血等；也可能发生在出生之后，个体患了这样或那样的疾患，使中枢或外围言语器官的正常活动受到破坏。这类原因有中枢性的（大脑损伤）和外围性的。

（1）中枢性原因。中枢性原因主要指大脑系统的损伤。造成大脑损伤的原因多种多样。例如，儿童头颅在胎儿期和出生过程中受到创伤，往往伴有颅内出血。这可能由母体的伤害事故、出生过程中头颅受到挤压、窒息中毒所致；或者是父母所患疾病（梅毒、酒精中毒、结核病等），以及婴儿于婴儿期所患疾病（白喉、脑膜炎、麻疹等）的结果。

在这些有害因素的影响下，儿童的大脑可能发育异常，或发生局部变形。中毒可能使某些脑细胞发生蜕变，或者把神经联系切断。中枢神经系统的这类损伤会使儿童的许多身心功能，如言语活动，发生障碍。如果大脑损伤破坏了大脑皮质的高级言语区的活动，就会造成严重的言语和思维障碍，如无语症、失语症等。如果进行简单分析综合的大脑皮质活动受到破坏，言语感觉区和言语运动区的分化性活动及言语运动的协调性就会发生障碍，从而造成各种不同程度的构音障碍。

（2）外围性原因。外围性原因主要指外围言语器官的缺陷，如先天性听觉器官、颅骨、颌、牙齿、软腭和硬腭、舌唇等的构造异常。

后天对婴儿照料护理不当也可能影响构音器官的正常发展。例如，允许婴儿长期啃大拇指会破坏颌的正常构造；允许婴儿长期吸吮橡皮奶头或别的硬性尖物，会使腭变窄；不注意儿童的耳朵和口腔卫生也有可能使它们受损伤。婴儿时期的各种疾病和伤害都可能损及言语器官。

言语障碍的程度不但取决于解剖构造问题涉及的范围大小，而且取决于受损器官在言语活动中的作用大小。例如，舌尖的微小缺陷就会造成发音错误，而颌和牙齿的较大问题往往对言语没有任何影响。

2. 功能性原因

在没有器质性损伤条件下发生语言障碍，其原因很可能就是功能性的。例如，造成口吃或构音障碍等的兴奋和抑制过程相互关系失调，或者派生性中枢及外围神经系统功能的不足引起言语感觉或运动功能减退、言语器官的肌肉运动功能减弱或亢进及运动协调性障碍等。

器质性原因和功能性原因的划分是相对的。实质上它们处于相互作用、互为因果的统一之中。妨碍言语发展的器质性损伤本身，往往会限制大脑系统的正常发展。任何器质性损伤总会伴有相应的中枢功能性障碍。

器质性缺陷可能破坏相应器官的外围部分、传导部分或中枢部分的活动。由于各器官的中枢终端的相互联系，任何部分的损坏都可能影响整个大脑皮质的功能活动。同时，任何器官的任一部分的损伤都会祸及整个器官的活动。例如，听觉外围部分损伤后，个体获得的声刺激就不正常了，听觉的分析综合活动就会受到限制，因而皮质也不能传递正常的神经冲动，这反过来又加重了外围感受器的问题。在这里，器质性障碍是第一性的，由它派生的功能性障碍则是第二性的。

3. 心理性原因

心理性原因也可以从两个方面进行分析。

（1）神经心理学因素。神经心理学因素主要指智能、记忆、注意、听感觉和视感觉等方面的障碍。这类问题也是同器质性或功能性损伤相联系的。因为任何从一般疾患派生出的心理问题，都有其大脑损伤方面的基础，往往还有躯体健康、植物性和内分泌系统方面的障碍。语言的心理性缺陷有时候是病态解剖生理的结果。

儿童的个性与情感特点，如缺少自信、相形见绌感、病态胆怯、意志薄弱、自我评价过低或过高等，都可能使儿童说话偏离正常标准。例如，儿童说话显得笨拙、考虑不周、节律不自然、过分冗长、矫揉造作；或者相反，说话速度特别快、带着结巴、上气不接下气、构音不清、音量过大。

（2）社会心理学因素。在找不到语言障碍的解剖生理学原因及神经心理学原因时，就要从周围人们的语言特点或儿童习得语言的方式，或者同时从二者之中寻找原因。

社会性的原因包括：儿童周围的人说话不标准，使儿童难以理解，难以进行语音分析，难以选择所需的词语并模仿再现它们；缺少社会激励因素，就是激发和鼓励儿童学习说话、完善和丰富自己的语言、把语言活动作为重要的活动形式的社会条件缺乏或者不足；其他的有害情况，如限制儿童参与成人之间的交谈，不给儿童自己表达的机会，只准儿童说正确的话，或重复儿童的错误发音等。

语言障碍原因有两种性质：一是已经结束的、往往是不可逆转的病态解剖生理学过程，或以往的有害社会性影响；二是慢性的还在起作用的因素。在两种情况下，语言缺陷可能表现为非语言障碍的唯一症状或者其症状群中的一种情况。在这里，相同的语言障碍外部表现可能有不同的原因；或者相反，不同的言语障碍外部表现可能有同样的原因。第一种情况的例子，如舌尖音发不好的原因可能是听觉障碍、构音器官上的缺陷、功能性问题及言语环境不良。第二种情况的例子，如同样的伤害（如脑震荡）可能引起创伤性歇斯底里哑、聋哑、重听、嗓音缺陷及口吃。这就要求对语言障碍的诊断检查十分精确，并在此基础上采取相应的矫治方法。

语言障碍往往以不同方式结合起来，如构音障碍和口吃、口吃和语速过快、构音障碍和言语发展迟缓等，有时候，在已有的缺陷上可能派生第二性、第三性的缺陷。在这种情况下，较为严重的障碍可能由较轻缺陷发展所致。构音不清可能导致口吃，也可能相反，口吃诱发构音障碍。

二、儿童语言障碍表现

语言障碍主要表现在语音，词法和句法，语义和词义，语言运用，行为，情绪、社会因素等方面。①

由于具体被影响的语言领域和程度不同，对不同的患者日常生活交流影响的严重程度也各异；个体的年龄和所处的语言发育阶段不同，语言障碍的临床表现也会有不同的表现形式。此外，语言障碍的表现也可以通过对认知或语言能力的评估被诊断和发现。例如，在儿童阅读和写作能力或者具体的学科语言形式的学习过程中，与同龄儿童相比，患儿出现理解偏差或理解困难等现象时就可能被发现。

患有语言障碍的儿童具有一些普遍的标志和症状，这些标志和症状在不同的语言领域和语言能力发展阶段各不相同。然而需要注意的是，尽管这些语言领域被独立罗列且分开说明，但现实中的语言能力作为一个整体，每个语言领域（语音、词法、句法、语义和语言等）之间都是协同作用并且形成一个动态整合整体的。尽管认知和语言能力（对语言本身和对自己的思想以及行为的意识）没有被具体说明，但是它们同样对高级语言能力的培养具有重要意义，对口语和写作表达的能力的形成分别产生不同程度的影响。

（一）语音的障碍

语音的障碍主要表现在以下几方面。

（1）学习发音能力迟缓，即在生理和心智均发育正常的前提下，单纯存在构音障碍。

（2）与处于相同发育阶段的人相比，发音的频率明显较低，并且基本只运用单一、基础的音节结构。

（3）前期发音影响清晰度的问题，通常随着时间的推进会得到解决。

（4）不能很好地重复或连续发出多个单音节或多音节单词。

（5）语音意识（包括押韵，单音或音节的删除、切分，发音混合）有限。

---

① 陈艳妮.儿童语言发育特点[M].西安：世界图书出版公司，2018：10.

（二）词法和句法的障碍

词法和句法的障碍主要表现在以下几方面。

（1）对词语之间正确组合和运用的掌握相对较晚。

（2）学龄前阶段，表现为仅能发出有限的平均句长（对于语素的认知和学习能力与正常发育的同龄人无异）。学龄和青少年时期表现为发出的平均句长比正常发育的同龄人较短。

（3）用词错误通常发生在动词（尤其是动词词尾以及辅助动词）、功能词（如冠词和介词）和代词上。

（4）对词组的遗漏和误用，且遗漏词组的发生频率通常要高于词组的错误使用。

（5）日常表达的语句不符合所处的发育阶段，即过度使用书面语、成人的语句，或使用不成熟的语句。

（6）对于复杂句子结构产生理解和运用方面的困难。

（7）在解释说明事物时，过多地使用简单、基础的语句。

（8）在学习相关学科时，存在对于常见专业词汇的理解困难。

（三）语义和词义的障碍

语义和词义的障碍主要表现在以下几方面。

（1）词汇量的增加速度相比发育正常的同龄人要缓慢。

（2）对于不同词语之间的组合能力掌握得较晚。

（3）在遇到新词或者生僻词时，不能很好地做出反应。

（4）不能很好地理解新词，尤其是一些表示动作或者具有具体意义的词。

（5）不能很好地寻找合适的词语来表达自己的想法。

（6）过多使用类似"嗯"之类的填充词来填补思考和寻找词语来表达想法的时间。

（7）不能清晰有条理地说明自己的需求。

（8）不能很好地理解其他人提出的问题，并且在遵循别人所提出的指令时存在明显障碍。

（9）不能简洁明了地总结信息。

（10）在区分同义词、近义词，理解具有多重含义的字或词方面存在困难，并且不能很好地理解抽象的语言，如幽默的比喻、拟人或者有诗意的语言。

（11）在叙述事情或者解释说明事物时，不能很好地组织语言，通常表现为不能很好地说服别人去接受自己的观点。

（四）语言运用的障碍

语言运用的障碍主要表现在以下几方面。

（1）不会主动邀约同龄玩伴，通常独来独往。

（2）不能很好地理解他人。

（3）和同龄人相处时常常表现出不成熟。

（4）不能很好地表达自己的想法、感受或者个人经历。

（5）可以像处于相同发育阶段的人一样正常表述词语，但是不能正确合理地选择用词环境。

（6）在主动发起和维持一段对话方面存在困难。

（7）在需要补充说明或者在需要继续已经终止的谈话时存在困难。

（8）不能很好地加入课堂交流。

（9）在特定的场合不能正确区分应该和不应该说的话。

（10）在叙述事件时，不能根据时间顺序有条理地进行说明。

（11）在叙述事件时有删除片段或忽略细节的情况。

（五）行为、情绪、社会因素的障碍

患有语言障碍的儿童往往会经历情感上的问题以及受到更多来自社会的压力，这些都会对患者的行为造成一系列的后续影响。这些影响通常会使得患者的自尊心受到伤害，进而影响患者在日常学习生活中，以及与同龄人相处时的表现。值得注意的是，这些影响甚至会造成社会大众对于患者行为的误解以及错误的归因。

患有此类语言障碍的儿童可能会出现的行为如下。

（1）行为困难，如多动或者注意力难以集中。

（2）沉默寡言，并进而影响与亲人或日后伴侣之间建立亲密关系。

（3）难以理解和推测周围人情绪的表达。

（4）难以理性地控制自己的情绪，往往不会在公共场合掩饰自己的情绪和感受。

（5）缺少自信心。

（6）被欺凌以及受到其他不公平待遇。

三、儿童语言障碍类型

（一）构音障碍

1. 器质性构音障碍

（1）构音器官构造上的异常。不是任何的器官异常都会导致构音问题，例如，有的儿童虽然上下牙齿错位咬合或舌头大，但不会把相关的声音发错。相反，有的儿童虽然具有正常的构音机制，却会在发同样的声音时出错。构音器官结构上的问题对于构音障碍仅具有潜在性的作用。身心健康的儿童在多数情况下能够设法克服它们所造成的困难，只有在补充有其他言语性的或一般发展性问题时，器质性缺陷才会在发音说话中表现出它的影响。总之，构音器官构造不好，是造成构音困难的重要因素。

①牙和齿龈。许多音素都需要牙和齿龈的参与。有的儿童上前齿异常突出，超出下牙齿。这时上下唇难以接触，发双唇音 b、p、m 就会受到影响。舌头可能在口腔中向前伸，有时超过下门齿。下牙齿向后拉得较远，不能形成必要的缝隙，舌尖前音 z、c、s 也就发不好。这是第一种错位咬合的情况。

第二种错位咬合的情况叫作下超颌，即下前齿明显地超过上前齿，同时下颌特别突出。这同样会妨碍唇音的正常构音。

第三种错位咬合的情况叫作前开颌，即上下齿咬合时，正中间空隙较大。正常情况下，上门齿背和下颌交搭，下门齿可见的表面有三分之一被上门齿遮住。在前开颌情况下，s 和 z 最容易出问题，如果上下唇不能合拢，b、p、m 也就发不好，如果下唇不能自由地接触上齿，f 就发不好。

第四种错位咬合的情况叫作侧开颌，即左边或者右边的牙齿合不拢，留下较大的空隙。这种问题会影响到舌尖中音 d、t、n、l 等的构音活动。

另外，有的儿童的门齿之间可能合不严，或者犬齿的位置不当。这两种情况下，发 s 会遇到困难，因为当门齿间空隙大时，过多的空气会从中逃掉。当犬齿位置不当时，会妨碍舌头的活动，空气由它的一边或两边逃掉，从而发 s 时缺少相应的音色。

②舌。舌是最活跃最重要的活动性构音器官。它的构造异常很容易导致构音障碍。如舌系带短时，舌头尖就伸不到下齿背边，或不能适当地向上卷曲，从而严重地影响到构音活动，发 l、r 和 s 时会有困难。不过，这种情况较少见。

有些疾病可能累及舌头，有的儿童可能舌头大，或舌的动作不灵活（如舌头麻痹或软弱），不能完成一定音素所需要的细小、准确的快速动作。甲状腺缺陷可能会造成舌头动作缓慢、调控能力不足等，舌头不能正常活动，许多音素都会受到影响，如舌尖前、中、后音，舌根音，舌面音。

（2）感觉异常。儿童要学会正确地发音，不仅需要清楚地听到别人的话和自己的模仿重复，还要感觉到自己的言语运动，即构音器官的位置、运动方向、肌肉紧张的力量或强度、运动的时间等，以便从听觉和运动感觉上获得及时的反馈，及时调控自己的言语构音活动。儿童如果在这些感觉方面产生障碍，必然造成构音困难。

①本体运动感觉障碍。在这种情况下，儿童无法及时地感觉到构音器官的运动情况从而丧失一种自我反馈和自我调控言语的手段。

②听力损失。适当的听力和言语技能的获得之间关系密切。儿童的言语能力差也可能说明他的听力差。传导性的听力障碍儿童几乎都有构音缺陷。因为他们不能模仿别人的发音。他们难以把自己发出的音素和别人发的做比较。实际上，他们不能够感知到任何规范的音素，他们的视觉和其他感觉能力难以弥补听力差的缺陷。

③听觉记忆广度缺陷。语言的习得需要听觉记忆，少数儿童在声音，特别是语音记忆方面有困难。声音对他们来说是"一个耳朵进，一个耳朵出"，刚刚听到过的语音就在记忆中消失了，就是说，他们的听觉记忆广度有缺陷。

④语音听觉障碍。正确地辨别各个音素对于正确地进行构音具有重要作用。不少有构音障碍的儿童都在语音听觉上出了问题。一种情况是儿童的一般听力无问题，但不能借助听觉把别人言语中的不同音素区分开来。要让这类儿童学会把每个音素都准确地发出来，当然困难。另一种情况是有的儿童虽然能

够正确辨别别人的发音，但难以听清自己的发音，不能把自己发错的音和标准发音做比较，把自己发错的音当作正确的标准音，他当然会产生构音障碍。

2.功能性构音障碍

造成功能性构音障碍的主要原因是儿童的生理发展迟缓，或者是在周围某人错误发音的长期影响下形成不良语音辨别能力。有的人认为最原始的原因在于协调运动发展的缺陷。运动协调能力是随儿童的成长而发展的。同样年龄的儿童在运动能力上差异很大，有的儿童跑、跳、上下台阶比别的儿童容易，有的就比较差；有的儿童玩拼板游戏很轻快，有的就比较困难。有时候，运动协调能力差明显地表现为口部、舌头、颌和腭的运动不灵活。这必然影响到构音运动的精确性，从而造成构音障碍。不少研究表明，构音有困难的儿童和言语正常的儿童相比，在运动能力测验得分上明显偏低。

更多的人认为构音障碍的原因应主要到儿童的言语习得环境中去寻找。如果儿童家庭中的言语环境不良，发音偏离正常标准，或者儿童的主要抚养人员构音不清，那么儿童就很可能发生构音问题。

功能性构音障碍的原因之所以难以辨认，是因为器质性和功能性现象之间的根本界线不明显、不固定。有时，器质性变化可能很轻微，只能表现为功能性的，而且用已有的检查方法，也往往发现不了。像语言这样复杂的系统，器质性变化通常会引起其他部分的功能性变化。例如，由器质性原因造成的听力减退，会带来言语运动方面的发展不适。同时，长时间的功能性障碍会加重器质性障碍。

（二）嗓音障碍

1.嗓音障碍的原因

（1）嗓音机制构造异常。嗓音生理机制发生器质性、变形性变化时，会造成特别严重和顽固的嗓音障碍。感冒是最常见的嗓音异常的原因，因为当人患感冒时，嗓音机制会发生病变：鼻腔内充满黏液，从而妨碍嗓音共鸣；鼻、咽和喉的黏膜也可能发炎，从而改变正常的共鸣腔；声带本身可能发炎、肿大，从而妨碍正常的发声活动。若感冒伴有持续的咳嗽，会使声带使用过度，从而使症状加剧。

有时候，嗓音障碍和喉的构造异常有关。可能的先天性原因或伤害，会破坏喉软骨组织的灵活性，妨碍声门的正常开合；喉的大小及形状变化可能造成嗓子音色的变化，较为常见的是滥用声带使声带内缘生长息肉。有时候，长期的错误发声活动会使声带变厚，闭合不完全，单侧声带运动不灵活，其结果是透过声门的空气过多、嗓音变得难听、带气息声、发哑、费力，尤其是低音区的声音。高音区的声音较为清纯，因为声带较紧张时，容易靠拢。腭裂、软腭麻痹、腺样体增生等，都可能累及正常的鼻腔共鸣活动，严重损害嗓子的音色。

（2）听力损失。人们的构音和发声技能都是靠听觉习得的。听力损失，尤其是低频区的听力损失，很可能反映到不良的嗓音上。有些儿童注意到自己的听力不好，而听力损失又使他们无法听到自己的声音以便进行调控。他们说话的音量对于特定的环境不是太大，就是太小。一般地说，感觉神经性听力损失与音量过大有联系。在这种情况下，患者需要大声说话，以便让别人听见，并进行自我调控；而传导性听力损失患者则和前者相反，听到的自己声音要比别人感觉的响一些，在他们觉得自己说得足够响亮时，别人听起来却太轻。对于不少听力有障碍的人，说话声音往往时大时小。说话音量太大或太小都会使声带过度紧张而出现问题。所以，在对嗓音障碍进行评估检查时，应检查患者的听力状况。

（3）腺样体失常。这主要指甲状腺。它位于甲状软骨两侧，分为左右两叶，彼此相连，会分泌必要的甲状腺素。这种腺素是含碘化合物，有促进新陈代谢、增加血糖的作用。甲状腺功能不足同基本的新陈代谢速度减缓有关。而这后者往往会导致患者生理和心理活动的迟缓及一般躯体状况的下降。这种情况也可能反映在患者说话的声音上：有气无力，单调乏味。

与甲状腺功能不足相反，甲状腺功能亢进，腺素分泌过剩时，则会造成患者的活动过度和"神经质"。这种状况在其语言上的表现则是语速加快、紧张、音频高。

（4）个性失调。毫无疑问，嗓子是个性的一面镜子。短时间的情感混乱可能反映在说话者的嗓音中，慢性的情绪失调和态度上的顺应不良，同样也会造成个体的嗓音失调。

容易激动、兴奋、发怒或攻击型的儿童说话嗓门大，以便让人注意到他的存在，或者引起父母、教师及其他人的关注；同样，说话时大声呼气，急得透不过气来，暗示着儿童怕说话被人打断。缺乏自信、胆怯、抑郁或退缩型的儿童，说话往往轻声轻气，带泣诉声调。这两类儿童的嗓音特点都可能反映他们对自己的同学和整个环境的态度是明显不适应的。

虽然，这类嗓音特点本身并不怎样重要，但是，有时候，儿童的嗓音不仅反映着自身的个性失调，还反映着被他们不自觉模仿的大龄成员的个性。通常，对于年龄小一些的儿童，只要解决其基本的个性问题，嗓音症状不经直接矫治就会消失；但对于年龄大些的儿童，其嗓音特点已成为习惯，即使个性问题已经解决，还是需要对嗓音进行直接治疗。

（5）不良的发声习惯。有些儿童的嗓音问题可能同个性失调或别的任何生理症状都无关，只是源于不良的发声习惯，很可能，不良的发声习惯比其诱发原因延续得更为持久。在具体的案例中，患者的发声特点只是代表着曾经有过某种问题。与疾病和其他原因同时发生的不良发声方式，在疾病的全部症状消除之后，还可能延续下去。不良的发声习惯主要是音高不适当、鼻音强化不正常、言语呼吸调节不正确。

如前所言，音高取决于声带和共鸣腔的大小、形状及活动状况。不管是儿童还是成人都潜存着与其发声器官相适应的、自然的或最佳的音高水平和音频区。大多数儿童不经专门训练，只要顺其自然发声就能达到这种标准。有的儿童出于不同的原因，使用与其自然状况不一致的发声方式说话，容易导致嗓音障碍。无论是使用比自然音高低得多的音频说话，还是使用比它高得多的音频说话，都会伴有嗓音器官的很大消耗，导致不良的后果，如声带息肉、慢性喉炎、声音沙哑、声带紧张和疲劳等。

2. 嗓音障碍的分类

对嗓音障碍做合理的分类有助于进行有效的矫治工作。一般可以从两个方面进行分类。

（1）按嗓音障碍的原因分类。这种分类要求确定造成嗓音障碍的有害因素的性质。根据性质可以分为器质性嗓音障碍和功能性嗓音障碍。

器质性嗓音障碍在儿童中间较少见，主要有发声器官（主要是声带）的病变——息肉、囊肿、乳状瘤或手术造成的损伤所致的失音症，患者说话时声门关闭不充分，形成耳语声，声带不振动，从中透出强烈的气流；感冒时喉炎造成的嘶哑等。

大多数儿童的嗓音障碍是功能性的，多半起因于嗓子过分紧张。内部因素包括发声技能不好、喉构造不匀称等，外部因素包括交谈环境条件不卫生（有灰尘、烟雾）、必须高声说话（如和重听的父母说话、在喧闹嘈杂的环境里说话，或在缺少成人监督的儿童群体中说话等）。功能性嗓音障碍主要有以下几种。

①哑症：患者的发声和构音功能受到破坏，可能连耳语声都发不出，其原因是突发性的神经心理上的震惊，这被称为情绪性失音症，源发于严重的心理创伤，如遭遇交通事故受的惊吓、家庭冲突、亲人或其他对个体有重要影响的人物死亡，以及可能引起个体失音反应的非生理性问题。在这种情况下，心理创伤影响到喉部，但影响不会持久，因为喉结构是正常的，只是对心理创伤的剧烈反应导致了失音。

②失音症：功能性失音症同声带肌肉功能差有关，一般源于中枢问题，大脑中枢不能适当调控声带肌的活动。一种情况由喉肌力量减退所致，表现为声门关闭不紧，灵活性差（处于麻痹状态）。这叫作麻痹性失音症。另一种情况由喉肌运动过度所致，喉肌组织过分紧张，声带被迫痉挛性地收缩。这叫作痉挛性失音症。

功能性失音症也可能发生在喉疾、喉外科手术之后，喉的结构已恢复正常，但嗓音未恢复。它和情绪性失音症的区别在于患者对失音没有心理反应或仅有轻微反应。不过，如果问题长期存在，个体开始对失音做出心理反应或强烈的反应，就会转为病态情绪性失音症。

③发声无力：发声无力是一种功能性嗓音障碍，在喉部无器质性损伤的情况声带容易疲劳，嗓音总是减弱，或者经常周期性地减弱，或完全消失。发声效果和指向声带的意志冲动不相称。

发声无力的主要原因是对声带的使用不当，对它的要求过高。这种情况在变声期尤为常见。轻微的发声无力，在患者想用力克服时，可能转化为严重的发声无力。有时候，即使嗓子用得不过分，即使儿童没有高声叫喊过，因发声器官活动不正常，发声功能也会失调。儿童也会发生类似发声无力的现象，在回答教师的问题时，会完全发不出声音，但是当遇到无拘无束的情境时，儿童说话声音又会响亮起来。

（2）按嗓音障碍的症状分类。按症状分类就是从嗓音特性上揭示所有嗓音障碍。但是，这种分类是相对的，因为嗓音障碍往往是互为因果的。按照嗓音障碍的症状可以主要归为四类。

①音高障碍：个体用高于或低于其自然的最佳音高水平的音频说话，如假声。

②音强障碍：个体说话音量过大，超过言语情境的客观需要；或者音量太小，难以使别人听清。

③音色障碍：嗓音沙哑、气息声、鼻音过重或不足、假声等，都会影响到音色，还有的人说话似金属响声。

④嗓音缺失：失音症、哑症及喉摘除后的嗓音缺失。

（三）语音障碍

1. 语音障碍的原因

任何损及位于由皮质到延髓核的言语器官及其联系的大脑病患，都可能造成构音器官肌肉麻痹、肌张力异常和运动失调等，从而导致语音各个方面的问题。造成语音障碍的病因主要是器质性的，如以下疾病。

（1）软骨病（又称佝偻病）。它由缺乏维生素D，肠道吸收钙、磷的能力降低而引起。患者头颅由于这种新陈代谢障碍可能严重变形，从而压迫大脑，妨碍其血液流通和营养供给。这很可能损及言语中枢机制。

（2）先天性脑积水。由于脑积液大量积压在脑膜腔内或脑室内，严重压迫大脑组织，儿童往往开始说话较晚，发音活动不可能正常地发展。

（3）脑炎、脑膜炎、脑损伤、脑肿瘤及脑梅毒等，都可能破坏或切断患者的言语听觉系统，从而影响到儿童对言语声音的正确感知及再现。

（4）舞蹈病、痉挛性抽搐等可能导致左半球皮质言语中枢的病变。由于听觉和言语在解剖和生理上的密切联系，即使患者的外围听觉器官完好无损，也不能正确地再现言语声音。这种感觉性中枢起因的语音障碍的典型特点是患者能听到所有的非言语声音，但是对于许多言语声音听不到。如果不让他们看到别人的构音情况，他们就不可能进行重复再现。

（5）中枢性重听。患者由于不能够正确地感知言语声音及非言语声音，在语音的各个方面必然会有不同程度的问题。

语音障碍也可能是功能性的。例如，儿童的错误构音动作积久成习，或者构音技能没有得到发展。这可能与儿童周围不良的言语环境有关。另外，语音听觉、听觉注意、动觉分析能力差，以及身心疾病等，都可能引发语音障碍。

2.语音障碍的分类

（1）根据语音障碍的症状分类。

其一，痉挛型语音障碍。这种障碍由上运动神经元的损伤所致。上运动神经元是组成锥体束皮质区的巨大锥体细胞及其他锥体细胞。它们发生病变时会引起痉挛性瘫痪，可能使构音肌肉群张力增高、肌力减退。儿童说话缓慢费力，有时词语拖长，常伴有面部扭曲及话语短暂、构音不准确、鼻音较重、音高和音强少变、语调异常。舌和唇的运动能力差，软腭抬起有困难，有的儿童患者常伴有吞咽障碍、强哭和强笑等情绪失调现象。

其二，弛缓型语音障碍。这种障碍主要由下运动神经元损伤所致。下运动神经元就是脊髓的前角运动细胞和脑神经运动细胞。这些细胞体、前根或周围神经病变时会产生弛缓型瘫痪，儿童患者咽肌、软腭麻痹，呼气压力不足，舌、唇肌肉活动遭破坏，从而发生言语障碍。

其三，运动失调型语音障碍。这种障碍由小脑损伤所致。小脑对人体运动起着调节作用，能对每个随意运动做出"修正"，从而保证肌肉运动的必要精确性。小脑因病变而受损害时必然殃及运动协调能力，反映在患者的言语上：呼吸、发声和构音动作明显地不能同步；说话慢，跳动式地一字一顿，不会控制重音变化，句尾嗓音变低，构音器官灵活性很差，有鼻音化现象，很难保持构音的方式。

其四，混合型语音障碍。这种障碍由上下运动神经元病变所致。儿童患者舌运动能力减弱，唇运动差，语调不好，发声时间缩短，语速缓慢。由于病变部位不同，可能出现不同类型的混合型语音障碍。多发性硬化可产生痉挛型与运动失调型语音障碍，脑干肿瘤可能造成痉挛型、弛缓型与运动失调型三者混合的语音障碍。

语音障碍是一组很复杂的症状，许多患者可能以一种类型为主，伴有一种或更多的其他类型语音障碍。

（2）根据病变部位分类。根据病变部位可以把病变分为皮质性的、皮质下的、脑干性的和传导性的等四种形式。

其一，皮质性语音障碍。这种障碍可能是传入性的，也可能是传出性的。

前一种的典型特点是运动失用症，构音肌肉群不能完成任何随意的有目的的言语运动；后一种的主要特点是不能由一种构音结构转换为另一种构音结构，但是，嗓音、呼吸无障碍，唾液不过多。运动性失语症和无语症中的皮质性言语障碍就属于皮质性语音障碍。

其二，皮质下性语音障碍。皮质下层是整个高级神经活动的能量源泉。皮质对皮质下层的盲目活动起着调节管理作用。当皮质下层受到损伤时，这种作用就遭到破坏，患者的运动就要发生复杂障碍——运动过度或者运动不足和无力，可能伴有语速障碍。

患者言语障碍的典型特点就是音调及语速异常，较多的是语速变慢。也有患者说话快，往往带着痉挛型口吃的特征。这种语音障碍多见于累及皮质下层的传染性脑炎后期及舞蹈病之后。并且，这类病人还可能有情感及性格方面的剧变：易激动，爱发怒，食欲和性欲极盛，或者极易发渴。

其三，脑干性语音障碍。小脑性语音障碍和延髓性语音障碍就属于这一类。小脑性语音障碍由小脑病变所引起。延髓性语音障碍发生在延髓区域脑神经核受损伤时（如延髓麻痹），参与言语活动的脑神经都始自延髓或脑桥。第七对（面神经）管理面部肌肉运动；第九对（迷走神经）和第十对（舌咽神经）支配软腭、咽和喉部肌肉运动；第十二对（舌下神经）支配舌肌运动。在进行性延髓麻痹情况下，这些神经管理的肌肉组织会渐渐萎缩，从而导致语音障碍。病人说话声音很弱、单调、带着嘶哑，所有的元音及辅音都带鼻音，发唇音和舌尖音极为困难，有时几乎不能发，语速慢，面无表情，口半张，唾液多，呼吸不均匀。进行性延髓麻痹是一种很严重的疾病，在儿童中很少发生。

其四，传导性语音障碍。传导性语音障碍主要是指假延髓性语音障碍。假延髓麻痹是它的一种症状。假延髓麻痹是相对于延髓麻痹而言的。它由延髓以上的两侧锥体束病变所致，并没有延髓本身的损伤，只是有许多和延髓麻痹相似的症状，才得此名。两者都有严重的一般运动障碍及嚼咽困难，还有严重的呼吸及言语问题。对于假延髓性语音障碍，语言运动方面的问题起因于参与语言运动的神经核和皮质中枢之间通路的破坏、语言运动器官的外围终端和皮质终端联系的切断。

（四）语流障碍

语流障碍，简称"口吃"或"结巴"，是儿童语言发展中常见的语言障碍。世界卫生组织把语流障碍定义为一种语言节律障碍。在说话过程中，个体知道说什么，但是有时由于发音重复、延长或停顿，在表达思想时产生困难。

1.语流障碍的原因

（1）遗传。遗传可能是造成语流障碍的一个原因。所谓遗传是指机体在一定的内外条件下再现与其祖先相同或相似的特征的现象。遗传只是受机体内源的制约和促进，同时也受环境的影响。所以，遗传的因素加上环境的影响才可能导致口吃在后代中的再现。

（2）疾病。疾病也可能导致口吃。特别是儿童时期，若患传染性疾病，可能使儿童在病中或病后出现口吃的初期症状。有时候，儿童在病前已开始口吃，在疾病影响下，口吃加重起来。一般来说，在患过疾病后，儿童生理上的及心理上的抵抗力减弱了，神经系统和自主神经系统之间的平衡也受到破坏。这就为口吃的产生或加剧创造了条件。慢性疾病大多不会导致口吃的产生，但能加剧已患的口吃。伤风往往是口吃加剧或复发的原因。

（3）特定的年龄。如前所述，儿童期是口吃的多发年龄段，特别是已经掌握大量词汇、能够构筑语句的年龄（三到四岁）。这时，儿童的言语及整个心理发展非常迅速，抑制性条件反射还不够巩固。到六七岁进入小学后，系统的学习活动给儿童的言语提出大量的要求，也容易诱发儿童的口吃。再一个容易发生口吃的年龄是青春期。在这种过渡年龄期，全身各器官迅速但是不平衡地生长发育，内分泌系统和自主神经系统方面的急剧变化会造成精神生活方面的冲突。这种情况既可能诱发新的口吃，也可能加重原有的口吃，或者使已经治愈的口吃复发。

（4）气候。气候对口吃的影响也相当明显。秋天和春天，儿童的机体状况会变差。成人也经常反映，天气和一定的季节会加重儿童说话的困难。但是，在他们的反映中有些矛盾情况：有的说潮湿的天气对说话有干扰，有的则认为干燥的天气不利于说话；有的说自己害怕炎热的天气，有的则说寒冷的天气不利于他们的言语。一般来说，气候对各种疾病的表现都有影响。神经官能症（包括口吃）更容易受到气候和天气的影响。不少口吃病人都提到自己说话的困难与天气的变化情况有关。

（5）家庭环境。家庭环境不好也会助长口吃的发生和加强。取笑孩子的言语困难、指责儿童说话不好、经常说儿童的言语缺陷、迫使儿童重复词语等，都会引起儿童对说话的恐惧，使他们丧失自信心，意识到自己说话不像别人那么好。在儿童意识到自己的口吃、对它过分地注意、想努力与之斗争的条件下，口吃不但克服不了，反而会愈加严重。

另外，家庭成员间关系不好，父母间不能和睦相处，对子女过分疼爱或者过分严厉，都容易使儿童口吃。

（6）惊吓和恐吓。惊吓（如看到怪异的东西或听到可怕声音）和恐吓（如遭打骂或威胁）都会引起儿童的恐惧，是诱发口吃的常见外部原因。惊吓和恐吓往往引起儿童的情感震动，使儿童突然出现口吃，并伴有外部的情感表现——表情、姿势及其他动作。情感激动还会引起呼吸器官和血液循环系统的障碍。例如，儿童会伤心得痛哭大叫，不但外表上有典型的表情动作，而且呼吸活动发生明显变化——呜咽、哭叫，即抽搐性的呼气和吸气，断断续续地呜咽，在情感严重波动时儿童言语动作就发生障碍。

惊吓造成儿童的恐惧非常厉害。恐惧状态最明显地反映到儿童言语器官的神经肌肉活动上，同时引起强烈的植物性反应（出冷汗）。受惊吓的儿童说话带着痉挛性的停顿，抽搐性地重复声音和词语。其脸色苍白，抽搐地呼吸时，时而长长地吸气，时而抽搐地一吸一呼，说话不流利，无节奏。这样，其立刻就会出现口吃的初期特征，之后可能被固定下来。有时候，惊吓会导致儿童长时间（几天几夜或更久）的沉默无语。之后再开始说话时，其就是结结巴巴了。

（7）模仿。儿童也可能通过模仿而产生口吃。如果让儿童长时间地同口吃患者进行交往，就容易产生这种现象。在儿童的言语形成期间，周围人们——父母、兄弟、姐妹及其他人员说错的词语，都会引起孩子的模仿、重复，为产生言语障碍创造条件。周围某人抽搐地说话可能反射性地引起儿童同样抽搐性言语动作。在这种条件下，口吃的初期表现可能不被家长注意，以为是孩子顽皮，只有当口吃表现加重时才会引起家长的注意。

2.语流障碍的特征

（1）语流障碍的构音特征。语流障碍表现为言语正常进程因不能自控的阻塞及重复而中断。这种阻塞及重复就是口吃的基本构音特征或症状。它们的表现形式大概可以归纳为四种。

其一，重复发音。重复发音也称为连发。患者在说话过程中在某一声音上需重复数次才能继续说下去。重复的多半是词语的第一个声音，但有时候也可能是词语中间的声音。例如，"今、今、今、今天是我做值日"，或者"今天是我做、做、做、做值日"，或者"今、今、今、今天是我做、做、做值日"。口吃愈严重，连发的声音也愈多。每个声音的重复一般只有几遍，但在严重情况下也可能有十多遍。这种口吃特征容易被人们发觉，所以非常惹人注意。它较为常见，成为口吃的代表症状。

其二，起音困难。起音困难是指说话时第一个声音因遇到阻塞而发不出来的现象。口形要在第一个声音上憋一会儿才能发出声音。例如，"……我不知道""……今天是妈妈的生日"。起音困难也称难发。患者越心急，越说不出，往往要经过一番挣扎，或者借助特定的辅助动作，才能说出第一个声音。一般地说，患者只要把第一个声音发出来，接下去就说得流利了。但是，他不敢停下来，一旦停下来，接下去的第一个声音又可能发生困难。为避免难发，患者说话时往往又急又快，恨不得一口气把意思说完。久而久之，就养成急速说话的习惯。这样不仅不能缓解口吃症状，反而会使口吃症状加重。

当然，不是所有的患者每次起音时都发生困难。轻度患者可能是几个句子中有一句的首音难发。大多数患者都有几个感到难发的声音。各人难发的声音不尽相同。一个人感到难发的声音，另一个人可能发得很顺利；或者相反。而且，难发的声音不是孤立存在的，常和与之相随的那个字音相关联。也就是说，当一个词语中难发的声音出现在另一个词语中时，患者就不难发了。另外，在词语开头难发的声音出现在词语的中间或末尾时也不难发。例如，说"南京"时"南"字卡壳，发不出；而说"济南"时却畅通无阻；说"快乐"时，"快"字卡壳发不出，而说"愉快"时却毫无困难。这种特征和前一种特征相比，较少惹人注意。因为起音卡住时没有声音发出，只有别人观察到患者的口部情况时，才能发现其异常表现。

其三，言语中阻。言语中阻是指患者在说话时，突然发生阻塞，下面的话接不上来，憋上一会儿才能把话说下去。这种口吃特征在性质上和起音困难相同，是言语阻塞的另一种表现。例如，"小明放学……回家，在路上……看到一个钱包"。这种中阻现象一般发生于完整的语义单位之间，和因空气不足而在句子中的不随意停顿现象明显有别。这种症状也不易被人发现。一般的人都不知道这是口吃的表现，常以为是爱说半截话的表现。所以，患者也容易掩盖自己的口吃。

其四，拖长字音。拖长字音是一种鲜见的口吃症状。它既不同于因阻塞在某个字音上卡住，又不同于重复发音时在某个字音上多次连发。拖长字音就是某个音发出后拖得很长，才能带出下面的话来。它似乎介于起音困难和重复发音之间。例如，"我——想吃——苹果"。

以上的特征在不同患者身上的表现很不一样。有的儿童可能仅表现出其中的一种，而多数儿童都兼有其中的两种或更多。同一个患者的口吃症状表现也不固定，有时是重复发音，有时又可能是起音困难或言语中阻。幼小儿童较常表现出重复发音现象，其中有的人可能一直持续下去。随着年龄的增长，大多数儿童患者可能逐渐变为起音困难或者兼有重复发音。

（2）语流障碍的生理特征。以上介绍的口吃特征主要由言语器官肌肉组织的抽搐（或痉挛）所致。肌肉抽搐有阵挛性的和强直性的两种。在阵挛性抽搐时，言语器官肌肉接连短暂地收缩，从而导致音素或音节的重复；在强直性抽搐时，言语肌肉收缩时间较久，力量较大，从而导致言语的阻塞。阵挛性抽搐时间约一秒钟，强直性抽搐时间持续几秒钟，特别严重时可达半分钟。言语抽搐一般发生在某一言语肌肉组织上，只发生于言语过程中。当患者不说话时或完成非言语性运动时，如呼吸、咀嚼、吞咽等，甚至在发孤立的单个音素时，都不会发生肌肉抽搐现象。肌肉抽搐的结果是，使口吃患者的言语获得典型的性质，从而破坏言语的流畅进程。肌肉抽搐的类型及其相应特征如下。

其一，呼吸肌肉抽搐。呼吸部分肌肉的抽搐往往导致词首的阻塞或间断。这由吸气动作的断续性抽搐所致。后者又是横隔膜收缩的结果。这种痉挛性的间断性吸气有点像打嗝儿的样子。有时候，患者就是在抽搐性吸气时发出音素、音节。在这样说话时，抽搐性吸气的气流引起声带的振动。这类口吃患者不同于一般患者之处在于发出的声不响亮、有点嘶哑，发出的音也不确切。在另一种情况下，腹肌的收缩会导致快速而突然的抽搐性呼气。这时会出现言语的停顿，并且缺少声带的音响。在呼气发生这样的抽搐时，患者把肺中的空气大量呼出，因而在抽搐结束后为了使言语继续下去，不得不重新吸气，从而造成言语的停顿。

由于呼吸器官的抽搐，说话时的空气消耗特别大，这是口吃患者的显著外部特点，有的患者发声前呼出大部分空气，尤其是发生强直性抽搐时，结果接下去发音说话只能依靠肺里残留的一些空气。在言语过程中，空气的消耗也很明显。

其二，声带肌肉抽搐。声带肌肉抽搐不常见，一般表现为两种情况。一是连接声带的肌肉紧张收缩，使声门关闭。这种抽搐会把言语打断，导致或长或短的停顿，在此时，吸气、呼气和发音都中止。这是因抽搐而闭合的声门不让气流进出的结果。

一般说来，口吃儿童说话时，即使肌肉不痉挛，呼吸也是不正常的，他们的言语呼气短，并且会把肺内空气很快耗光，因此常在不该停顿的地方停下吸气。但是，儿童和言语无关的平静呼吸是正常的。

其三，构音器官肌肉抽搐。构音器官言语抽搐主要涉及唇和舌的肌肉及辅音（通常是词语的第一个发音）的发音过程。发某些音的困难程度取决于口吃患者的主观看法。有些从生理学上看来比较复杂的难发音，他们却能念得很好，而有些相当容易发的音，却会给他们造成很大困难。例如，唇肌抽搐使言语中断、停顿，在唇肌发生强直性抽搐时，在发第一个音前嘴会突然紧紧闭起来，患者不能把词说出来，言语被迫中断，发生停顿。这时，他试图用力呼气以排除阻碍，有时候呼出的空气遇到阻碍时就从鼻孔里送出来。有时，不是一次性强直性抽搐，而是一连串的短暂性抽搐（阵挛性的），导致音的一系列重复。又如，舌肌抽搐造成双唇音、舌尖音、舌根音障碍。口吃患者中舌肌肉抽搐十分普遍。这会造成患者对许多音的发音困难，如双唇音 b、p、m，舌根音 g、k、h，舌尖音 d、t、z、zh、c 等，也可能造成舌面音的阻塞。舌肌抽搐还常常造成言语的突然中断或者以上各个声音的重复发音。唇、舌肌的抽搐对于口吃患者来说是相当典型的。在说"爸爸"时，会念成"b-b-b- 爸爸"，在念"看不见"时，会说成"k-k-k- 看不见"。这里 b 和 k 各重复好几次（阵挛）。如果肌肉发生强直性抽搐，那会把"爸爸"说成"b—— 爸爸"，把"看不见"说成"k—— 看不见"。在拖长音念过 b、k 后有一个停顿，然后再接下来把词说出来，因为言语肌肉较长时间的痉挛会妨碍气流通过，不能把需要的音发出来。在发擦音（f、sh、x、s、l、h）时，由于构音方法的特点（不完全把空气通路阻塞），产生抽搐的现象较少。

对于明显的口吃患者来说，上述的抽搐以不同的方式结合在一起，构成混合性抽搐，如以强直性抽搐为主的强直阵挛性抽搐，以阵挛性抽搐为主的阵挛强直性抽搐。单强直性的或单阵挛性的抽搐并不常见。抽搐发生的部位也经常在改变。一般来说，口吃的早期阶段，呼吸部分的肌肉抽搐占优势，在口吃明显并进一步发展时，构音部分肌肉抽搐就占优势了。肌肉抽搐，尤其是呼吸肌肉抽搐往往给病人造成很难受的感觉。这时，患者会感到胸闷或胸部隐隐作痛，喘不过气来。在发生强直性抽搐时，由于某处的言语肌肉突然完全较长时间地闭合在一起，患者用力克服阻碍，脸上会显得很紧张。在这种情况下，说话特别困难。

其四，其他肌肉抽搐。由于大脑皮质兴奋的扩散，言语肌肉的抽搐会导致其他一些不直接参与言语活动的肌肉的抽搐，产生一些伴随性动作。被导入运动的肌肉组织很多，如脸、颈、四肢、躯干等的肌肉。儿童在这时往往会抽动眉毛、闭上眼睛、嘴略微张开、流口水，甚至切齿作声（咬牙齿）、鼻侧震颤鼓起。有的儿童会做出很复杂的动作：头抽搐、点动或转动，脖子肌肉拉紧，躯干向不同方向扭动，把手指握起来，跺脚等。有时会看到儿童在说话前像要跳起来，伸出脚向前走几步；或者向后退、碰到物体或人便靠在上面，只有这时才带着剧烈的强直性阵挛抽动说出点什么来。这些动作很明显，有时甚至是怪诞可笑的，往往引起一些不懂得口吃患者痛苦的人们的挖苦和取笑。所有这些动作都是口吃患者不由自主地做出来的。另外，口吃患者为了与言语障碍做斗争，会有意地做出这样或那样的动作。当然，这已不是抽搐性动作了。例如，为了缓解紧张状态，病人用手拍自己的腿或用脚敲地，在强直性抽搐时咬紧嘴唇，拉紧眼皮或者用手、脚、头甚至全身做出别的动作，敲打一下，挥动一下，就说出来了。

根据口吃的生理特征及外部表现情况，可以把口吃分为以下三种不同的程度。

①轻度口吃：说话轻松、自如，间或产生不明显的抽搐性停顿。

②中度口吃：交谈时可能在任何部分的言语器官产生阵挛性和强直性抽搐，其程度虽然已使说话发生困难，但还能使患者连贯地表达自己的思想和感情。

③严重口吃：很难进行谈话，较长久的强直性抽搐，使谈话继续不下去，患者不能连贯地说话，只能断断续续地说出几个词或很差的短句。

（3）语流障碍的心理特征。患者的心理症状是口吃的重要组成部分，给他们造成沉重的难以言喻的痛苦。心理特征很复杂，程度也不一样，强度也在经常发生的和周围环境的冲突影响下逐步增加。它们直接促进口吃的进一步发展。

其一，对言语的恐惧。口吃最为典型的心理特征就是对言语的恐惧，怕发某些声音和说某些词语，特别是感到难发的声音，怕和特定的人物或在特定的情境中说话。由于恐惧，儿童就发不出这些"可怕的声音"，被它们憋住，从而引起口吃发作。有的患者干脆不说话，或者不去发可怕的声音或说可怕的词语，想用同义词或别的什么词替代它们，如把"姑姑"说成"爸爸的妹妹"。如果句子几个词都被替换，那么句子必然不通顺，或者句子的意思完全改变，从而无法准确表达儿童想要传递的内容。

恐惧使患者时刻对构音动作进行考虑，每当说话时首先考虑的不是要表达的内容，而是不要发生口吃：哪句话要口吃？哪个字要口吃？怎样能不口吃？患者费尽心机运用各种小技巧，努力防止口吃或回避口吃。经常地替换词语，歪曲句义，可能使有的儿童形成说谎和做作的倾向，从而引起行为变化（导致错误的行为）。由于怕说话，许多患者变得不爱交往，沉默寡言。

对言语的恐惧往往同一定的人物联系在一起。这样的人物可能是儿童所敬重的人，或是讥笑过儿童的某个人，或是威吓过他的人等。这些人物的出现马上就会引起儿童的恐惧，从而导致口吃发作。进一步发展下去，只要想到这些人，儿童的情绪就会激动起来。

这种心理障碍可以用神经官能症的理论来解释。儿童在同某个人物谈话时发生口吃，就会形成一种一旦和后者接触就开始结巴的条件联系，也就是在言语运动皮质中枢产生一种病灶。在这种病态条件联系建立之后，任何同该人物相关的刺激物的出现，都会使病灶兴奋，引起口吃发作。这个人物的出现，甚至仅仅提到他的名字，或估计到他的在场，以及以前儿童与之交谈失败时的具体环境及与之相似的环境等，都可能使儿童产生条件反射，出现恐惧心理。

对言语的恐惧也可能和特定的环境及与之相关的情境（学校教室、公交车辆、会议、打电话、购物等）、特定的词汇相关。儿童一旦在其中发生过口吃，就会形成相应的病态联系，任何与它们有关系的刺激物都会诱发儿童的紧张情绪，从而导致口吃发作。

口吃患者遇到不常见的情境时，由于没有与之形成病态条件联系，就不会口吃。例如，在喧闹的马路上、车间里、课间吵闹时，或者有意地轻声说话，甚至在黑暗中说话时，口吃患者说话就不结巴，原因可能就在于此。前面说到口吃患者往往采取一些特殊的辅助措施以防止口吃，开始可能有效，以后就会失去作用，这是因为并没有消除口吃。例如，一个口吃患者离开家乡到一个新的地方工作。开始时，口吃消失了，后来慢慢有所表现，但是并不明显，没有引起他的焦虑。后来，他获准回乡探亲，到了家乡，口吃又恢复原状了。

其二，精神紧张，性格异常。口吃患者经常担心口吃发作。每次的发作都会给他们造成新的严重的心理创伤。言语交往的挫折使患者想得很多，感到十分伤心。他们就尽量去适应自己的缺陷，千方百计地掩盖自己的缺陷，或者想尽办法克服它，但是使用的手段又不适当，不可能奏效。他们对自己的挫折以及别人对其言语的任何细微注意（往往对每个说话的人都产生这种怀疑）的反应都过分激动。在这种情况下，患者的性格也受到影响。他们变得紧张、胆怯、害羞、忧郁、孤僻，或者过度兴奋、容易激动、易感委屈、爱哭泣、脾气犟等。

口吃造成的长期的、使心理受到伤害的体验，会使患者的神经系统变得十分虚弱，并导致他们丧失信心、苦闷多疑、优柔寡断、意志薄弱，总感到自己有缺陷，低人一头，容易感到难过。有时候他们会错误地认为自己的口吃不可能治好，自己不具备流利说话的能力。

但是需要指出，以上讲到的一些特点并不适合每个口吃患者。口吃患者在其言语障碍特点、对言语障碍的反应特点、神经及心理状况特点等方面，都互相有别。口吃的各种不同表现都起因于环境因素的影响。例如，少数口吃患者对言语不存在恐惧感觉，口吃只是由习惯性运动机制所致。由于他们的个性特点及环境条件，由于专注于一定的目标和兴趣，他们并不怎么留心自己的言语缺陷，对口吃没有那种顽固的切肤痛心的心理反应。所以，口吃对他们的性格也没有明显的影响。当然，口吃对他们来说总是令人不快的，只是不愉快的程度较轻，影响不了他们对言语的态度。他们仍然乐于和人交谈、当众发言。

（五）失语症、无语症

1. 儿童失语病人和成年失语病人的区别

处于发展时期的儿童也可能因大脑的疾病或创伤而丧失习得不久或者正在习得的言语能力。但是，儿童，尤其是幼小失语病人和成年失语病人有着根本的区别：大脑功能，特别是高级功能的分化尚未完成；语言经验有限，儿童尚缺少读、写技能等。

所有这些造成儿童失语病人的两种情况：一是失语症的表现不够分化，二是障碍能迅速而全面地得到排除。因此，不能把有关成年失语病人的全部特征机械地套用到儿童失语病人身上。儿童比较早期的损伤会给儿童造成较大的影响。失语病人的年龄越小，越和无语症病人相似；年龄越大，越和成年失语病人相近。

儿童失语病人和无语症病人的基本区别在于其言语损坏是一种分离过程。无语症儿童的言语发展及个性发展都是循着正常儿童的道路前进的，而失语症儿童，则需要通过迂回途径来恢复言语。

2. 儿童失语症的分类

（1）运动性儿童失语症。运动性儿童失语症和运动性儿童无语症十分相似，但是区别也很明显。在逆向发展的初期，失语病人能独立地说单词，甚至短语，其中有些词语具有持续言语的性质，无语儿童就没有这种现象。当然，儿童失语病人的这些残留词语要比成年病人的少得多。错语现象也是如此，因为儿童掌握的词汇还不很巩固。但是，他们的语音障碍和语法障碍要多得多，因为发病前他们语音和语法的发展还不充分。失语症发生得越晚，和成人失语症间的差异就越小。

运动性失语症的基本问题是发音技能的丧失，但没有言语器官肌肉麻痹现象，言语器官可以自由运动，只是病人不会使用。这是和语音障碍及发音无能的原则性差异。后者由于言语肌肉组织的麻痹或瘫痪而丧失正确的发音说话可能性。因此，可以认为失语症是一种运动性失语现象，虽然没有运动肌肉的麻痹，却丧失随意运动的技能和方法。发音无能病人会说，但不能够说；失语病人应该能够说，却不会说。

运动性失语儿童和严重构音障碍患者也有明显区别。后者能够模仿说话（虽然不很完善），能按要求发声音、音节，能主动利用语言进行交往，并能理解语言，这些都是失语儿童做不到的。

（2）感觉性儿童失语症。这种失语症和感觉性无语症及成人失语症之间的关系，也同运动性儿童失语症一样。这类失语症分为以下四种形式。

狭义感觉性失语症：患儿能够听到和倾听声音组合，言语理解极差，复述性和自发性口语及书面语中常有错语、错读和错写等症状；自发言语的基本缺陷长期滞留，还有多语症现象。个性普遍迟钝，容易发作原始情绪，对自己的缺陷有深刻的体验。这种形式较为少见。

言语声音失语症：患儿的语音听觉严重受损，独立地恢复和丰富言语的能力极差。患儿缺少言语积极性，言语理解能力和自发说话仅限于在学校里掌握的言语材料（在进行交往时最好使用这些材料的书面形式）。如果用熟悉的形式和他们说话，他们较容易听清和理解。书面语优于口语。句法障碍多于错乱言语。患儿爱使用表情手势语。患儿的思维水平低、简单，但是没有严重障碍，倾向于原始的情绪表现，为自己的缺陷而感到苦恼。

声音定向障碍失语症：这类病人的代表性表现是对声音刺激不注意，听到和倾听声音组合的能力基本丧失，自发言语的恢复比无语症和失语症病人迅速而全面。

混合性失语症：这是一种混有言语声音失语和声音定向障碍失语的现象。

3. 儿童无语症的分类

（1）感觉性无语症。感觉性无语症的特点是在有听力、有能力发展口语的情况下在理解言语方面产生障碍。其基本特点就是语音听觉产生困难，缺少对口语的注意和记忆能力。患儿的语音形象也不稳定、不清晰。

感觉性无语症儿童几乎都有一定程度的听觉问题，一般听觉注意不稳定，听觉本身的情况也有波动变化。所有这些都会妨碍儿童对周围人们的言语感知。

这类儿童给人以半聋或者弱智的印象。在言语开始发展阶段，他们可能表现出咿呀语，也可能反射地地重复一些单词。但是，他们的词语不能固定下来，不能和相应的概念对应起来，不能用词语组成句子。

有的儿童会造出一种特殊的"言语"，其由不同的声音组合而成，也夹杂着几个回应性词。这种言语难以让人理解，而患儿也想不到利用它们进行交流。在交流时，他们用的是表情和动作。感觉性无语症儿童的运动发展一般是正常的，有的还比较好。和运动性无语症儿童相比，比较容易模仿重复听到的声音和词汇，能说的词汇也比较多。有时候，患儿会突然说出一句话，但不懂得其意思，以后又不会说它了。这说明感觉性无语症儿童还有构音说话的能力，尽管是反射性的无意的构音。

但是，并不是说感觉性无语症儿童的言语运动没有问题。在言语功能方面，运动要素和感觉要素是协调一致发挥作用的。感觉方面的障碍必然导致构音活动障碍，反之言语构音障碍本身又会影响到对言语的感知。纯粹的无语症比较少见，也难以确定。在一定程度上不理解言语，再加上无语症的其他特点，无语症儿童往往被错误地和重听、聋哑，甚至智力落后儿童联系起来。

（2）运动性无语症。运动性无语症是一个集合性术语，用来表示一系列具有不同表现的状态。它们的共性就是运动性（输出）言语不发展。患儿在能够理解言语的情况下，难以掌握表达技能。这类儿童基本上能和其他儿童一样及时地开始理解别人的话，但自己不能说话。言语理解方面的困难多为轻微的，但是也有情况严重的，尤其是对某些词、短语和较复杂的连贯言语的理解有困难。

诊断运动性无语症的主导症状：口语模仿方面的严重障碍（不会发音说话）；能正确地重复单个声音和音节，但难以把它们结合起来拼读，如能正确地发 a-a-a，bo-bo-bo，但念 au 时，可能念成 ua、uu 等；手势表情语越好，患运动性无语症的可能性也就越大。

在一到三岁时，运动性无语症儿童言语发展的典型特点，是缺少咿呀语现象，代之以手势。到开始接受特殊教育时，输出性言语完全缺少，或者发展很差，仅限于单个音、感叹声、亲人的名字及日常用品的名称（这些名称也都说不完全），没有成句的话。他们用表情和手势表达自己的愿望及要求。到特殊教育机构后，他们通过特殊的途径学习说话，但是在很多年的时间内，总是词汇匮乏，语法错乱，有些词语说得令人完全不懂。他们掌握词汇的顺序大致是名词、动词、形容词、数量词、连接词等。

这类儿童的一般动作也不灵活。他们显得笨拙，任何运动技能的获得都很困难，长时间地学不会独立穿衣、扣纽扣、系鞋带，进食不利落。他们很难学会单脚跳动，跑步和做其他的复杂动作都很不灵活。

言语表达能力很差的原因是构音器官活动有障碍。舌头的一些运动不会做，完成系列的构音运动有困难。从外表上看，儿童说话很费力，好像要用舌头去克服障碍，会看得出他在积极地寻找构音方法。这类儿童的语言有不同程度的障碍，有的儿童的情况同复杂的构音障碍差不多，矫正其发音异常较容易，有时候借助模仿就能把音发对。有的患儿，特别是患有无语症结合有构音障碍的儿童，一个音也发不出，能够发得出的只是一种不够清晰的哞叫声。对于他们，把导出的正确发音用于言语非常困难。音的分辨能力差，长时间内搞不清音在词语中的顺序。

运动性无语症儿童言语发展可以分为以下四个阶段。

第一阶段——完全不会说话，可能有些变调性的嗓音反应，没有词汇，靠手势进行交流。

第二阶段——开始出现咿呀语式的词语，并补充以脸部表情及手势。

第三阶段——词汇量逐步增大，但是声音严重歪曲，难发的音被漏掉或替代，词语中的音节次序颠倒。这一点对无语症来说非常典型。词语大都被简化、压缩。在这个阶段，往往出现两三个词构成的特殊句子，句中有的地方用表情取代。已经认识许多词语的无语症儿童说话充满语法错误，或者和"电报式"言语差不多。

第四阶段——患儿逐步掌握越来越多的词语，词语的含义也渐渐确切起来，咿呀语式的词语消失，词语歪曲和语法错误趋向减少，能正确地造一些简短的常用语句。

但是，患儿还没有完全学会说话，一旦要他们讲述看过的或经历过的事情，就会暴露出言语无能的表现，几乎不可能连贯地讲述大意。结果，他们不得不借助于手势。言语错乱、语词的感染错合、语法错乱又会重新出现。有些无语症儿童能够独自逐步地学会说话，有的则需要借助长期的特殊教育的干预才能学会说话。对于这两种情况来说，言语的发展可能与上述的四个阶段有所不同。但是，开始学习说话之初都具有以下的特点：词汇匮乏、词义歪曲、语法错乱、展开性言语有困难。

第四章　儿童语言教育

第一节　儿童语言教育概述

一、儿童语言教育的内涵

对于儿童语言教育概念的界定，理论界经历了一个从狭义的理解到广义的理解的逐步完善的认识过程。

（一）狭义的儿童语言教育

狭义的儿童语言教育把3～6岁儿童掌握母语口语的过程，特别是3～6岁儿童早期掌握母语的听说训练和教育作为研究对象，着重对3～6岁儿童加强口语听说训练。

狭义的儿童语言教育无论从研究对象上还是对儿童语言获得的理解上都不同程度地存在偏颇。

首先，从研究对象上看，狭义的儿童语言教育把3～6岁儿童作为研究对象，而忽视了3岁前儿童的语言获得；在研究内容上注重对儿童的听说训练，而忽视了儿童的早期阅读和早期书写的内容。

其次，从对儿童语言获得的理解上看，狭义的儿童语言教育认为母语的学习更多的是自然获得的，教育并不起太大作用。

因此，狭义的儿童语言教育既不利于儿童早期0～6岁语言一体化的研究与教育，也不利于儿童语言的健康发展，更不利于实际工作中对儿童语言的具体指导。

(二)广义的儿童语言教育

广义的儿童语言教育把 0~6 岁儿童的所有语言获得和学习现象、规律以及训练与教育作为主要研究对象,并对 0~6 岁儿童加强听、说、读、写的训练。

广义的儿童语言教育相对狭义的儿童语言教育有以下几点不同。

在研究对象上,首先是年龄上的扩展,引进"教育就是指从出生到 6 岁前的儿童教育"这一新的定义,把研究对象扩展到 0~6 岁,正视 3 岁前儿童语言发生发展的事实;其次,在研究内容上,认识到在现有教育条件下,绝大多数儿童都能成功学习母语口语,甚至有语言学习障碍的儿童(如聋哑儿童)也能受到不同程度的语言康复训练。除此之外,儿童还应学习母语的书面语,即对儿童进行早期阅读和早期书写准备的训练。有条件的儿童还要学习一门或几门外语。

广义的儿童语言教育把 0~6 岁儿童的所有语言获得和学习现象、规律以及训练与教育作为主要研究对象,并对 0~6 岁儿童加强听、说、读、写的训练,这样就扩大了儿童语言教育的研究对象,有利于系统研究儿童语言发生、发展的规律。

在对儿童语言获得的理解上,广义的儿童语言教育注重儿童语言运用能力的培养,主张儿童语言教育应当在认识世界和社会交往的过程中展开。因此,儿童语言教育的内容和任务不再局限在对儿童进行简单的听说训练,而是更加强调给儿童提供真实的语言交往环境和认识活动,让儿童在运用语言认识世界、形成自己思想的同时,接受文化的熏陶,全方位地发展儿童的语言能力。

二、儿童语言教育的特点

人的智能包括七种,语言交往能力是第一位,语言发育是智力发育的基础。儿童期是人大脑发育最迅速的时期,这个时期儿童的语言能力发展十分迅速,是掌握语言的关键期。应该把握好儿童语言发展的关键期,探索和开发儿童语言智能的潜能。要做到这一点,必须要认识到儿童语言教育呈现的特点。

（一）完整性

语言的完整性，既指语言结构形式的完整，也指语言发展过程的完整。儿童语言发展的过程呈现出来的方式是非常完整的，因此儿童语言的学习也是完整的学习。当儿童学习某一事物时，语言感知系统里的听、说、读、写因素会完整地调动起来从而使儿童获得对事物的认知。所以根据儿童语言学习的完整性特点，人们在发展儿童语言时，不仅要重视儿童的听、说能力，还要注意培养儿童的读、写能力。

（二）主动性

儿童的语言是发展来的，而不是教出来的。儿童学习各种语言符号及其结构组织方式的过程不是完全被动的。在语言交际环境中，当儿童有交往需要时，他们才会主动地搜寻记忆里的词语和句子，并尝试着进行表达。儿童是通过与他人互动的方式学习和使用语言的。在这一过程中，儿童表现出积极的主动理解的特点。因此要为儿童提供各种学习语言的机会和资源，让儿童被充满语言和文字信息的环境所包围，为儿童建立一个良好的语言环境，同时采用"自然学习模式"（即示范、参与、练习或扮演角色、创造表达）进行语言教育。

（三）有效性

儿童学习语言的过程往往和他们认知事物的过程相联系，并且在认知事物过程中往往又伴随着儿童对事物的感受和体验。有效的语言学习不一定是正确的或者是标准的，而是连接个人生活经验和社会的学习。对儿童来说，只有当他们的语言学习在生活沟通中运用上，即能够运用语言将自己对事物的认知和感受表达出来时，这种学习对儿童而言方能产生意义。因此，要注意引导儿童在情境中学习语言，脱离了情境的语言对儿童来说是没有太大的实际意义的，可以通过各种游戏和活动创设情境，丰富儿童的个人生活体验，使儿童在表达语言时有迹可循，有话可说。

（四）整合性

语言的学习从本质上说是符号的学习过程。从早期语言教育的角度来看，语言既是儿童学习的对象也是儿童学习其他内容的工具。任何符号系统学习的原理都是相通的，因而建议将不同的符号系统交叉运用到儿童学习的过程中来。在教学过程中，能够打破学科界限，整合其他学科，对儿童的语言学习和其他学科的学习都是非常有利的。可以在儿童的语言学习过程中创造性地运用戏剧、音乐、舞蹈等艺术手段培养儿童对语言的兴趣，从而提高儿童语言的表达能力。

（五）平等性

教师和学生是教学中创造愉快学习过程的共同体。学生是主体，教师处于主导地位。教师与学生的关系应该是民主平等的。儿童教育也不例外，特别之处在于由于儿童的年龄低，因而教师的主导作用更为突出。从教师方面来说，他们要掌握专业的业务知识和教育理论，据此精心地选择课程内容和教材，并设计生动活泼的教学活动，启发儿童的形象思维并能使儿童将之转化为语言符号。更重要的是，教师应该明确认识到在教育过程中儿童和教师是合作学习的关系。教师的责任是为儿童创设一个民主而平等的良好的精神环境。这要求教师转变角色定位，提高儿童的互动过程，要做到善于倾听儿童的谈话，以鼓励为主，以批评为辅，在儿童之间营造一个非竞争的学习共同体。这样有助于儿童在集体教学活动中敢于发表自己的见解，敢于与教师进行平等的交流，进而提高儿童的学习效果。

（六）创造性

人类的语言是由社会约定俗成的，一个特定的社会文化环境里的通行语言一定是有共同定义的。同时，语言也是会被不断创新的。儿童学习语言的过程是他们"尝试"和"创新"的过程，尝试性学习是没有"错误"可言的。只有尝试了，才会获得正确的表达方式，尝试是创新的前奏和必由之路。儿童语言学习的创新精神应当受到充分的肯定和鼓励。

三、儿童语言教育的目标

（一）儿童语言教育的目标结构

（1）儿童语言教育的目标层次结构。儿童语言教育的目标既是儿童全面发展教育总目标的有机组成部分，又是阶段语言教育的特殊要求。因此，儿童语言教育的目标在本质上与教育总目标保持一致，在纵向上可以分解为总目标、年龄阶段目标和活动目标三个不同的层次。

首先，儿童语言教育的总目标。儿童语言教育的总目标是阶段语言教育的总任务，即整个阶段语言教育所期望的最终结果。儿童语言教育的总目标是教育总目标的一个组成部分，是教育总目标在语言这一领域的具体化，在方向上与总目标是一致的、相辅相成的。儿童语言教育的总目标，是在整个教育阶段中，通过一系列的语言教育活动过程来实现的。因此，在任何阶段进行语言教育都应以总目标为指导思想。

其次，儿童语言教育的年龄阶段目标。儿童语言教育的年龄阶段目标，是根据儿童语言教育的总目标确立的儿童某一年龄阶段的教育目标，是儿童语言教育总目标在各年龄阶段的具体化，在指导思想上与总目标保持一致。对儿童所要达到的语言培养总目标需要一步一步地落实到不同年龄阶段儿童的身上，所以总目标中的内容，在不同年龄阶段的儿童身上有不同的体现，这样才能在教育实践中循序渐进地促进儿童的语言发展。例如，对于"倾听"行为的培养，在不同的年龄阶段的具体要求是不一样的：对0～1岁儿童的要求是喜欢听别人说话、唱歌、念儿歌，喜欢听乐曲、鸟叫等好听的声音；对1～3岁儿童则要求喜欢听和谐、悦耳的声音，乐意听别人说话；对3～4岁儿童要求乐意听老师和同伴讲话，听别人讲话时，能保持安静，不打断别人的话；对4～5岁儿童要求能有礼貌地、集中注意地倾听他人说话；对5～6岁儿童的要求则是无论在集体场合还是个别谈话时均能认真、耐心、有礼貌地倾听他人的讲话。由此可见，每一个年龄阶段的具体目标都建立在上一阶段语言发展的基础上，使儿童经过语言学习能够更上一层楼。

最后，儿童语言教育的活动目标。儿童语言教育的活动目标是指在某一具体的教育活动中要达到的目标。儿童语言教育的总目标和年龄阶段目标一般由专门的机构制定，一些国家以法律条文的形式制定了统一的标准。而儿童语言教育活动目标一般由教师自己制定，是指某一具体的教育活动中要达到的目标。

（2）儿童语言教育的目标分类结构。儿童语言教育的目标在横向上可以划分为四个大方面：倾听、表述、欣赏文学作品和早期阅读。

其一，倾听行为的培养目标。倾听是儿童感知和理解语言的行为表现。就儿童语言学习和发展而言，倾听是不可缺少的一种行为能力，良好倾听行为习惯的养成也是从早期开始的。只有懂得倾听、乐于倾听并且善于倾听的人，才能真正理解语言的内容、语言的形式和语言运用的方式，掌握与人进行语言交流的技巧。因此，培养儿童的倾听行为是十分必要的。

其二，表述行为的培养目标。表述是以一定的语言内容、语言形式以及语言运用方式表达和交流个人观点的行为，是儿童语言学习和语言发展的主要表现之一。只有懂得表述的作用、愿意向别人表达自己的见解，并且具备表述能力的人，才能真正地与人进行语言交际。因此，表述能力的培养是儿童语言教育的目标的重要组成部分。学前阶段是儿童逐步掌握口头语言并向书面语言过渡的阶段，这一阶段儿童表述能力的培养格外重要。《幼儿园教育指导纲要（试行）》（以下简称《纲要》）中指出，要"鼓励幼儿大胆、清楚地表达自己的想法和感受，尝试说明、描述简单的事物或过程，发展语言表达能力和思维能力"。由此可见，儿童表述能力的目标在于学习正确恰当地运用口语表述，从语音、语法、语义和语用四个方面掌握母语的表达技能，逐步提高表述水平，同时，掌握个人独白、集体讲述、对话交谈等不同的表达方式，使儿童学会在不同的情景场合用语言表达自己的感受和认识，成为流畅的语言使用者。

其三，文学作品学习活动的培养目标。文学作品学习活动是感知理解文学作品并尝试运用艺术语言的行为。文学作品是由艺术语言构成的，带有口头语言的特点，却又不同于口头语言，它是艺术语言的集合体，对儿童的语言学习具有特别的意义。

关于欣赏文学作品行为的培养目标，《纲要》指出要"引导幼儿接触优秀的儿童文学作品，使之感受语言的丰富和优美，并通过多种活动帮助幼儿加深对作品的体验和理解"。由此可见，儿童欣赏文学作品行为的培养主要在于两个方面：一是培养儿童综合的语言能力，增强儿童对语言核心操作行为的敏感性，即对语词排列的敏感性和对不同情境中语言运用的敏感性；二是培养儿童理解文学作品，初步感受不同类型文学作品的特点及构成要素。

其四，早期阅读行为的培养目标。早期阅读行为，是指儿童从口头语言向书面语言过渡的前期阅读准备和前期书写准备。《纲要》明确指出要"培养儿童对生活中常见的简单标记和文字符号的兴趣；利用图书、绘画和其他多种方式，引发儿童对书籍、阅读和书写的兴趣，培养前阅读和前书写技能"。由此可见，早期阅读行为的培养主要在于激发儿童阅读的兴趣，养成良好的阅读习惯，掌握早期阅读的有关技能。这种要求绝不等同于一般的认字和写字。儿童教育工作者必须明确的是，不能将识字作为这个阶段早期阅读的终极目的。

（二）儿童语言教育的目标内容

儿童语言教育的目标的具体内容是对某一时期儿童语言教育的目标的具体阐述。这里将从倾听、表述、文学作品学习和早期阅读四方面来阐述儿童语言教育的总目标和年龄阶段目标。

（1）儿童语言教育总目标的具体内容。《纲要》是我国儿童教育的纲领性文件，对语言教育提出了以下目标：乐意与人交谈，讲话礼貌；注意倾听对方讲话，能理解日常用语；能清楚地说出自己想说的事；喜欢听故事、看图书；能听懂和会说普通话。

以上目标按照语言教育目标四个方面划分的横向结构见表4-1。

表4-1 儿童语言教育的总目标按照语言教育目标四个方面而划分的横向结构

项目	认知目标	情感与态度目标	能力与技能目标
倾听	懂得别人对自己说话时要注意倾听	喜欢听，并积极有礼貌地听别人对自己说话	能集中注意力、有礼貌、安静地倾听；能听懂普通话，能分辨不同的声音和语调；能理解并执行别人的指令
表述	懂得用适当的音量说话，有积极的表述愿望	喜欢与他人谈话，在适宜的场合积极、主动、有礼貌地与人交谈	会说普通话，发音清楚，语调准确，能运用恰当的语句和语调表述意见和回答问题；能用完整连贯的语句讲述图片和事件
文学作品学习	懂得文学作品中用的是规范而成熟的语言；阅读和聆听文学作品能增加知识，明白事理，并能感受到语言艺术的美	乐意聆听和阅读文学作品，积极参与文学作品学习活动	理解文学作品的内容，体会文学语言的美，积累文学语言；初步了解文学常识，会区别不同类型的文学作品及其构成要素；能用动作、语言、美术、音乐等不同表现方式，积极反映对文学作品的理解；学会编构故事、表演故事以及诗歌、散文的欣赏与仿编活动等

续 表

项目	认知目标	情感与态度目标	能力与技能目标
早期阅读	懂得口语与文字和图书的对应与转换关系	对图书和文字感兴趣，喜欢认读常见的简单的独体汉字	掌握阅读图书的基本方法；能集中注意力阅读图书，倾听、理解图书内容；能学会制作图书并配以文字说明；了解汉字的书写风格，主动积极地认读常见字；能按规范笔顺书写自己的姓名和一些常见的独体汉字

（2）儿童语言教育年龄阶段目标的具体内容。1～3岁儿童语言发展目标见表4-2，3～6岁儿童语言发展目标见表4-3。

表4-2　1～3岁儿童语言发展目标

出生至1岁半	1岁半至3岁	
^	小托班	大托班
喜欢听别人说话、唱歌、念儿歌，喜欢听乐曲、鸟叫等好听的声音；听到别人对自己说话，能用声音、手势、表情、单词等做出反应；能说出常见物品的名称；能辨认并说出身体的某些部分以及图片上常见的物体的名称；能理解常用的简短的语句，能执行简单的命令；能用单词、手势、表情等向成人表达自己的要求；喜欢听成人讲述图书上的故事、儿歌等，对早期阅读具有初步的兴趣	喜欢听和谐、悦耳的声音，乐意听别人说话；喜欢听成人讲述玩具、其他实物以及图片上的物体；能安静地听成人念儿歌、讲简短的故事；喜欢翻阅感兴趣的图书；能说出自己的名字；能用"是"或"不"回答别人的问题；对本民族语或方言的发音能使别人听懂；积极地尝试运用日常听到的词和句子；能听懂并执行生活常规方面的某些指令	喜欢听和谐、悦耳的声音，乐意听别人说话；能与成人交谈自己感兴趣的玩具、人或动物的动作以及图片上的物体和人物动作；能安静地听并参与成人念儿歌、讲简短的故事；能按顺序听成人讲述图画书上的故事；能说出自己的姓名和年龄；能用简短的语句和别人交谈；对本民族语或方言的发音基本清楚；能听懂并执行生活常规的指令；能主动积极地学习新词和新的句型

表4-3　3~6岁儿童语言发展目标

项目	小班	中班	大班
倾听	乐意听老师和同伴讲话；听别人讲话时，能保持安静，不打断别人的话；能听懂普通话；能理解较简单的指令	能有礼貌地、集中注意力地倾听他人说话；能区分普通话和方言的发音；能理解多重指令	无论在集体场合还是个别谈话时均能认真、耐心、有礼貌地倾听他人的讲话；能辨别普通话声调、语调；能理解较为复杂的指令
表述	愿意学说普通话，喜欢与老师、同伴及成人交谈；知道个别交谈时声音要轻，在集体面前说话音量要适当；别人说话时不随便插嘴，乐意回答别人提出的问题；能用简短的语言表达自己的请求和愿望；能独立地讲述图片和自己感兴趣的事	积极学说普通话，发音清楚；说话声音的音量和语速适当；积极而有礼貌地和别人交谈，不随便打断别人的话；能用完整语句较为连贯地讲述自己经历的事和图片内容；能大胆清楚地用语言讲述、表达自己的请求、愿望、情感、需要等	坚持说普通话，发音清楚、准确；会在不同场合，用适当的音量、语速说话；能主动热情、有礼貌地与别人交谈；能主动表达自己的意思，乐于参加讨论和辩论，敢于发表不同的意见；能连贯地讲述一件事或图片，有表情地表演诗歌、故事，并能自编或和同伴一起编诗歌故事
文学作品学习	愿意欣赏并初步感受和理解不同体裁的儿童文学作品；能独立地念儿歌，讲述简短的句子；能仿编简单的儿歌、散文、故事等	能初步了解文学作品的不同体裁及其构成因素；在理解作品内容的基础上会初步归纳主题；会有感情地朗诵诗歌、散文和讲述故事等；能根据作品提供的线索进行文学想象和创造，延续作品内容	理解文学作品的不同体裁及其构成因素；在理解作品内容归纳主题的基础上，在教师的帮助下分析作品中的特殊表现手法，能体验作品的思想、感情脉络；能有感情地表演故事、童话、诗歌和散文等；能独立仿编或与同伴共同编故事、诗歌和散文

续 表

项目	小班	中班	大班
早期阅读	知道可以用一段话来讲述一幅图的含义；知道每个字的发音不同，代表的意思也不同；喜欢听成人讲述图书的内容，并尝试自己阅读图书；学习正确的阅读方法，会按顺序翻阅图书，能看出图画的主要内容，知道爱护图书；对文字感兴趣，能学认常见的简单汉字	知道口头语言和文字的对应关系；能集中注意倾听成人讲述和朗读图书内容，理解书面语言；能独立阅读图书，理解图书内容，知道爱护图书；对图书的文字感兴趣，主动学认常见的汉字	理解画面的内容，能用恰当的扩句和缩句来合理表达画面的内容；对阅读文字感兴趣，积极学认常见的文字；会保护和修补图书，会用绘画的方式自制图书，并配解说词（由教师或家长代写）；初步认识汉字的间架结构和书写风格，会按规范的笔顺书写自己的名字

四、儿童语言教育活动的内容

（一）专门的儿童语言教育活动的内容

专门的儿童语言教育活动是指根据既定的语言教育目标，有计划、有目的地安排和组织儿童系统学习语言的教育活动。这类活动典型而集中地体现了幼儿园语言教育活动的特点，它为儿童提供了一种比较正式的语言交际环境和专门的、较集中的语言学习机会，是实现儿童语言教育目标的重要手段，是儿童语言教育活动设计与组织的主要依据，也是完成儿童语言教育任务的主要途径。专门的儿童语言教育活动主要包括以下几种形式。

（1）谈话活动。谈话活动是培养儿童运用对话语言与他人进行交流的语言教育活动。其主要为儿童创造一个良好的日常口语交往情境，帮助他们学习倾听别人的谈话，围绕一定的话题进行交谈，习得与别人交流的方式、规则，培养与人交往的能力。

（2）文学活动。文学活动是以儿童文学作品为基本教育内容而开展的语言教育活动。其主要帮助儿童欣赏、理解儿童文学作品所展示的丰富、优美的艺术语言，生动、有趣的情节与意境，为儿童提供全面的语言学习机会，着重培养他们欣赏文学作品的能力以及利用文学语言表达想象和生活经验的能力。

（3）讲述活动。讲述活动是培养儿童运用独白语言进行表述的语言教育活动。其主要是为儿童创设正式的口语表达情境，使他们有机会在集体面前表达自己对某一凭借物的认识、看法等，逐步获得独立构思和完整、连贯、清楚表述的语言经验，养成认真倾听的习惯，促进其独白语言的发展。

（4）听说游戏。听说游戏是采用游戏的方式而开展的语言教育活动。其主要是为儿童提供一种游戏情境，使儿童在游戏中按一定规则练习口头语言，提高他们积极倾听的水平和在口语交往活动中快速、机智、灵活表达的能力。

（5）早期阅读活动。早期阅读活动是利用图书、绘画，丰富儿童前阅读和前书写经验而开展的语言教育活动。其主要是为儿童创设一个接触书面语言的环境，重点培养儿童对书面语言的兴趣，引导他们逐渐产生对汉字的敏感性。

（二）渗透的儿童语言教育活动的内容

（1）日常生活中的语言交往。教师可以通过日常交往了解儿童语言发展的现状，在交往中为他们提供语言示范，丰富他们的词汇量，帮助儿童学习在不同场合运用恰当的语言形式进行表述和交流，学会运用礼貌语言与他人交往。教师还可以在帮助儿童建立生活常规的过程中，提高儿童理解并按语言指令行动的能力。

（2）自由游戏中的语言交往。语言是儿童与同伴进行交往、合作、分享的工具，是指导和调节自己选择游戏内容、伙伴和材料等行为的工具，也是解决与同伴在游戏内容、材料的选择以及游戏规则的制定过程中出现的矛盾冲突的工具，教师应注重在自由游戏中指导儿童充分运用语言进行交流。

（3）其他领域活动中的语言交往。渗透在其他领域活动中的语言教育可以帮助儿童获得有益的语言经验。例如，儿童在参与科学领域活动时，语言交往有利于儿童正确感知和理解观察对象，学习表达对观察对象的感受和认识，增强观察的有意性和目的性。教师应注重在其他领域活动中对儿童语言表达能力的培养。

五、儿童语言教育的方法

（一）示范模仿法

（1）通过感官直接感知发展。儿童学习语言，都要与周围的现实的人、物、大自然及社会紧密相连。他们通过各种感官直接感知，听、看、触、摸、尝、闻等，获得周围的一切知识，继而发展其语言。语言的发展提高了儿童的认识能力，而认识范围的扩大，内容的加深，又丰富了儿童的语言。因此，要注意发展语言交往能力，并与认知能力发展相结合。根据儿童直观感知的特点，教师要给儿童创设条件、丰富生活内容，在实践中认识世界，发展儿童语言：春天，让儿童观察绿油油的麦苗；夏天，让儿童欣赏美丽的荷花；秋天，让儿童采摘树叶；冬天，让儿童去接雪花，看雪景，观察雪花的形状。这样，既丰富了儿童的词汇量，又提高了儿童的语言表达能力。在种植区，儿童松土、选种、种植……在做每一项工作时，教师都要边干边讲，使儿童知道这种劳动叫什么，相应地丰富儿童的词汇量，让他们动手、动脑、动嘴，让儿童直接在感知中丰富知识和发展语言。

（2）通过相互渗透的各领域的教育进行发展。儿童的教育内容是全面的、启蒙性的，可以相对划分为健康、语言、社会、科学、艺术等五个领域，也可做其他不同划分。各领域的内容相互渗透，从不同的角度促进儿童情感、态度、能力、知识、技能等方面的发展。而语言是连接各科领域的重要工具，各科教育教学内容的进行离不开语言，反过来，语言又促进了儿童行为、思维等能力的发展。语言与思维有着密切的关系，没有语言思维无法进行；而思维活动的成果，必须用语言表达出来。儿童思维能力的发展和语言能力的发展是同步进行的，儿童掌握语言的过程也就是思维发展的过程；而思维的发展，又促进语言的构思能力、逻辑能力和表达能力的发展。在儿童教育过程中，要采用多种多样的形式，发展儿童观察力、记忆力、想象力和思维能力，在培养儿童运用语言交往的基本能力上，不单让儿童具有模仿语言的能力，还要学习举一反三，会依照原有的语言范例，填换内容，表达新的意思，从而具有口语表达能力。

（二）视、听、讲、做结合法

孩子只有真正学会了说话，把自己的愿望用正确的语句表达出来，才能自由地和人交往，同时也才能更好地接受成人传授的知识和经验。在教育工作中，教师应有目的地丰富儿童生活内容，增长儿童知识，开拓儿童视野，培养儿童多方面的兴趣，使他们知道在浩瀚的大自然中，有许许多多还不清楚不知道的事情，启发儿童的求知欲望；引导儿童仔细观察，认真分析思索，加深对周围事物的认识和理解，发展儿童的口语表达能力。

（1）培养儿童多看。教师要有计划地带领儿童直接观察，给儿童多创造条件。教师要采用直观的方法，引起儿童学习的兴趣。如，给儿童讲有关"春天"的故事之前，教师要先告诉儿童："春天到了，大树、天气、人、花、草、小动物呀，都有一些变化。一看到这些变化，就知道春天到了，你们找一找，看一看，春天到了有些什么变化，以后讲给大家听。"儿童回家之后，仔细观察、查找，当教师讲完故事之后问他们："除了故事里大树、小草、小动物的变化外，还怎样知道春天到了？"儿童根据自己观察判断的内容与亲身的体会，积极地发言。这样儿童便能理解词汇的含义。

（2）培养儿童多倾听。儿童学习语言，首先要学会听，听得准，听得懂，然后才有条件正确地模仿"说"。讲故事是向儿童介绍文学作品的基本方法。因为儿童不识字，他们是文学作品的听众。将不识字的儿童引入文学世界，就需要找人给儿童讲，让儿童认真地倾听，达到教育目的。给儿童积极创设的听的环境，可以是多种多样的。[①] 例如，给儿童听录音故事，听别人讲故事；邀请儿童谈话，互相倾听并交谈；带领儿童听多种乐器、动物的声音……教师要让儿童听后模仿、想象，并讲出他们听到的声音好像在说什么。让儿童多听，是为了发展倾听和区别事物的能力，发展儿童听觉器官，加强对语言的结构分析。培养儿童良好的倾听习惯，认真听不打断别人的话，这也是文明习惯的一种表现。

（3）培养儿童多说。为了发展儿童的表达能力，教师不但要发展儿童听的能力，还要培养儿童说的能力。教师要给儿童创设"说"的环境，在说话中练习说话，在日常生活中，利用与儿童接触的一切时机，进行交谈，在交谈中

---

① 赵艳.学前儿童语言教育概论与实践[M].长春：吉林人民出版社，2019：49.

建立感情，使他们无拘无束，有话愿意讲出来。当儿童用语不当时，教师要及时予以纠正。教师应该善于利用儿童来园、饭后、游戏、离园等分散时间，有计划有目的地与儿童交谈。在交谈中，教师和儿童易于进行感情交流，关系会更加亲密，儿童有什么事就都愿意告诉老师。这不论是对儿童发展语言能力，还是对儿童形成对事物的正确态度，都有积极的作用。儿童学习语言是靠"听"和听后的模仿"说"。因此，要给孩子创设一个"说"的环境，让孩子练习"说"，学习"说"，在"说"中学"说"。

（4）培养儿童多练。发展儿童语言表达能力的任务，主要是使儿童发音清楚，丰富词汇量，并能充分运用，教会儿童按照汉语语法规则讲话。这些内容，都得在语言实践中去学习，这就要让孩子重复地练习，逐渐地掌握，给儿童提供多练的机会，创造多练的环境。当儿童的发音不准时，教师和家长应注意及时纠正并让其练习，其就能掌握得快、说得好。儿童还经常讲出不合乎语言结构的句子，如"老师，我要一本书，《小糊涂神》"，教师就要给予纠正为"老师，我要一本名叫《小糊涂神》的书"，并让儿童反复说两遍。这样，儿童渐渐地就会说了。儿童学习语言主要靠模仿，因此需要不厌其烦地让儿童多练习。

第二节　儿童语言教育的基本观念

一、儿童语言观

儿童语言观，即指人们如何看待儿童的语言。

（一）语言是信息传递的载体以及人与人交流的工具

语言是信息传递的主要载体，也是人与人交流的重要工具。对于儿童，倾听、理解、表达和阅读在他们人生的起步阶段起着举足轻重的作用。语言作为一种重要的交际工具和学习手段成为儿童特殊的学习对象。此外，儿童习得语言，被称为儿童社会化历程中的一个里程碑。随着儿童各种需要的发展和语言的发展，他们与周围人们的交际也增多了。在交际中，他们不但得到各种需要的满足，产生愉快的体验、积极的情绪，而且学会表达自己、理解他人，学会关怀，学会合作。这些经验既促进了儿童语言交际能力的发展，也促进了他们社会化行为的发展。

（二）语言是儿童由自然属性向社会属性发展的一个重要指标

儿童语言的产生具有很强的规律性，它是儿童由自然属性向社会属性发展的一个重要指标，是伴随着儿童社会经历的不断丰富而变化发展的。例如，新生儿出生时，哭是他们唯一的语言，它代表饥饿、疼痛、尿湿，而母亲常能通过哭声的响度、音调来分辨其不同的原因。2～3个月的婴儿已能"啊""咿""喔"不自主地发音；1岁左右，能有意识地叫"爸爸""妈妈"；18个月以后开始出现了用一两个字代表较多含义的单词句，如"饭饭"代表"这是饭"或"我要吃饭"；3岁的儿童已经基本掌握本地区语言的全部语音，同时词汇量增加也很快，尤其是实词增长更为迅速；4岁儿童已能清晰地谈话，词汇量开始丰富，能够独立地讲故事或叙述日常生活中的各种事物，但有时讲话会断断续续，会根据对不同对象的理解水平调整自己的语言；5～6岁是儿童语言表达能力明显提高的时期，在与成人和同伴的交谈中，以自我为中心的表达逐步减少，能依据别人的语言调整谈话内容，看图讲述能力也明显提高，儿童在讲述时根据图片内容想象角色的心理活动，语言表达灵活多样，并力求与别人不同。同时，儿童的阅读兴趣在这个年龄段也会显著提高，他们不但对图书的阅读兴趣浓厚，能较长时间专心看书，而且对内容的理解能力也增强了。他们开始对文字产生兴趣，识字的积极性很高，记忆力也很强。他们还常常在自己的绘画作品中写上歪歪扭扭的汉字。到了大班下学期，儿童会聚在一起边看图书边连猜带蒙地念书中的文字，阅读成了他们极大的乐趣。

二、完整语言教育观

完整语言教育观强调儿童语言教育的目标应当是完整的，内容应当是全面完整的，倡导教育活动要在形式多样、真实的交流情境下进行。

（一）儿童语言教育目标的完整性

完整的儿童语言教育目标应包括培养儿童在听、说、读、写四个方面的情感、态度、认知和能力，而不能只有单纯的认知或能力等某一方面的目标，但其中主要的还是培养听、说能力和良好的听、说行为习惯，同时获得早期的读、写技能。而在所有的目标中，培养儿童的语言运用能力特别是语言核心操作能力，又应当作为儿童语言教育的重点。

（二）儿童语言教育内容的全面性、完整性

全面的、完整的语言教育内容是指在儿童语言教育中，既要引导儿童学习口头语言，又要引导其学习书面语言；既要引导儿童理解和运用日常交往语言，又要引导儿童学习文学语言。

（三）儿童语言教育情境的真实性

儿童语言教育情境的真实性是指教师在设计和组织儿童语言教育活动时应着眼于创设真实的、多向的语言交流情境，使语言教育活动成为师幼共建、积极互动的过程。教师要在专门的语言教育活动、日常语言教育活动中，给儿童提供真实的语言学习环境，为儿童提供动脑、动口、动手的生活环境和学习材料，使儿童成为学习的主体。儿童只有在真实的情境中带着积极的交流动机，主动地运用语言，才能更加有效地发展自己的语言。

（四）儿童语言教育活动形式的多样性

儿童语言教育活动形式的多样性是指教师在设计和组织儿童语言教育活动时应该采用丰富多样的、全面的、适合儿童的活动类型和形式。例如，儿童语言教学游戏活动包括发音游戏、词汇游戏、句子游戏、描述游戏、早期阅读游戏以及综合性游戏等各种语言游戏；儿童的讲述活动可以有看图讲述、实物讲述、情境表演讲述、生活经验的讲述，还可以有拼图讲述、绘图讲述等类型。

三、整合教育观

整合的语言教育观念强调儿童的语言学习是一个整合的系统，在这个系统中，儿童语言的发展与其他智能、情感等方面的发展是整合一体的关系，离开了儿童其他方面的发展，儿童的语言学习是不可能成功的。[①]

（一）语言教育目标的整合

语言教育目标的整合要求在制定儿童语言教育目标时，既要考虑完整语言各组成成分的情感、能力和知识方面的培养目标，又要考虑语言教育可以实现哪些与语言相关的其他领域的目标，同时还需要考虑哪些语言教育的目标可以在其他领域的教育中得以实现，使语言教育活动既能促进儿童语言发展，又能促进儿童其他方面的发展。

（二）语言教育内容的整合

语言教育内容的整合是指在设计和组织儿童语言教育活动时，要将语言知识、社会知识和认知知识整合在一起，由此构成儿童语言教育活动的内容。在选择语言教育内容时，既要考虑儿童身心发展特点和语言发展的规律，又要兼顾儿童发展的整体适应性，满足儿童发展多元化的需要，使语言教育立体化。儿童语言教育内容的整合既要注意本领域内不同语言教育形式的整合，又要尽可能地发掘和建立与其他领域活动的联系及整合。

（三）语言教育形式、方法和手段的整合

儿童语言教育目标与内容的整合决定着语言教育形式、方法和手段的整合。这种整合的突出特点是以活动的组织形式来建构儿童语言教育内容，其中包括专门的语言活动和与其他活动相结合的语言活动。

这种语言教育活动应糅合多种促进儿童发展的因素，允许多种与儿童发展有关的符号系统的参与，从而促使儿童在外界环境因素的刺激和强化作用下，产生积极地运用语言与人、事、物交往的愿望和需要，并主动地通过各种

[①] 张淑芝，康素洁，刘东航.学前儿童语言教育与活动指导[M].长沙：湖南大学出版社，2017：12.

符号手段（包括语言、音乐、美术、动作等）作用于环境，在整合的语言教育环境中获得语言和其他方面的共同发展。

四、活动教育观

活动教育观是指以活动的形式来组织儿童语言教育过程，帮助儿童学习语言。其强调将教师和儿童共同参与的活动作为语言教育的基本形式，强调引导儿童在生动活泼的操作实践中动脑、动口、动手，从而使儿童成为主动的语言学习者。

（一）给儿童提供充分操作语言的机会

儿童的语言发展也是通过儿童个体与外界环境中各种语言和非语言材料交互作用得以逐步获得的。儿童语言发展需要外界环境中的人、事、物的各种信息，但这些信息不是由成人灌输去强迫儿童接受的，而是在没有压力、非强迫的状态下，儿童积极主动获得的。儿童语言教育过程便是引导儿童积极地与语言及其相关信息进行相互作用的过程。

（二）通过多种形式的操作，促进儿童语言的发展

儿童语言的发展有赖于认知的发展，而认知的发展主要依靠儿童自身的行为。儿童正处在动作思维向具体形象思维发展的阶段，对客观事物的认识主要依赖自身的各种操作活动，通过动手、动脑和手脑并用的操作来产生与环境的交互效果。教师要让儿童在亲身体验中增强其语言运用的积极性，获得愉快体验；在对操作材料的探索中激发学习的内在兴趣和动机，变被动学习为主动学习，真正实现以活动的形式促进其语言的发展。

（三）发挥儿童在活动中的主体作用和教师在活动中的主导作用

所谓儿童的主体地位，是指在活动组织设计时充分考虑内容与形式适应儿童的发展水平和需要；儿童在活动过程中始终有积极的动机、浓厚的兴趣和主动的参与精神，而不是被动的、消极的受教者；活动为每个参与者提供适合他们发展特点与需要的环境条件。教师在儿童活动中从旁引导，扮演着促进儿童积极参与、良性发展的角色。教师在语言活动中的主导作用表现为：在活动

开始之前，为儿童创设良好的语言教育环境、准备充分的语言材料；在活动过程中，运用提示、提问、示范、暗示等方法，指导儿童正确运用材料，因材施教，帮助他们找到行之有效的学习方法，顺利完成学习任务；在活动结束时，及时点评，总结儿童活动的成果，对儿童的活动提出新的要求，使儿童明确更高的目标，为下个环节的活动奠定基础。

第三节　儿童语言教育的特殊价值

一、促进儿童思维发展

儿童思维的发展经历了从直观动作思维到具体形象思维再到抽象逻辑思维的发展过程，在这一过程中，语言起着非常重要的作用。儿童在掌握语言之前，对事物的认识主要依赖对事物的直接感知，他们需要用手去摸，用眼睛去看，用耳朵去听，用嘴巴去咬，甚至把东西拆了……而当掌握了语言以后，儿童开始用语言对事物进行概括，对动作的依赖逐渐减少，对语言的依赖逐渐增强。这一行为，使得儿童的思维从直观动作思维逐步过渡到具体形象思维，并进而产生抽象逻辑思维的萌芽。语言的参与，使儿童的认识过程发生质的变化。具体来讲，语言教育在儿童思维发展中起以下几方面的作用。

（一）语言教育能丰富儿童的知识

作为一种符号系统，语言总代表着一定的事物。儿童在学习语言的过程中要接触大量的语言材料，如日常对话范例、各种题材的文学作品等。这些语言材料里往往包含着丰富的知识，如动植物的特征和习性、不同国家和地区的生活习俗、各种日用品的功用等。于是，儿童学习语言的过程也成为他们接触和理解这些知识的过程。许多生活实例和调查研究表明，早期经历过听故事训练的儿童往往智商较高，知识较丰富。

（二）语言教育能加深并巩固儿童的概念

概念是人脑对客观事物本质特征的反映，是以词为标志在概括的基础上形成的，受概括水平的限制。心理学研究表明：儿童思维的主要特点是动作性和具体形象性，他们的思维主要依赖自身的动作、事物的具体形象或表象以及它们的彼此联系来进行，并不主要凭借概念、判断和推理来进行。语言作为思维的工具，在概念的形成、同化、巩固以及思维的发展过程中起重要作用。语言的发展对概念的形成和发展的作用主要表现在以下几个方面。

1. 语词的标志作用

通过各种专门组织的语言教育活动，儿童可以学会把所认识的事物的名称、形态、习性等信息用恰当的词语表达出来，如认识小白兔有头、身子、四肢，还有短短的尾巴、长长的耳朵、红红的眼睛和白白的绒毛以及走路蹦蹦跳跳等特点。在儿童认识事物时，有了词的标志和解释，其对事物及属性的感知才成为能被理解的知识，并且得到巩固。

2. 语词的区别作用

借助词，儿童学会区别不同的事物以及同类事物的主要和次要特征，从而使儿童的认识更精确。

（1）借助词，区别不同的事物。儿童知觉的精确性比较差，并且知识经验比较贫乏，在认识相似的事物时常常发生混淆。如有些儿童分不清楚鸡和鸭，这时成人就可借助词，让其对二者进行比较，可边观察边指出它们的不同：鸡嘴尖，鸭嘴扁；鸡在路上走，鸭在水中游；鸡脚印像竹叶，鸭脚印像枫叶；小鸡叫声是叽叽叽，小鸭叫声是嘎嘎嘎。当然，也可让儿童在观察时，自己找出它们的不同，观察不到之处成人再给予启发，以培养他们分析、比较的能力。与区分事物差异的过程相类似，儿童也可以借助语言找出事物的共同特征，如小鸭和小鸡都有翅膀、羽毛、两条腿，鸭妈妈和鸡妈妈都会生蛋等。

（2）借助词，分出事物的主要和次要特点。儿童受思维发展水平的限制，对事物的认识往往分不清主次。如颜色属事物的次要特征，而他们却常常把它作为主要特征，因而他们常常会说出"黑色的小白兔"或"灰色的小白兔"之类的话。对这种情况就需借助词给予解释，使其知道，兔子有好多种颜色，有白的、黑的、灰的、棕的……但不管哪种颜色的兔子都是长耳朵，短尾巴，前腿短，后腿长，走起路来一跳一跳的，这些才是兔子的主要特征。

3. 语词的概括作用

语词的概括作用是语言的基本功能之一。正是由于它的概括作用，人才能透过现象认识事物的本质；根据抽象的词来进行思考，人的认识范围才得以不断扩大。儿童掌握语言的过程是一个从具体到抽象的过程。最初掌握的词是一个声音，只代表某个具体的事物，并不具有概括性，以后的词代表了同类的东西，才真正成为一个词，这就初步有了概括性，从而使得儿童有可能开始认识抽象事物，其认识范围大大扩大，智力的其他内容——想象、记忆、创造力开始发展起来。例如，孩子吃糖是经常听成人说起"甜"字，渐渐地他们知道了"甜"指的是一种味道，就是糖的那种味道。之后，他们即使当时不能尝到西瓜的味道，也能从成人的描述中知道它很"甜"。

（三）语言教育能促进儿童创造性思维的发展

创造性思维是指根据一定的目的，运用已有信息，产生某种新颖、独特的有社会或个人价值的产品的过程。语言的发展为儿童创造性思维的萌芽和发展起了重要的作用。

1. 语言的发展导致儿童自造概念的出现

例如，幼儿园请一位姓方的专业教师来指导教育活动，小班儿童会自发地将这位年龄较大的老师称为"外婆老师"，"方老师"的称谓对这个班的儿童来说是不熟悉的和难以记忆的，相比而言，方老师与外婆相近的形象却是孩子们所熟悉的，于是"外婆老师"就应运而生了。这是由语言引发创造的普遍现象。

2. 语言发展使儿童创造性地运用语言成为可能

儿童经常会根据学到的句子、故事、诗歌的结构，结合自己的生活经验自发地或在教师的指导下进行诗歌仿编和故事表演等，这些都是语言和创造性思维结合的结果。

二、促进儿童社会性与个性的发展

（一）促进儿童社会性的发展

儿童社会化是儿童在一定的条件下逐渐独立地掌握社会规范，正确处理人际关系，妥善自治，从而客观地适应社会生活的心理发展过程。儿童社会性发展的特征表现为他们大都不甘寂寞，喜欢与同伴一起玩，而且游戏的关系由比较疏松的撮合到比较协调的、有规则约束的结合，社会化程度大大提高。影响儿童社会化的条件有社会环境系统、生物因素和心理工具，其中，心理工具指儿童的符号系统，主要是语言。语言的发展帮助儿童逐步发展对外部世界、对他人和对自己的认识，使其社会性发展得以正常进行。语言教育对儿童社会性发展的促进作用表现在以下两个方面。

1. 语言教育提高儿童的社会交往能力

随着儿童语言能力的提高，儿童的社会交往能力也得到了大大改善。首先，儿童可以使用语言讲出自己的感受和需要，让成人或同伴及时了解自己或引起他人的注意。实践证明，能用语言清楚表达自己情感的儿童通常能够受到他人的欢迎和喜欢，情感容易获得满足。其次，儿童可以使用语言调节自身的行为，掌握自我评价的标准。例如，在与他人交际中，儿童逐渐学会通过语言协商而不是发脾气或其他粗暴行为来解决与他人之间的争端或冲突。

2. 语言教育促进儿童道德的发展

儿童的道德行为和道德判断也是在掌握语言以后才逐步产生的，并且多少包含了一些意志行动的成分在内。语言获得初期，随着在日常生活中自己良好的行为获得成人"好""乖"的评价，儿童能在成人要求的前提下做出一些合乎道德要求的行为。随着语言和认知的进一步发展，3岁后儿童的道德感开始形成。他们通过交往和模仿学习，逐渐掌握了一些行为规范和各种道德标准，开始关心别人的行为是否符合道德标准并由此产生相应的满意或不满的情绪，也逐渐养成各种道德习惯。

（二）促进儿童个性的发展

个性通常指个人具有的比较稳定的、有一定倾向性的心理特征的总和，包括气质、性格、动机、兴趣、意志、理想等。个性心理特征调整着个体心理过程的进行，影响人的外显行为和内隐行为，因此个性是心理及行为的动力来源。

儿童语言的发展使其得到巨大的个人乐趣和满足，从而促使其保持个人与社会的良好互动与调节，给其性格形成和发展带来积极影响。由于语言的发展，儿童有可能与成人直接进行语言交往，通过自己观察周围其他人对事物的态度、行为方式和成人强化方式，直接或间接学习为人处世的方式，获得有关"什么是礼貌的行为""什么叫诚实"等经验。此外，儿童通过阅读故事作品来了解故事中人物的好与坏、是与非，结合自身进行对照，在教师的引导教育下，进行自我认知，逐渐学会评价自己，了解自己的特点，从而增强自信心和自尊心。

三、促进儿童语言能力发展与语言兴趣提升

儿童心理学的研究成果和长期的教育实践已经证明，幼儿期是人一生中掌握语言最迅速的时期，也是最为关键的时期，被称为儿童语言发展的关键期。在这个关键时期，机体对环境的影响极为敏感，对细微刺激即能产生反应。在适宜的环境影响下，行为习得特别容易，发展特别迅速。

语言教育的基本任务就在于促进儿童语言能力的发展。在语言教育中，成人会为儿童提供各种各样的语言范例，包括日常对话、故事、诗歌等，让儿童自己去感知、体会、理解和记忆。在此过程中，儿童不断积累新的语音和词汇，不断吸收新的句式和表达方法，然后逐渐把他人的这些语言转化为自己的语言，用来表达自己的思想和情感，对他人的行为施加影响，以完成各种交往任务。因此，语言教育的首要意义也就是使儿童的发音清晰，词汇量丰富，语言表达完善，语言交往技能得到提高。

随着语言的不断丰富，语言交往技能的不断提高，儿童学习和运用语言的兴趣也越来越大。听和说的兴趣、自信和主动精神的培养都有赖于语言听说能力的提高，而儿童一旦产生学习语言的兴趣，就会主动寻找学习语言的机会，学习更多的语言符号，尝试更新的语言技巧，从而使语言的潜能得到尽情发挥。这不但对儿童当前的语言学习活动有积极影响，而且可能对他们入学乃至成年后学习和运用语言产生积极影响。国内外很多知名的文学家都是小时候就非常喜欢阅读、听故事，正是这些早期经验使得他们对文学创作活动产生了浓厚兴趣。

需要说明的是，只有语言天赋，而没有后天语言环境的刺激，即使再好的天赋，也会被埋没。一个班里，总会有个别儿童表现出非同一般的语言记忆能力和表现能力，他们能有声有色地面向全班小朋友编讲故事，有的竟成了"故事大王"，这是与早期音乐能力、早期绘画能力有同等价值的早期特殊的语言能力，万万不可忽视。

第四节　儿童语言教育的发展趋势

随着语言学的不断发展，人们对儿童语言教育的研究也在不断深化，目前人们对儿童语言教育的研究已经取得了一定的成就。结合目前的研究成果及语言教育的未来发展趋势，儿童语言教育的未来研究方向主要集中在以下几个方面。

一、影响儿童语言教育的因素研究

儿童语言教育作为一门理论和实践相结合的学科，特别注重相关理论的阐述和研究，同时也很关注实践应用。一直以来人们都很关注影响儿童语言学习的因素，并从内因、外因两个方面进行深入探讨。随着研究的不断深入，影响儿童语言教育的因素将成为研究者关注的热点话题。

二、跨学科的综合研究

长期以来，人们对儿童语言教育的研究更多的是从语言学的角度进行的单学科研究。这样的研究一方面有利于研究的不断深入，从纵向方面获得更多有用的资料。但另一方面这样的研究不利于横向扩展，使得研究的视角及研究内容都受到了限制。随着国外先进教育理念的不断引入，人们逐渐意识到，事物之间是相互联系的，学科之间也有其内在的联系，对某一领域教育的研究应从综合的角度进行考虑。儿童语言教育要顺应时代的发展也应强调跨学科的综合研究。

三、儿童语言交际能力发展的研究

从目前有关儿童语言教育的著作可知，人们更加注重的是研究儿童语言发生发展的规律、儿童对语言掌握的顺序及儿童语言表达能力的培养。儿童作为一个"自然人"和"社会人"的综合体，其"社会性"是人的本质属性，"狼孩""猪孩"的例子再次证明了社会对人发展的重要性。人生活在一定的社会中就免不了与人交流和沟通,因此,具备良好的沟通能力是人立足社会的一项必要技能。儿童语言教育作为一门专门讲解语言的学科,在今后的发展中必定会更加注重培养儿童的语言交际能力,注重儿童语言交际能力发展的研究。

四、生活性和整合性的研究

如今,儿童语言教育越来越强调儿童自身生活的实际经验、直接知识的重要性,强调儿童自身生活的教育价值。语言教育将呈现出与儿童的生活联系越来越密切的趋势。儿童语言教育要考虑社会生活的各个方面,但主要应考虑儿童的生活,即儿童个人的生活以及与儿童紧密相关的社会生活。儿童的个人生活对于语言教育具有十分重要的意义,他们的个人生活充满了语言发展的契机,且是生动的、感性的。儿童的生活是儿童语言教育整合的基点。整合教育的观念意味着把儿童语言学习看成一个整合的系统,充分意识到儿童语言发展与其他方面的发展是整合一体的关系。整合教育包括语言教育目标、语言教育内容和语言教育方法的整合。整体的语言学习有利于儿童知识、经验及相应的学习策略的迁移,有利于提高儿童语言学习的成效。一切语言知识和技能的发展,都应通过儿童的生活加以整合,使之成为一个最有利于儿童的、有机的、生动的、现实的经验体系。

第五章　儿童语言教育活动

第五章 儿童语言教育活动

第一节 儿童语言教育活动的类型

一、儿童听说游戏

（一）儿童听说游戏的概念

　　游戏本身是儿童学习语言十分有效的方法之一，能够激起儿童的学习欲望。听说游戏用游戏的方式将语言教育活动组织起来，将教学任务和游戏形式相结合，是一种特殊形式的语言教育活动，寓语言训练于游戏之中。听说游戏有着明确的语言教育目标，包含了儿童语言学习的个体要求，在儿童愉快积极地参与游戏活动中，将具体的带有练习性质的教学任务落实到儿童接受理解和尝试掌握的教育过程中。听说游戏以游戏为主要表现形式，可使每个儿童都能在游戏中得到快乐，口语表达能力得到不同层次的提高。这种形式的语言教育活动可以唤起儿童的真挚情感，激发儿童对语言表达的积极性；渲染轻松愉快的游戏氛围，培养儿童的倾听能力和言语表达能力。

　　儿童听说游戏是用游戏的形式组织的语言教育活动，是一种由教师设计组织的，儿童有兴趣自愿参加的语言教学游戏，具有活动和游戏的双重性质。听说游戏是一种特殊形式的语言教育活动，这种特殊性体现在以下几个方面。

　　首先，听说游戏含有较多的规则游戏的成分。它能够较好地吸引儿童参与到语言学习活动中来，并在积极愉快的活动中完成语言学习任务。其次，听说游戏的活动目标以培养儿童倾听和表述能力为主。其活动的内容主要集中在听和说的理解与表达方面。最后，听说游戏强调教师的指导作用。听说游戏是

145

在教师的组织指导下，以发展儿童语言为目的的教学游戏。听说游戏采用游戏的方式来开展教学活动，发挥听说游戏的规则性、趣味性、活动性及指向性等特点，为儿童提供说话练习实践的机会，从而促进儿童对答、应变、协调等语言能力的发展。

由此可见，听说游戏既不同于其他形式的语言教育活动，也不能够完全等同于语言游戏。语言游戏，一般是指儿童在语言发展过程中自发地组织和练习语言、语词的一种现象。因此，语言游戏带有明显的自发言语的特点，有练习口语的性质，并且是无意义的、非具体指向性的语言活动。这种语言现象很大程度上带有自娱的意味。相较而言，听说游戏由教师设计组织，有明显的语言学习指向目标，有明确的游戏规则和语言教育内容，因而与语言游戏有很大的区别。

（二）儿童听说游戏的主要类型

1.语音练习的游戏

语音练习的游戏是以提高儿童辨音能力和练习正确发音为目的而开展的一种听说游戏活动。从形式和结构上来看，语音练习的游戏相对比较简单。语音练习不同于枯燥的训练，教师在组织活动时应注意，每次练习的语音不要过多，如果难点过于集中，就会影响儿童的学习效果。从内容上看，在听说游戏中，着重为儿童提供练习发音的机会，以利于儿童学习或复习巩固发音。教师可以让儿童着重练习感到困难或容易发错的语音，也可以组织儿童进行方言干扰音的练习、普通话声调的练习、发声用气的练习等。

儿童虽然已经初步掌握了大量语言，但仍不能清楚地发准每一个音。教师可筛选近期儿童发音中的语音难点，设计和组织丰富的语音游戏，指导儿童在游戏中积极主动地练习、巩固。

2.词汇练习的游戏

词汇练习的游戏是丰富儿童的词汇量，帮助儿童正确理解和运用词汇的一种听说游戏方法。词汇练习游戏涉及的游戏类型和词汇的种类有关，包括名词、动词、形容词、礼貌用语、代词、量词、连词、同义词、反义词及纯语言游戏。

儿童语言学习的一个重要方面是大量积累词汇，增加口语表达的内容。

儿童在不同的年龄阶段掌握的词汇量存在明显差异，一般而言，1～2岁儿童掌握的词汇量为70～270个，3岁儿童掌握约950个词语。随着年龄的增长，4岁儿童已经能够掌握1700～2500个词语，5～6岁儿童能够掌握约3500个词语。

词汇练习除了增加词汇量以外，还需要提高儿童进行同类词组词和不同类词搭配的知识水平。儿童阶段是词汇使用水平提高的关键期，教师应利用听说游戏的活动方式帮助儿童学习词汇，引导儿童积累词汇运用方面的经验。有趣的词汇练习游戏包括词语接龙、词语开花等。

词语接龙游戏可以有多种形式，比如问答式接龙：

两人一起游戏，两人同念："我家弟弟真淘气，今晚带你去看戏。"然后一问一答，A问："什么戏？"B答："游戏。"A问："什么游？"B答："菜油。"A问："什么菜？"B答："花菜。"A问："什么花？"……

这类游戏可以是教师和儿童一起玩，一问一答，循循善诱。

又如，词语的首尾相接式接龙，如A说"中国"，B说"国家"，C说"家长"，D说"长大"……这类游戏也可以是教师和儿童配合，教师说出一词语，儿童就词语最后一个字为起始字组词。

词语开花游戏可以培养儿童思维的发散性、流畅性和变通性。如比赛组词的游戏，其玩法是先将儿童分组，每组派一位代表说一个字（如"花""水""火"等），然后本组用这个字组词，教师给记录，最后比一比，看哪一组组的词语多。

3. 句子和语法练习的游戏

句子和语法练习的游戏是帮助儿童练习按照语法规则正确组词成句，并学会运用各种句式、句型的一种听说游戏。儿童阶段是儿童学习句子和语法知识的重要阶段，在此阶段儿童要在语言学习过程中大量地积累句型，按语法规则组词成句。儿童学习句子和语法的特点一般是随着年龄的增长从简单句向合成句、从单词句向多词句发展。儿童在日常生活中已经获得了运用各种句法的初步经验，但是对于句子和语法的理解和掌握，甚至熟悉运用还需要经过一定的练习。教师可以通过听说游戏有意识地帮助儿童进行练习，让他们通过专门的集中的学习迅速地把握某一种句法的特点和规律，并在尝试运用过程中提高熟练使用的水平。需要注意的是，教师要明确儿童的句子发展水平，从而据此定出适当的目标，选择适宜的游戏。

以下介绍两种儿童练习句子和语法的听说游戏玩法。

听说游戏一："盖高楼"的玩法。

（1）儿童用"××越×越×"句型说话，如"太阳越升越高、花越开越红、人越长越高"，回答正确即可使得所在小组所盖的楼升高一层。

（2）注意倾听别人的说话，不能重复同伴讲过的内容。

（3）不用"××越×越×"的句型谈话的儿童，说得不恰当或重复同伴语句的儿童，均不能提高所在小组盖的楼层高度。

玩法分析：该游戏的目的主要是让儿童参与听说游戏、体验游戏快乐的同时遵守游戏规则，并学习运用"××越×越×"的句型来说话。

听说游戏二："小动物爱吃的食物"的玩法。

（1）教师与儿童一起玩转转盘，教师念儿歌："转转盘，转转盘，拨一拨，转一转，小朋友们认真看，小动物要吃饭。"

（2）转盘停止后，儿童说出小动物的名称，说出小动物喜欢吃的食物，并将手中的食物图片送给小动物，如："小花猫爱吃鱼。"

（3）反复玩，直到将图片送完为止。

玩法分析：该游戏需要教师事先准备好小动物转盘（狗、猫、兔子、熊猫、小羊）和食物图片（肉骨头、小鱼、萝卜、竹子、草），游戏的目的主要是教会儿童说简单句，并且知道小动物喜欢吃什么食物，能正确地给小动物喂食。

4.描述练习的游戏

描述练习的游戏是训练儿童用简单、生动、形象的语言描述事物的特征，发展连贯性语言的一种听说游戏。针对儿童开展的描述练习的游戏必须建立在儿童已经掌握一定语音、词汇、句子的基础上。它要求儿童语言完整、连贯，具有一定的描述能力。

以下介绍两种儿童练习语言描述能力的听说游戏玩法。

听说游戏一："你问我答"的玩法。

（1）两人相对，一问一答，其他人围坐四周当评判员，连续答对10个问题有奖。例如，问"什么白？"，答"大雪白、白云白、棉花白、小兔白"皆可；问"什么红？"，答"太阳红、红旗红、玫瑰红、西红柿红"皆可；问"什么圆？"，答"皮球圆、月亮圆、烧饼圆、馒头圆"皆可。

（2）答对了，儿童拍手表示通过，答不对可提出反问，共同讨论。

（3）答对10个问题的，奖励小红花一朵。

玩法分析：该游戏中，教师可以引导儿童提问生活中常接触到的一些事物。例如，还可以问"什么硬？""什么软？""什么会叫？""什么会跳？""什么会天上飞？""什么会水中游？""什么在树上搭窝？""什么在地下挖洞？""什么亮？""什么黑？"等。此类游戏通过让儿童练习问答对话的方式，训练儿童的思维敏捷性，促使他们学会用不同的词语描述物体的特性。

听说游戏二："我说你来猜"的玩法。

请个别儿童抽取图片，根据图片内容用语言全方位描述该动物特征，但不能说出动物名称。其他儿童猜动物名称，猜对了的儿童可接力做描述的人。

玩法分析：该活动需要教师准备儿童认识的若干动物图片，目的在于锻炼儿童用连贯的语言描述动物的各种特征。

（三）儿童听说游戏的特征

听说游戏是一种特殊形式的语言教育活动，它侧重于培养儿童在语言交往中的机智性和灵活性。听说游戏的特征主要有以下几个方面。

1. 生动活泼的游戏中蕴含语言教育任务

听说游戏有明确的语言教育目标，将其内隐于游戏之中。教师根据儿童语言发展水平和语言学习需要提出近阶段的语言教育目标，并将这些教育目标分解后融入听说游戏活动的内容和过程中，落实到儿童能接受、理解、练习和掌握的游戏过程中，从而使每一项听说游戏都包含对儿童语言学习的具体要求。教师通过对听说游戏活动的设计和实施，将儿童语言学习的具体要求贯穿于听说游戏活动全过程中，通过游戏活动落实儿童语言发展的需要，实现语言教育目标。在儿童愉快积极地参与游戏活动时，教师将具体的、带有练习目的的教学任务落实到儿童接受理解和尝试掌握的教育过程中去。教育目标内隐于游戏活动中，让儿童边玩边学，于不知不觉中完成学习任务。听说游戏对儿童提出的语言学习要求非常具体，教师可以根据近阶段儿童语言学习的重点需求设计游戏活动，让儿童在游戏中复习巩固已学的语言内容，掌握一定的语言知识，真正实现语言教育教学目标。

在儿童参与听说游戏的进程中,他们的语言理解和表达能力将会获得多方面锻炼的机会。

2. 将语言学习的重点内容转化为一定的游戏规则

听说游戏都带有一定的规则,当儿童参与听说游戏时,他们必须遵守一定的游戏规则,按照规则进行游戏。儿童在这样的活动中锻炼了听说能力,自然而然就会掌握语言学习的重要内容。教师在设计听说游戏时,根据具体的语言教育目标,选择适当的语言学习内容,并将活动的语言学习重点转化为一定的游戏规则,达到良好的教学效果。

听说游戏的前提是儿童听懂游戏指令,准确把握和传递有细微区别的信息。因此教师要在听说游戏中抓住每一个环节,培养儿童有意识的倾听能力、辨析性倾听能力和理解性倾听能力。

听说游戏中的规则有两种:第一种是具备竞赛性质的规则。例如,在听说游戏"金锁银锁"中,一问一答的形式可帮助儿童学习用简短而有节奏的词语形容和描绘一种事物。这种竞赛性质的游戏规则在听说游戏中可产生激励效应,可以促使儿童更主动积极地投身于游戏活动。教师利用游戏规则的竞赛性质来开展活动,达到教会儿童听说的目的。第二种听说游戏的规则不具有竞赛性质,但同样能产生激励效应。教师可以将一些有趣的儿歌改编成听说游戏,如儿歌《小白兔吃青草》:"小白兔,跳跳跳,一跳跳到草地上。吃吃吃,吃青草。吃吃吃,吃个饱。"教师可以加入大灰狼的角色,并且将其变成一个不具备竞赛性质的听说游戏。教师扮演兔妈妈,儿童扮演小白兔,兔妈妈带小白兔们到外面去吃青草,儿童边跳边念儿歌,反复念,随后一个扮演大灰狼的儿童跑出来大吼一声"大灰狼来了",扮演小白兔的儿童须纷纷跑到兔妈妈身边蹲下,让兔妈妈保护自己。这样的听说游戏,虽然其规则不具备竞赛性质,但是充满趣味性,念儿歌与后面的追逐活动密切连接在一起。儿童在游戏中反复地念儿歌,知道念儿歌之后会有大灰狼跳出来,然后追逐逃跑,寻求兔妈妈的保护。在此过程中,儿童全身心地投入活动,最终达到语言学习的目的。

3. 在活动过程中逐步增加游戏成分

听说游戏活动兼有活动和游戏的双重作用,即从活动入手来安排内容,逐步增加成分,最后随着儿童熟悉水平的提高变成自主进行的游戏。

(1)听说游戏开始时,由教师主导进行情境创设并交代游戏规则。听说游戏刚开始时，由教师主导创设游戏情境，交代游戏规则，儿童只被动观察、听讲、思考，当他们产生兴趣时，就会不由自主地跟随教师参与游戏，在掌握规则之后，尝试自己游戏，最终完全主动积极地投入游戏中去。教师需要帮助儿童理解活动的内容，交代游戏的规则，并且示范游戏的玩法。然后教师带领儿童开展游戏，在儿童熟悉游戏规则，逐步掌握游戏规则后，再放手让儿童独自进行游戏。听说游戏活动以活动的方式开始，而最后以游戏的方式结束，教师的主导作用在开始时体现得最为明显，而后随着儿童熟悉水平的提高而逐渐减弱，直到儿童完全自主地进行游戏。

（2）听说游戏开始后，儿童面临真实情境向假想情境的转换。在听说游戏刚开始时，儿童身处真实环境。随着游戏开始，儿童开始参与游戏并扮演某一角色，需要发挥想象力来呈现游戏的情节，用动作和语言表达并创造性地使用物品。此时，儿童所处的环境发生了变化，成为假想的情境，听说游戏活动因此由真实情境向假想情境转换。

（3）在听说游戏过程中，儿童保持着明显的内部动机。儿童之所以能够将外部动机转换为内部动机，很大程度上取决于听说游戏的趣味性和适宜性能够对儿童产生强大的吸引力。儿童刚开始参加听说游戏时，受到外部因素的控制。随着游戏的开展，儿童的自主成分越来越大，他们的主动性、积极性逐渐得以充分发挥。他们因为不断熟悉听说游戏规则，就会逐渐掌握游戏内容，在活动中保持着越来越明显的内部动机。

（四）儿童听说游戏的作用

游戏本身能推动儿童"语言和思维的发展"。游戏能激发儿童的表达欲望，为儿童自由表达创造适宜的语言环境；游戏本身就是儿童学习语言的一种有效方法；游戏不但能使儿童对语言的理解深刻化，而且能使其语言的交际功能和调节功能获得发展。儿童期是一个人语言能力发展的黄金时期，在语言教学活动中，应有机渗入游戏因素，为儿童提供更多运用语言、发展语言的机会，真正使语言教学成为有意义的学习活动。在这个时期，教师要运用恰当的方法让儿童在愉悦的氛围中快乐地练习口头语言，从而提高儿童的口语表达能力。在听说游戏中，儿童运用语言的能力得到实际练习，儿童语言运用的创造性得到很大锻炼。听说游戏的作用主要体现在以下几个方面。

1. 听说游戏教儿童学会倾听

会倾听是人与人交流时必备的良好行为习惯，也是一个人不可缺少的修养。倾听能力的培养是语言教育的重要任务之一，这种习惯的养成需要从儿童期即开始培养。听说游戏是教会儿童倾听的有效途径，它为儿童提供了一种不同于其他语言学习的方式，充分利用了儿童喜欢游戏的特点。听说游戏通过多种有助于培养注意倾听的游戏活动，锻炼儿童听懂教师对有关规则的讲解、准确地把握和传递有细微区别的信息的能力。儿童非常喜欢夸张的语言和动作，因而教师应该根据儿童的特点来组织多样的听说游戏活动。例如，在活动中教师的教学语言应该抑扬顿挫、绘声绘色、富有童趣，还应配上相应动作和表情等，使儿童乐于倾听。

2. 听说游戏教儿童学会表达

儿童期是完整的口头语言发展的关键期，也是连贯性语言逐步发展的时期。首先，听说游戏通过为儿童提供一种愉快的游戏情境，把儿童语言教育任务与游戏有机地结合起来。听说游戏使儿童在游戏中按照一定规则练习口头语言，培养儿童在口语交往中快速、机智、灵活的表达能力。听说游戏不同于普通的语言训练，不会使儿童感到枯燥，而是通过其轻松的气氛、童趣化的情节、简单而有内涵的语言学习的规则，使儿童在玩中学、学中玩，轻松地掌握口头语言，提高儿童的口语表达能力。其次，听说游戏为儿童提供了更多的语言学习机会。听说游戏将儿童置于自由、宽松、平等的氛围中，增加了儿童游戏的次数，也给儿童提供了说的机会。在游戏活动中，教师以旁观者的身份对儿童游戏进行指导，并对儿童的良好表现持赞赏、支持态度，促进儿童更加主动积极地游戏，从而让儿童在游戏中有机会进行多说多练，提高儿童的口语表达能力。

3. 听说游戏教儿童喜欢表达

听说游戏不但是儿童语言发展中自我教育的最佳活动形式，而且是教师进行语言教育的最佳手段。听说游戏往往会给儿童带来轻松快乐的游戏氛围，提高儿童积极投入活动的热情和专注度。听说游戏渗入游戏因素，为儿童创设了自由、轻松、愉悦的语言交往环境，让儿童爱说、想说、敢说，在轻松无压力的氛围中，从被动的接受者转变为主动的学习者。语言能力的学习包括语音的掌握、词的用法以及句型的尝试，这些能力都需要儿童反复练习，这难免让儿童在枯燥及反复练习中失去信心和兴趣。然而,听说游戏把语言学习置于一个童趣化的游戏情境中,把它变成游戏的规则,会吸引儿童去学习它、掌握它,由此语言的学习在儿童眼中马上变得有趣,儿童可以运用它进行一场有趣的游戏。儿童在这样自由、轻松、愉悦的环境中,其兴趣、自主性和成就感得到充分体现,真正可以做到想说、敢说、喜欢说、有机会说并会说。

4.听说游戏有利于师幼互动

教师应成为儿童学习活动的支持者、合作者、引导者。听说游戏活动为儿童提供了愉悦、自主活动的空间,同时也为教师提供了观察、倾听、了解儿童的机会。教师首先应该接纳儿童、信任儿童,进而帮助儿童,促进儿童的发展。听说游戏是一种有效的途径,它有利于教师与儿童平等和谐地相互交往,在交往中引导儿童运用语言,发展语言能力。教师可以运用游戏手段,敏感地发现儿童的需要并及时以适宜的方式做出应答,促进师幼双方在语言教育活动中的有效互动,这对于儿童语言能力发展是非常有意义的。

其一,听说游戏可为儿童创设一种轻松的环境氛围。在这种环境中,儿童与教师的距离缩小,缓解了儿童的心理压力,促使儿童与教师进行互动。其二,听说游戏有利于使儿童与教师之间建立平等的游戏伙伴关系。在听说游戏中教师不是直接教授游戏,而是用物品、动作、语言创设游戏情境,或者以游戏者的身份参与游戏、指导游戏。这时教师的形象不再是高高在上的,而是作为一名游戏的参与者、合作者、引导者,在倾听中及时给予儿童适当的回应和指导,给予儿童支持与赞赏,使儿童树立信心和增强成就感。例如,儿童听说游戏活动"可爱的小动物",在游戏中,教师主动地参与到游戏活动过程中,首先由教师说小动物的名字,儿童模仿小动物的叫声,并做动作。然后引导儿童游戏,点名个别儿童上台当回"小老师",说出小动物的名字,其他儿童模仿小动物的叫声并做动作。最后改变游戏玩法,儿童说小动物名字,教师模仿小动物的叫声并做动作。该活动形式激发了儿童的参与兴趣,并充分调动了儿童与同伴及教师互动的积极性。

(五)儿童听说游戏活动的目标

1.帮助儿童按一定规则进行口语表达练习

由于听说游戏的特殊性质,这类活动可以帮助儿童按一定规则进行口语表达练习。这里所说的一定规则，主要是指按照语言的规范制定的游戏规则。在儿童参与听说游戏的过程中，他们需要自觉、规范地学习语言，在执行游戏规则的活动中掌握规范的口语表达能力。听说游戏按照一定规则进行的口语练习，主要分为三个方面的子目标。

（1）复习巩固发音。在听说游戏中，儿童语音学习的目标，重点是为儿童提供练习发音的机会，以利于儿童复习巩固他们近期的发音学习。

教师可以根据儿童语音学习的四种特别需要来组织活动。

①难发音的练习。对于某些近期所学的语音难点，采用听说游戏的方式有针对性地训练这些语音要素，可能产生较好的学习效果。儿童时期一般普通话发音的难点主要有 zh、ch、sh 和 r 四个辅音。教师可以根据儿童的实际情况，选取这些声母与一定韵母结合的音节来帮助儿童学习。

②方言干扰音的练习。区域方言都有可能对儿童的普通话学习产生干扰，影响他们正常的发音。例如，南京方言 l 和 n 不分，an 和 ang 不分，说普通话时往往有可能将 nan 说成 lan。在听说游戏中，儿童可以有集中和比较学习的机会，练习发准这些受到方言干扰的语音，产生对这些语音准确发音的敏感性。

③声调的练习。普通话声调对儿童发音有很重要的意义，因而发准普通话声调也是儿童语音学习的一个部分。用听说游戏训练各种相似音和声调，让儿童在辨别中学说，在学说中提高分辨能力，从而掌握准确的声调。

④发声用气的练习。3岁幼儿进入幼儿园时还有相当一部分幼儿不能很好地掌握说话用气的方法，因此，说话时有气喘吁吁的感觉。尤其在表述长句子时，有的幼儿还有上气不接下气的情况。听说游戏的发音练习可把练习用气作为活动的目标，培养儿童正确的用气方法，以便讲话的发声更加自然，更趋向正常。

（2）扩展练习词语。大量积累词语，增加口语表达的内容，是儿童语言学习的一个重要方面。应该说，儿童的词语是在日常生活经验的积累过程中逐步增长起来的，几乎没有一个研究能确切地证明究竟一个儿童每天能习得多少个词语。用听说游戏的活动方式帮助儿童学习词语，是专门提高儿童对词语学习敏感程度的机会，这类集中学习词语的听说游戏，着重引导儿童积累以下两方面的词语学习经验。

①同类词组词的经验。听说游戏往往让儿童做同一类词语如何扩大增加的练习，实际上也是向儿童提供某一类词的使用范例，鼓励儿童在听说游戏过程中按照一定的规则去组织扩展。

②不同类词搭配的经验。词语的搭配通常与语言习惯经验有关，是一种社会约定俗成的表现，但也有一定的规则。例如，量词有明显的搭配规则，到大班阶段，儿童对量词开始产生一定的敏感，在这个时期给他们提供听说游戏的机会，可以很好地帮助他们掌握一般量词的使用方法。此外，还有介词的学习等，都可以通过听说游戏的活动产生良好的教育效果。

（3）尝试运用句型。儿童在语言学习过程中大量地积累句型，这是他们句法习得和发展的重要阶段。一般而言，幼儿阶段的儿童将从简单句过渡到合成句水平，幼儿阶段后期开始达到理解嵌入句的水平。无论是简单句，还是合成句等，均有多种类型的句式，要理解掌握并且熟练运用都需经过一定场合的练习。儿童在日常生活中可能获得运用句法的机会，而听说游戏是有意识地帮助儿童练习，可以让他们通过专门的集中学习迅速掌握某一种句法的特点规律，并在尝试运用过程中提高熟练使用的水平。例如，听说游戏"盖楼房"，儿童用"××越来越××"和"××越××"的句式学习句型。在游戏中学习句型，有一定的激励机制存在，儿童可能产生很高的积极性。

2.在听说游戏中提高儿童积极倾听的水平

听说游戏为儿童提供的是一种不同于其他语言学习的场合，儿童在参与学习时具有更多的主动性和自主性，因而有利于他们积极倾听水平的提高。需要提出的一点是，在儿童语言学习的活动中，听和说是永远相伴存在的。以游戏的方式组织的听说游戏活动，对儿童积极倾听能力的提高具有特殊的作用。教师在思考听说游戏的目标时，应对儿童提出以下几点要求。

（1）听懂教师的讲解，理解游戏的规则。教师在听说游戏开始时，总是要向儿童提出一定的要求，接下来布置活动的任务，并对任务做出解释，讲解、示范游戏的规则。这一过程对儿童的倾听提出了具体要求。能否听懂教师布置的任务，理解游戏的规则，直接影响儿童参与游戏的状态。可以说，倾听能力的培养，将有利于提高儿童在所有的交往场合的倾听水平，甚至对儿童进入小学阶段之后的学习都十分有益。

（2）听懂游戏的指令，把握游戏进程。在游戏过程中，儿童随时需要把握游戏中传出的指令信息，做出相应的反应。例如，在听说游戏活动"金锁银锁"中，念完儿歌，就是一个指令，要求问"这是什么锁"，开锁人听后立刻予以回答"这是××锁"。所有的指令信息一环套一环，在游戏中必须敏锐地感知，否则将无法进行游戏。恰恰是这样一些要求，可促使儿童自觉地、主动地去倾听捕捉指令信息。

（3）准确把握和传递有细微区别的信息，提高倾听的精确程度。有的听说游戏专门设置倾听的"圈套"，要求儿童辨别某几个相似音的差异，做出相应的反应，诸如 z、c、s 和 zh、ch、sh 的辨别活动即属于这一类；有的听说游戏要求儿童准确传递信息，错了便会闹出笑话来，如"我这样对你说"的传话游戏活动。这些活动对儿童倾听要求的重点放在准确把握和传递信息上，可以较好地提高儿童倾听的精确程度，对他们完整的倾听能力培养起到良好的作用。

3. 培养儿童在语言交往中的机智性和灵活性

作为特殊的语言交往场合，听说游戏对儿童运用语言与人交际有一种特别的挑战，使儿童机智灵活地使用语言的能力得到较好的锻炼。因此，在听说游戏活动中培养儿童语言的机智性和灵活性，是教师在设计组织这类活动时应考虑的一项目标。

在听说游戏中培养儿童语言交往的机智性和灵活性，从根本上说，是培养儿童在语言交往过程中反应敏捷的能力，着重可从以下几点考虑。

（1）迅速领悟游戏语言规则的能力。由于听说游戏将儿童语言学习的重点内容转换为游戏规则贯穿活动始终，那么儿童掌握游戏规则的过程，在某种意义上便是掌握语言规则的过程。在听说游戏中，儿童需要迅速领悟游戏规则，否则便会落伍，无法实现参与游戏的愿望。这种激励的结果是儿童逐步适应需迅速领悟交往要求的场合。

（2）迅速调动个人已有语言经验编码的能力。听说游戏是一种活动的进程，儿童在参与时需要根据一定的规则迅速调动个人已有语言经验进行编码。这种场合不允许儿童慢慢想、细细思考。如果速度太慢，游戏便要受到影响。因此，儿童在活动中得到迅速调动个人已有语言经验编码的训练。

（3）迅速以符合规则要求的方式表达的能力。在领悟编码的同时，儿童也获得快速反馈信息的机会。听说游戏的规则要求儿童按照一定的规范方式说话，并且没有太多的时间让儿童仔细斟酌讲话，所以一切都是在短暂的直感的状态下说出来的，这里便有一个语言快速应答能力的培养。

总之，听说游戏作为一种特殊形式的语言教育活动，为儿童的语言发展提供了某些特别的机会。教师应当抓住这种机会促进儿童的语言学习，为他们语言的整体提高创造良好的教育环境。

二、儿童谈话活动

（一）谈话活动的含义

谈话活动是一种有目的、有计划地帮助儿童学习在一定范围内运用语言与他人进行交流的活动。这种活动旨在创造一个良好的语言环境，帮助儿童学习倾听别人谈话，围绕一定的话题进行谈话，学习与他人交流的方式，培养与人交往的能力。由于交谈过程中语言信息量大，交谈双方的思路开阔，想象力丰富，因此，在各种类型的语言教育活动中，谈话具有独特的促进儿童语言发展的功能。

儿童谈话活动是一种对儿童进行语言教育的特殊方式，与其他语言教育活动相比，在形式、内容、方法及实施途径等方面具有独特性，其作用是其他语言教育活动不能替代的。为增强对谈话活动独特性的了解，有必要将谈话活动与日常交谈、讲述活动以及科学教育中的总结性谈话加以区别。

谈话活动与日常交谈的区别：从目的性和计划性上来看，谈话活动是有目的、有计划地创造交谈机会，而日常交谈则是无预期目标和计划的谈话，具有自发性与随机性。相应地，前者体现出教师的指导作用，而后者更多地发挥儿童的主动性。同时，二者又是相互促进、互为基础的。从形式上来看，前者是在集体场合下进行的，而后者往往是在两名或两名以上儿童中发生的。从话题上来看，前者是固定的，是教师根据教育目标、计划而精心设计的，后者是非固定的，是儿童随机产生的。从时间上来看，前者是利用正式活动时间专门进行的，后者则一般发生在自由活动中。

谈话活动与讲述活动的区别：从活动目标来看，谈话活动注重的是儿童运用口头语言与他人进行交流的机会，而讲述活动则侧重儿童清楚、完整、连贯地表述某一事物或事件的能力；从内容来看，谈话活动往往围绕儿童已有经验的话题进行，而讲述活动则针对儿童需认识的图片或情境进行讲述；从活动中儿童表达的语言方式来看，谈话语言属于对话，可纳入非正式场合语言运用范畴，而讲述语言则是一种独白，要求使用类似正式场合的语言。

谈话活动与科学教育中的总结性谈话的区别：科学教育中的谈话是总结性谈话，是一种重要的活动类型。它与谈话活动相比，最明显的区别在于活动目的和内容不同：谈话活动侧重培养儿童语言能力，不特别考虑话题内容的认识范畴；而总结性谈话的目的在于帮助儿童巩固、加深对有关科学内容的认识。需要注意的是，各种类型教育活动之间本身就是密切联系、相互渗透的，科学教育总结性谈话活动渗透语言教育内容，而语言教育的谈话活动也有可能综合科学教育的内容。

（二）儿童谈话活动的特点

1. 有一个具体、有趣的中心话题

选择一个难度适宜又有趣的中心话题是谈话活动取得成功的关键。一个全体参与的中心话题限定了儿童交流的范围，从客观上也主导了儿童交流的方向，使儿童的交谈具有了讨论的性质。一个有趣的中心话题能够使儿童对谈话活动保持较高的热情和参与程度。那么，教师应该怎样选择一个具体而有趣的中心话题呢？首先，教师应了解儿童已有的谈话经验，要保证儿童对中心话题有一定的经验基础。例如，以"过大年"为谈话主题要比以"魅力南极"为主题更为恰当，因为陌生的话题不能引起孩子的谈话热情。其次，话题要有一定的新鲜感。使儿童感兴趣的往往是那些新颖的生活内容，曾经反复提起和谈论的话题不会引起儿童的强烈关注。最后，选择的话题应与儿童日常生活中的共同关心点有关。这就要求教师平时要走近孩子，深入了解孩子近期都关注哪些内容，从中选择合适的中心话题。

2. 有一个宽松、民主的谈话环境

在谈话活动中，每个儿童都可以围绕中心话题，积极地表达自己的观点和想法。营造宽松自由的谈话氛围，教师要注意以下两个方面。第一，不要求儿童统一认识。谈话活动中不必要求有统一的答案和看法，儿童完全可以根据自己的意愿和内心感受，将自己的想法直截了当地表达出来，与大家共同分享。第二，不特别强调规范化语言。谈话活动的主要目的是鼓励儿童大胆地与他人交谈，不必要求儿童必须使用准确无误的句式、完整连贯的语言进行表达，只要保证儿童愿意谈、大胆说即可。实际上，在谈话活动中给儿童提供大胆说的机会，无形中就会使儿童在表达的过程中提升自己的语言表达能力。

3.有多方的信息交流

谈话活动更注重儿童的交往语言和对白语言。在谈话活动中，教师及时启发引导，儿童积极思考应答，儿童之间相互引导和模仿，不断开阔思路，不断拓展谈话活动。在这种不断的师幼互动、幼幼互动多方位交流中，教师和每个儿童都获得较大的信息量，这是其他类型的语言活动不可比拟的。

4.教师起间接引导作用

教师是谈话活动的设计者和组织者，但是在谈话活动中，教师的指导作用往往以间接引导的方式出现。通常情况下，教师以参与者的身份参与谈话，给儿童以平等的感觉，这也是保证谈话活动氛围宽松自由的一个重要因素。需要注意的是，教师在谈话活动中以参与者的身份出现，并不意味着谈话活动会成为任意的无计划交谈。教师在设计实施谈话活动时，仍然需要按照预定的目标内容，紧扣谈话的中心话题，有效地影响着谈话活动的进程。在谈话活动中，教师的间接引导主要体现在以下两点：第一，用提问的方式引出话题或转换话题，引导儿童谈话的思路，把握谈话活动的方式；第二，用平行谈话的方式对儿童做隐性示范。例如，教师可以通过谈论自己的生活经验和感受等，向儿童暗示谈话的内容和方式。

（三）儿童谈话活动的类型

1.日常生活中的谈话

这是谈话活动的一种重要形式。儿童的一日生活中，教师与儿童、儿童与儿童之间有大量的时间和机会进行交谈。这些交谈有时仅仅是一种简单的对话闲聊，但它是发展儿童口语的重要途径，带有极大的情境性和感情色彩。交谈的话题非常丰富，交谈的对象经常变化，可以在任何时间、任何地点开始和结束，不受时间、空间和谈话对象年龄的限制。儿童谈话活动的类型主要包括以下两种形式。

（1）日常个别谈话。这是最常见的一种谈话形式，它贯穿在儿童一日生活的各个环节，如晨间活动、如厕、午餐、游戏等。教师可以利用任何零散的时间与部分儿童进行个别交谈。教师在这种谈话时，要考虑到谈话对象的性格特点和语言发展水平。例如，假设是与性格内向、语言能力较弱的儿童进行交谈，可以选择这样的话题：今天谁送你来的啊？来的路上都看到了些什么？这种鼓励式的提问可以使孩子有的说，帮助他们建立表达的自信，调动儿童参与谈话的积极性。

（2）日常集体谈话。与日常个别谈话相比，日常集体谈话的话题更加自由，可以同时有多个话题；形式也更加活泼，可以是师幼间的谈话，也可以是同伴间的谈话，或者是教师与儿童、儿童与儿童之间的讨论等。这种谈话往往遵循着"自由参加"的原则，儿童既可以参与谈话活动，也可以自由从事其他活动。例如，在每日散步时，教师可以结合季节的变化就花草树木等环境的变化与儿童展开交谈。教师可以问：花都有什么颜色的？你还见过什么颜色的花……通过这样的日常集体谈话活动，教师既可以经常为儿童提供机会锻炼他们的口语表达能力，又可以培养儿童的观察力和注意力。

2.幼儿园集体谈话活动

集体谈话活动是由教师制订一定的计划和教育活动方案，依据儿童感兴趣的话题，运用生动有趣的方法，引导儿童围绕主题展开交谈的集体教学活动。与日常谈话活动相比，集体谈话活动是以集体教学的形式展开的，话题集中、固定，谈话进程往往在教师控制之下，交谈的形式既包括教师与儿童的交流，也包括儿童之间的交流。在集体谈话活动中，要想让儿童积极参与谈话并有效展开谈话，话题的选择是非常重要的，谈话的话题可以各式各样，凡是儿童熟悉的或是与他们的生活联系密切的，都可以选择。话题可以由教师来确定，也可以请儿童参与确定。教师在确定谈话主题时应注意以下几点。

（1）选择的话题必须是儿童感兴趣的，这样才能保证儿童"愿意说"。一般情况下，儿童感兴趣的话题主要包括三大类：饮食类、娱乐类、游戏类等。例如，"我喜爱的动画片""好吃的糖果""快乐的儿童节"等，都是不错的话题。另外，有趣的话题往往与儿童今日生活中的共同关心点有关，如儿童共同经历过的事情、最新热播的动画片等，都能使儿童产生交流和分享的愿望，这就要求教师在确定谈话主题时首先要考虑儿童的兴趣，只有选对了儿童感兴趣的话题，才能让儿童积极参与谈话，激发谈话的热情。

（2）选择的话题必须是儿童熟悉的，具备一定的知识经验，这样才能保证儿童"有的说"。如果儿童对中心话题有一定的知识经验基础，可以帮助他们在谈话过程中有话可说。否则，完全陌生的话题则无法使儿童产生谈话的兴趣。假设谈话主题是儿童完全不熟悉的，如"海啸是怎样产生的"，就会使儿童无话可讲，也不能激发他们谈话的兴趣。

只有对谈话主题具备一定的生活经验，有对主题的基本看法，儿童愿意表达、有话可说，才能形成交流和讨论的氛围，保证谈话能够轻松愉快地进行下去。

（四）儿童谈话活动的基本步骤

一般情况下，儿童谈话活动的基本步骤如下。

1. 创设谈话情境，引出谈话的中心

根据确定的话题创设相关的谈话情境，引出谈话的中心是设计和组织谈话活动的第一步。教师在谈话活动的开端，通过一定的情境，激发儿童的兴趣，启发儿童对话题相关经验的联想，打开儿童言语表达编码的思路，做好谈话的准备。这是谈话活动中不可缺少的重要环节。一般情况下，教师创设谈话情境主要通过三种方式。

（1）以实物、直观教具的方式创设谈话情境。教师可以利用室内的布置、墙饰、桌面玩具、图片、实物摆设等向儿童提供与谈话活动的主题有关的直观可视的形象，启发儿童谈话的兴趣与思路。例如，在组织谈话活动"好吃的水果"时，教师可以布置一个水果展，把各种水果实物直观地呈现在儿童面前，教师带着儿童参观水果展览，调动他们的生活经验，激发起儿童谈话的热情；教师也可以搜集水果的图片，以幻灯片的形式呈现在儿童面前，让儿童猜猜它们的名字、形状、颜色、味道等，可以激发孩子的交谈兴趣。利用实物、直观教具方式来创设谈话情境，是因为儿童的思维还处在具体形象思维阶段，需要借助具体、直观、形象的支撑材料来展开教学活动。

（2）通过语言（引导提问）来创设谈话情境。教师除了可以利用实物、图片等直观的方式创设谈话情境之外，还可以通过语言的引导来创设。事实上，教师在组织谈话活动时，通过语言来创设谈话情境的方式更为常见。这种方式要求教师通过自己生动的语言，描述一种情境，或者是通过提问一些问题来唤起儿童的记忆，调动儿童的相关经验，以便使儿童顺利地进入谈话过程中。

（3）通过游戏或表演的形式创设谈话情境。教师可以通过开展一些游戏或表演活动，向儿童提供一些与谈话内容有关的情境，以引起儿童谈话的兴趣。例如，在谈话活动"发生在公交车上的事情"中，教师可以先请几个儿童分别扮演公交车的司机和乘客，进行情境表演，当他们表演到老奶奶上车后，没人给老奶奶让座时，教师可提问儿童"如果你也在车上，你会怎么做？"。这种生动的游戏或者表演的形式，也很容易激发儿童的积极性和谈话热情。

在讨论谈话活动特点的时候，已经说明了话题在谈话活动中的地位，以及怎样选择一个好的话题。选择话题是谈话活动设计最先涉及的问题，确定好话题之后，需要考虑的重点就转为如何创设情境，引出话题。

2. 教师引导儿童围绕话题自由展开交谈

当儿童就谈话话题展开交谈之后，教师接下来要给儿童提供围绕话题自由交谈的机会。这个环节的目的在于调动每个儿童对话题的知识储备，运用已有的谈话经验与他人交流个人见解。当儿童围绕话题展开自由交谈时，教师不能袖手旁观，千万不能把儿童的自由交谈等同于"放羊模式"，让儿童随便交谈。在谈话活动中，教师的职责体现在以下三个方面。

（1）教师必须在场。教师在儿童心目中具有一定的权威。因此，当儿童看到教师在场，即使教师并未发言，儿童也能感受到自己说话的价值，这种感受促使他更加积极地发言。可以说，教师在场意味着活动的正常开展，能够对儿童产生潜在的影响。

（2）教师参与谈话。教师可采用轮番巡视的方式参与各组的谈话，每到一个小组都听一听儿童谈话的内容，用微笑、点头、皱眉、凝视、拍肩等体态语言给儿童以回应。教师也可以适当发表个人见解，但不宜过多，要把交流和发言的机会留给儿童，这种巡视和反馈也会对儿童的谈话产生积极影响。

（3）教师观察儿童谈话情况。当儿童展开自由交谈时，教师应认真、仔细观察儿童在谈话过程中的表现，了解儿童谈话水平的差异、观点的不同以及谈话内容有无紧扣主题等，为下一阶段的指导做准备。

3. 引导儿童围绕主题不断拓展谈话内容

经过上一环节的自由交谈之后，教师要集中引导儿童逐步拓展谈话的范围。教师可以采用提问或启发的方式帮助儿童学习新的谈话技能和规则，掌握新的谈话思路和经验，使儿童的谈话水平有质的提高。这个阶段是整个谈话活动的重点和核心。在集体谈话活动中，教师应着重思考围绕某个新话题可以引导儿童从哪些方面来谈，先谈什么，后谈什么。具体来讲，教师需要注意以下三点。

（1）注意根据儿童的年龄特点和谈话经验，不断拓展谈话内容。每一个谈话活动都向儿童提供新的语言经验，必须考虑到不同年龄段儿童的谈话水平和已有经验，应在儿童已有谈话经验的基础上进一步扩展他们的经验范畴。例如，培养儿童倾听谈话的意识、情感和能力，对不同年龄段的儿童都应有不同的要求，落实到每一次活动中，应逐步加入新的倾听经验要求。另外，各个谈话活动的新语言经验应有所侧重。例如，这次谈话活动的重点是帮助儿童学习围绕话题谈话，下次的重点可能放在学习围绕话题深入拓展小话题，在之后的谈话活动中还可能把重点放在帮助儿童自己提出话题谈话等。

（2）教师引导时应注意循序渐进，逐步拓展。教师在引导儿童拓展谈话内容时，应注意方式方法，不要让儿童觉得太过突然，而是自然而然地使话题一步步向纵深拓展。一般说来，话题往往沿着这样的顺序拓展：对话题对象的描述和基本态度—为什么会有这种态度—对话题对象的独特感受。例如，在谈话活动"我喜欢的故事书"中，可以引导儿童先描述故事书的外形、名字，然后再说说为什么会喜欢这本书，最后谈看完整本故事书后的感受。这样以提问的方式层层递进、不断拓展，就给儿童提供了一种谈话的思路。这种宝贵思路的习得无论对后面的讲述活动还是对儿童以后的读、写能力的培养，都是非常有帮助的。

（3）鼓励儿童在交谈中提出问题，并根据儿童提出的有价值的问题展开交流讨论。教师在谈话活动中可能预设很多提问，这些提问可以保证谈话活动的顺利进行。但是，儿童对于谈话主题有哪些独特的想法，有哪些问题和困惑，往往是教师在组织谈话活动时容易忽略的。在集体谈话活动中，教师应该给儿童机会，让儿童能提出关于主题的问题，并从中发现有价值的问题，引导儿童围绕问题展开讨论。

4. 教师隐性示范新的谈话经验，做好谈话活动的结束工作

教师在这一环节向儿童展示新的说话经验不是用显性示范说给儿童听，也不是用指示的方法要求儿童怎么说，而是通过深入拓展谈话范围将这种经验逐步传递给儿童。教师应用提问、平行谈话的方法将新的谈话经验引入，让儿童在谈话过程中不知不觉地沿着新思路去说，并应用新的谈话经验，最终掌握

163

这种新的谈话经验。例如，在谈话活动"我喜欢的故事书"中，教师可以谈一谈自己喜欢哪本故事书，喜欢的原因是什么。教师的示范可以给儿童提供模仿的样板。

（五）儿童谈话活动的教育作用

1. 激发儿童与他人交谈的兴趣

在儿童语言发展过程中，儿童学习语言的态度是否积极主动，讲话的愿望是否强烈，会影响儿童对语言信息的摄入量和语言发展的速度与水平。专门的、有组织的、有计划的谈话活动，能够使儿童集中注意力，激发儿童的谈话兴趣，培养他们谈话的积极性、主动性，使儿童逐渐养成良好的谈话习惯，从而促进儿童口语能力的发展。

2. 帮助儿童习得谈话的基本规则

语言的学习过程，同时也是语言使用规则的习得过程。帮助儿童学习谈话，实际上是指导儿童按照社会交往过程中约定俗成的方式进行交流，使儿童在谈话活动中逐渐领悟、掌握谈话的基本规则。儿童学习谈话时，不仅需要掌握倾听、理解别人谈话等能力，还应该懂得语言交往的基本规则。例如，别人讲话时不随便插话；别人讲话时要认真倾听；必须对别人的话给予适当的应答，以保证谈话的延续等。

3. 增强儿童通过交流获取信息的意识

在谈话活动中，儿童还可以从谈话内容中获得许多他们原来不知道的信息和知识。例如，在谈话活动"我们周围的新产品"中，儿童通过谈论新产品，能够了解很多产品的名称、外形特征及在生活中的用途；谈话活动"南京的雨花石"，能够使儿童了解雨花石的形状、花纹以及象征意义等，增加他们科学、社会等方面知识的积累。更重要的是，儿童在谈话活动过程中可以逐步建立起一种意识，即通过交流来学习。

4. 引导儿童关注周围生活

通过气氛热烈的谈话，儿童能够加深对所谈内容的了解，从而关注周围生活，培养积极的生活态度和情感。例如，在谈话活动"我们的城市/村庄"中，儿童通过谈论自己居住的城市或村庄，增进对城市或村庄的了解，产生对城市或村庄的热爱之情；在谈话活动"我们有好看的图书"中，儿童通过观看活动室里图书角的图书或自带的图书，一起谈论自己喜欢的图书，会更加喜欢阅读，并知道要爱护图书；通过参与谈话活动"我们周围的新产品"，儿童也会增强对周围生活的关注。

5.促进儿童建立良好的同伴关系

近年来，国内外教育界兴起同伴教学的潮流，认为儿童更容易从同伴那里得到多种信息和学习方法，因此大力提倡同伴教学的方式。谈话活动强调同伴间的语言交流，需要交谈双方合作。这不仅有助于儿童理解交谈规则，提高他们的交流水平，还可以促进他们相互学习，建立相互协作、共同活动的同伴关系。因此，谈话活动是同伴教学的有利途径。

三、儿童文学活动

（一）认识儿童文学作品

1.儿童文学作品的特点

（1）教育性。儿童文学作品的教育性是指作品主题要有思想教育作用，应该选择健康明朗的内容，对儿童进行真、善、美的启迪，对儿童的心理成长可以起到引导作用，有利于促进儿童德、智、体、美全面发展。例如，《手捧空花盆的孩子》《葫芦娃》等作品中描写儿童的诚实、勇敢等内容，启迪着儿童的智慧，有利于儿童道德观的形成。

儿童不喜欢耳提面命的说教，儿童文学作品恰恰通过生动的形象，起到潜移默化的作用。作品中所描写的人物、情景，就是一个个榜样，具有很强的舆论导向和感染力，在儿童品德行为和习惯的形成中，发挥着特别的作用。

（2）文学性。儿童文学作品是开启儿童心智的启蒙文学，具有语言具体生动、构思新颖巧妙、形象活灵活现、情节单纯有趣等特点。想象奇特又符合生活逻辑，能让儿童充分感受到文学的魅力。例如，儿歌《小白兔》："小白兔白又白，两只耳朵竖起来。爱吃萝卜爱吃菜，蹦蹦跳跳真可爱！"前两句主要写了小白兔的神态和外部特征，后两句重点描述了小白兔的习性。生动形象的描写增加了作品的艺术感染力和表现力，也深受儿童的喜爱。又如，楼飞甫的

《春雨的色彩》就是一篇语言优美、充满诗情画意的散文。作品描绘了一个多姿多彩的春天，让儿童感受到了春天的美。再如，我国著名作家、教育家叶圣陶创作的《小小的船》："弯弯的月儿小小的船，小小的船儿两头尖，我在小小的船里坐，只看见闪闪的星星蓝蓝的天。"这是一首非常优美的儿歌，儿歌的语言清新优美，其意境也很美，它描绘了一个神话般的仙境，在这个仙境里有"弯弯的月儿"，有"闪闪的星星"，有"蓝蓝的天"，这些事物组成了一幅优美的图画，让人陶醉其间。总之，儿童文学的语言要尽量避免使用儿童生疏和不易理解的词语，也要少使用长句、复合句。作品的语言要做到"最简练、最明确、最优美、最浅显、最适宜给儿童阅读，恰到好处"。

（3）浅易性。儿童语言发展水平及思维水平有限，对事物相互关系的理解往往比较简单，且停留于表面，这决定了儿童文学作品结构简单、情节单纯、浅显易懂的特点。根据儿童理解词义的发展特点，他们不能准确地理解抽象水平很高的词语，比较容易理解一些反映事物具体特点的词语。例如，儿童能理解"心里难过"，不一定能理解"心情不好"；能理解"山路高低不平"，不一定能理解"山路崎岖不平"。因此，在为儿童选择文学作品时，一定要多对作品的用词进行分析，作品中如有对儿童来说显得过难过深的词语，在不影响原意的前提下可稍加改动，换用儿童能理解的词语。另外，句子要尽量口语化，多用简单句、主动句、短句，少用复杂句、被动句或长句。例如，儿歌《冬公公》："冬公公，白眉毛，吹口气，呼呼叫，吹得漫天雪花飘。"语言浅显口语化，让儿童一读即懂。需要强调的是，浅显不等于词汇匮乏、干瘪无味；浅显也不等于迁就儿童，学"娃娃腔"，故意说些"猫猫""睡觉觉"之类的话。

（4）趣味性。儿童好动喜变化，对新奇的事物充满了好奇，他们喜欢语言表达生动有趣、故事性强、情节波动起伏、形象生动鲜明的作品。所以儿童作品中的主角常常是儿童喜爱的小动物，甚至可以把成人儿童化，或者有意将故事情节化，对环境场面进行离奇夸张的艺术处理。例如，金波的诗歌《老爷爷和小娃娃》："一个小娃娃，摔了一跤，老爷爷扶他起来，连连说：别哭啊，别哭啊！/一个老爷爷，摔了一跤，小娃娃扶他起来，连连说：别哭啊，别哭啊！/他们俩，都笑了！忘了谁是老爷爷，谁是小娃娃。"这首诗无论是词语的使用，还是句式的使用都适合儿童的理解水平。诗歌描写了温馨和谐的场景，用朴实的语言描绘了孩子自然模仿的行为，表现了孩子纯真的心灵，很能打动人心。

2.儿童文学作品的作用

儿童文学作品特别注重趣味性和娱乐性,人物形象和情节结构都比较简单。儿童文学是"浅语"的艺术,应注意形象的深入浅出,形象易懂,可诵可记。儿童文学作品的种类有很多,具体分为儿歌、儿童诗、婴幼儿童话、婴幼儿故事、婴幼儿图画书等。

(1)儿歌的作用。儿歌是适合儿童听、赏、念、唱的短小歌谣,儿歌生长于民间文学的土壤,主要的流传方式是口耳相传、代代相传。儿歌唱起来朗朗上口,有着动听的旋律、浅显的语言、风趣的内容、口语化的风格,能够让儿童主动积极地去唱,并且表现出浓厚的兴趣。

儿歌的作用主要在对儿童思维的扩展、智力的开发、语言美感的训练、视野的开阔、知识的丰富、语言的训练、道德情操的培养等多个方面。儿歌可以带给儿童极大的审美享受,儿歌可以培养儿童学会聆听,同时又给儿童带来听觉上的享受。不仅如此,儿歌还可以提高儿童的想象能力,因为大部分的儿歌都是有情境的,儿童可以根据歌词自己想象出一个画面。

(2)儿童诗的作用。儿童诗是以儿童为主体接受对象,适合儿童欣赏吟诵的自由体短诗。儿童诗采用了拟人、夸张、反复等修辞手法,写出了自然、童趣,对儿童具有愉悦、认识、教育、审美的作用。儿童诗有想象,有意境,语言优美,句式长短不齐,在听赏和诵读中引发儿童的思考,让儿童得到审美愉悦和情感的陶冶。儿童诗可以培养儿童的审美能力,不但在阅读的过程中儿童脑海中就会浮现出画面,培养了儿童的想象能力,而且那些优美的诗句又会给他们带来一种美的体验和享受,在潜移默化中培养儿童的阅读能力和语言表达能力。

(3)婴幼儿童话的作用。婴幼儿童话也是儿童文学作品的一种。幻想是童话的生命和灵魂,没有幻想就没有童话。学前儿童文学中的幻想,主要表现为创造性想象,艺术幻想为儿童文学打造了一个神奇、无所不能的童话世界。婴幼儿童话可以培养儿童的道德品质,让儿童在童话中学会勇敢、坚强、不放弃、有爱心等良好的品质。

对于儿童来说,婴幼儿童话每一个具体的故事本身就是一种直接的体验,一种充实、活泼的生命感觉。儿童在体验这些童话的过程中,可以把自己的喜、怒、哀、乐,以及纯真美好的种种情感投射或者融入童话中,这种宣泄可以给儿童带来无与伦比的欢乐，可以让儿童的愿望得到满足。婴幼儿童话能满足儿童的阅读期待，帮助他们宣泄情感，帮助他们习得智慧，帮助他们看到希望，欣赏爱与美、正直与善良，从而培养儿童良好的品质。

（4）婴幼儿故事的作用。婴幼儿故事也是儿童文学作品的一种，而故事是一种以真实或虚构的事件作为讲述对象，具有连贯性、吸引力与感染力的叙事性文学体裁。婴幼儿故事可以让儿童把故事和自己的实际生活联系起来，也可以和他们所知道的故事结合起来，还能表达他们的种种愿望，满足审美需要。

婴幼儿故事中多样的题材、丰富的生活场景、开阔的视野可以帮助儿童认识世界、了解世界，有助于培养其审美能力，也可以培养其良好的道德品质，促进其身心健康发展，让其增长知识，发展智力，并在潜移默化中受到教育，懂得什么是真善美，什么是假丑恶，从而培养其爱憎分明的良好品质。

（5）婴幼儿图画书的作用。在儿童文学作品里，图画书是一个重要的种类，是儿童最喜爱的文学形式之一。而婴幼儿图画书则是以婴幼儿为主要对象、绘画和语言相结合的一种特殊的儿童文学艺术形式。婴幼儿图画书可以在视觉上给儿童一种神奇的体验，就像来到了一个未知的世界，等着儿童自己去探索，一页一页去翻阅，给他们带来视觉上的冲击。看婴幼儿图画书可以从小培养儿童看书的习惯，同时也可以提高孩子的视觉审美能力。

婴幼儿图画书可以引导儿童正确认识和发现事物，开阔眼界，增长知识；可以发展儿童的观察力、想象力、语言能力和思维能力；可以培养审美能力，激发情感，陶冶性情，影响儿童人格的发展；可以带给儿童视觉美感的基本体验，培养审美能力；可以增进长幼两辈情感的交流；可以促进儿童的口语表达能力和儿童智力的发展。

婴幼儿图画书不仅可以满足儿童探索的愿望，还可以培养儿童喜欢看书、一页一页翻书的好习惯。婴幼儿图画书可以培养儿童的视觉审美能力，图画书都是色彩鲜艳，并且生动形象的，还有一定的趣味性，这样就带给儿童视觉上的冲击和享受，使儿童可以分辨什么是美，什么是丑。

（二）儿童文学活动的内涵

儿童文学活动是以儿童为对象，围绕儿童文学作品而开展的、符合儿童认知特点的语言教育活动。这类活动从一个个具体的儿童文学作品入手，围绕着作品展开一系列相关的活动，帮助儿童感受、理解文学作品所展示的丰富而有趣的生活情境，领略语言艺术的美，为儿童提供全面的语言学习机会。

儿童文学活动是儿童对文学作品进行重新建构和再创造的过程，它对促进儿童语言、智力、情感、审美能力和创造性等的发展具有多方面的教育价值。优秀的儿童文学作品不但可以激发儿童欣赏文学作品的兴趣，提升其语言感受能力，激发他们的表达热情，培养他们良好的倾听习惯和倾听能力，使儿童能用恰当的语言和表达方式与他人交流沟通，而且将对儿童的心灵产生潜移默化的影响，使儿童获得美的享受、美的感染、美的陶冶，在提升儿童的美感和审美能力的同时满足他们创造性的需要，促进儿童身心健康发展。

（三）儿童文学活动的特点

1. 围绕文学作品开展系列活动

儿童文学活动引导儿童接触优秀的儿童文学作品，使之感受语言的丰富和优美，并通过多种活动帮助儿童加深对作品的体验和理解。与其他语言教育活动相比，文学活动中的儿童所面临的活动对象是具有信息丰富、形象生动等特点的文学作品，而儿童在活动中与活动对象相互作用的首要任务就是感知、理解文学作品。文学作品呈现的是书面言语的信息，儿童需要通过聆听、诵读、阅读图画、观看动画等方式，将文学作品中的书面言语信息转化为口头言语信息，从而接收、理解文学作品所传递的信息。而任何一个文学作品中所蕴含的丰富、有趣的信息的传递，往往不是一次活动就可以完成的，因此，任何儿童文学活动都必须围绕一个具体的儿童文学作品开展系列活动，帮助儿童加深对文学作品的理解。

2. 提供多种与文学作品相互作用的途径

儿童文学活动应当着重引导儿童通过多种操作途径，积极地与文学作品相互作用。在这一过程中，通过多种操作途径让儿童获得亲身体验，即调动儿童的多种感官参与到活动中，儿童在动口、动手、动脑、动眼、动耳等中获得对文学作品的认识、理解和感受。

3. 整合相关领域的学习内容

儿童文学活动与其他语言教育活动不同的地方还表现在，由于文学作品本身的特点、儿童身心发展的特点和语言发展的规律等因素的影响,儿童文学欣赏光靠单一的语言知识、语言技能、语言运用等活动是不可能让儿童深入感知文学作品的。儿童文学活动必须整合其他领域相关内容,渗透于生活、游戏及其他教育活动中,才可能达到文学活动的目的。

(四)儿童文学活动的基本结构

儿童文学活动是系列的、网络状的活动,其活动过程的基本结构可分为以下四个层次。

1. 初步感知文学作品

这是儿童文学活动的起始环节,主要让儿童接触、认知、欣赏文学作品,这是任何一类或任何一个文学作品学习不可或缺的环节。教师应根据儿童文学作品的不同体裁、不同风格及作品内容的难易程度,采用不同的方式组织教学。例如,教师可以有感情地朗诵或讲述文学作品,或者运用多媒体手段,或者使用图片,或者结合情境表演,或者配以桌面教具完整演示文学作品,引导儿童欣赏文学作品,对文学作品有一个整体印象,然后再通过多种角度的提问,帮助他们初步理解文学作品内容。

这一层次的活动有以下三个值得注意的问题。

(1)初次感知文学作品时不要过多地重复讲述,以免儿童失去兴趣。故事类作品以讲述两遍为宜,诗歌、散文篇幅相对短小,可以适当增加次数。

(2)不强调机械背诵文学作品,以减轻儿童短时记忆负担,让他们将更多的注意力投向欣赏过程的理解与思考。

(3)多用提问方式组织讨论,加深儿童对文学作品的理解与思考。

2. 理解、体验文学作品

在引导儿童初步感知文学作品的基础上,教师要进一步组织与作品内容认识有关的活动,帮助儿童逐步深入理解和体验作品的主要内容、情节、人物特色,进而体验作品中人物形象的心理特点,以及作品的情感基调和作品的语言美、意境美。

在这一层次的活动中,教师应注意以下两点。

(1)要将指导的重点放在理解、体验文学作品上,不要草草地提几个问题后,就让儿童朗读、背诵或复述作品。

（2）在此阶段中，表演法、游戏法等方法的使用要符合文学作品本身的特点。因为在儿童文学活动中存在着一种形式越花哨越好的错误倾向，乍一看，整个活动的过程非常热闹，活动中既有儿童的表演又有有趣的游戏，但只要仔细地分析一下便不难发现，有些表演、游戏只是让活动过程中的花样增多一些，根本无法达到让儿童深入理解作品的目的。这些表演和游戏，即使设计再巧妙也应予以摒弃。

3.迁移文学作品经验

文学作品向儿童展示的是建立在作者直接生活经验基础上的间接经验，这种经验常使儿童感到既熟悉又新奇有趣，迫切地想体验。要使儿童真正理解、体验文学作品，就需要进一步组织与文学作品重点内容有关的可操作的或具有游戏性质的活动，让儿童在活动中将作品各方面内容整合地纳入自己的经验范畴，使得他们的直接生活经验与文学作品中的间接经验实现双向的迁移。

4.创造性想象和语言表述

通过前面三个层次的活动，儿童对文学作品本身的感知、理解和体验，已达到了一定的要求，教师还可以进一步创设机会，让儿童扩展想象，并创造性地运用语言，去表达自己的认识与想象。例如，让儿童续编、扩编故事，仿编、改编、创编诗歌或散文，或引导儿童围绕文学作品内容进行想象性讲述等。

在这一层次的活动中，教师应注意以下两点。

（1）该层次的活动应立足原有的文学作品内容进行。

（2）注重培养儿童对语言艺术的敏感性，应鼓励儿童动脑筋，大胆表述自己的所思所想。

（五）儿童文学活动的目标

儿童文学活动通过让幼儿接触大量优秀的儿童文学作品，培养儿童的文学审美能力，培养儿童的语言兴趣和创造能力，满足儿童的精神需求。儿童文学作品活动目标的制定应该与儿童自身的身心发展阶段和水平相适应，结合具体的文学作品文本，按照由浅入深、由易到难的次序设定，具体如下。

1.让儿童学习准确、生动、优美的文学语言表达，扩展词汇量和句型量

儿童文学作品活动向儿童传达了大量准确、生动、优美的文学语言，可

以帮助儿童积累词语,丰富句型,提高语言感受能力。在文学作品活动中学到的词语和句型、对话可以为儿童在日常生活中不同语境下的人际沟通需要提供基本素材。

例如,《小象转学》中形容小象抓老鼠时的窘态"笨手笨脚地踩呀踩";形容马儿跑起来的英姿飒爽"马儿跑起来多威风,撒开蹄儿,跑得像云那么轻,像风那么快"。四五岁的孩子可能不是非常明白"笨手笨脚""威风"的意思,但在儿童文学活动的情境下,经过教师的引导,就能较快地理解这两个词语的意思。又如,《鸭妈妈找蛋》中形容鸭妈妈生的蛋好看,故事用了"圆溜溜""亮晶晶"等形容词来描绘,鸭妈妈"慌慌张张"地找蛋,因没找到蛋而"垂头丧气",以及最后发现自己原来并没有下蛋之后的"难为情",通过文章情节的巧妙构思和词语表达,儿童能准确地明白词语的意思。再如,《小枣树和小柳树》中,小枣树对小柳树说的"你虽然不会结枣子,可是一到春天,你就发芽长叶,比我绿得早;到了秋天,你比我落叶晚。再说,你长得也比我快"等,可以充分利用故事的语境让儿童掌握"虽然……可是……"和"谁比谁……"两种句型的使用。

2.鼓励儿童创造性地运用语言,提高儿童对语言的灵活运用能力

儿童在儿童文学活动中,由倾听文学作品,到逐渐学会理解文学作品的画面和情节内容,再到熟悉掌握一些词语、句子和对话。在此基础上,教师应结合各个文学作品文本所提供的语言信息,鼓励儿童进行创造性的想象和表达,包括讲述、复述、表演、仿编和续编等形式。

例如,《彩虹蛋糕》故事中和小猴一起做蛋糕的小动物有小老虎、小猫、小兔子、小笨熊、小鸭子,它们都把自己最爱吃的东西加到了蛋糕里,所以蛋糕变得五颜六色,成了彩虹蛋糕。那么以此为基础,教师可以调动儿童的想象力,鼓励他们大胆想象还可以邀请哪些小动物来一起做彩虹蛋糕,让儿童猜猜这些小动物分别会把什么颜色的东西加到蛋糕里,然后教师要帮助儿童理顺思路,将自己的想法完整地表达出来。

又如,儿童诗《虫虫飞》:
虫虫虫虫飞飞飞,飞到草地喝露水。
虫虫虫虫飞飞飞,飞到花园踢踢腿。
虫虫虫虫飞飞飞,飞到天空排成队。

虫虫虫虫飞飞飞，飞到树上睡一睡。

教师可以引导儿童想象一下：如果自己变成了一只可爱的小虫虫，你想飞到哪里？你飞到那里想干什么？然后指导儿童自主进行表达或讲述，续编或表演。

续编、创编诗歌和故事可以更高层次地鼓励儿童创造性地使用语言，在续编、创编诗歌和故事的过程中，教师可以先给儿童展现一种实物，如蘑菇、竹子，然后和儿童一起探讨蘑菇和竹子长什么样子，长得像生活中经常见到的什么东西，生活在什么地方，在生活中有什么作用，或者哪些小动物喜欢蘑菇和竹子，蘑菇和竹子对它们的作用、价值等问题。继而教师假设一些小动物为故事的主人公，让儿童再想象一下小动物和蘑菇、竹子之间会发生什么事情，这样一个故事的雏形或者梗概就基本设计好了。当然在整个续编或创编过程中，教师应该时刻谨记把教育意图融入故事中，如希望通过这个故事，让孩子们懂得分享，或者学会合作，或者懂得谦虚，或者学会感恩等。

3.引导儿童学会欣赏文学作品，能够感受文学语言美、形式美和情感美

由于儿童文学作品题材广泛，体裁多样，加之语言自身具有的丰富性和多样性，因此，教师应经常向儿童讲述、朗读优秀的儿童文学作品，组织儿童开展丰富多彩的儿童文学活动，使儿童在倾听的过程中充分感受到不同文学作品的语言词句的风格美、行文节奏的韵律美，体验文学作品中蕴含的哲思情感之美。

例如，儿童诗歌《风在哪里》：

风在哪里？树儿说：当我的枝叶翩翩起舞，那是风在吹过。

风在哪里？花儿说：当我的花朵频频点头，那是风在吹过。

风在哪里？草儿说：当我的身体轻轻晃动，那是风在吹过。

风在哪里？风就在我们身边。春天，它吹绿了大地；夏天，它送来了凉爽；秋天，它飘来了果香；冬天，它带来了银装。

对诗中"翩翩起舞""频频点头""轻轻晃动""吹绿了大地""送来了凉爽""飘来了果香""带来了银装"，教师应充分运用挂图、PPT、音乐、舞蹈等教学元素帮助儿童构建诗情画意的"风来了"的空间，充分借助生动的语言、优美舒展的乐曲、曼妙婀娜的舞姿，让儿童充分感受文学作品的语言、形式和情感之美。

又如，绕口令《小花鼓》：

一面小花鼓，
鼓上画老虎，
宝宝敲破鼓，
妈妈拿布补，
不知是布补虎，
还是布补鼓。

上面的案例尽管是绕口令，但是情节内容非常全面，呈现了非常温馨生动的妈妈和宝宝的生活场景。这个绕口令，可以帮助儿童校正"h""g"的读音，让儿童体会富有趣味性的节奏和内容，感受母爱的温暖和童趣的可爱。

四、儿童讲述活动

（一）儿童讲述活动的类型

1. 从编码的特点分类

讲述活动可以按照多种方式进行类型划分，按照讲述内容编码的特点，可以分为以下几类。

（1）叙事性讲述。叙事性讲述就是用口头语言，把人物的经历、行为，或事情的发生、发展、变化讲述出来的方式。叙事要求说清楚人物、事件、时间、地点和为什么，并且要求说明事情发生、发展的先后顺序。

叙事性讲述有两种形式：一是按照第一人称"我"的语气，把事情经历和个人见闻讲给别人听；二是以第三人称叙事，讲述"他""她"或"他们"经历的事情。在此过程中一般只要求儿童能简洁清楚地按顺序讲述事件即可。

（2）描述性讲述。描述性讲述就是用生动形象的语言，把人物的状态、动作或物体的特征、性质具体描述出来的方式。如讲述"一张照片"，要求儿童具体描述照片上人物是什么样的，正在干什么，表情如何，自己看了照片之后的感受等。初步尝试使用具体、生动形象的词语说话，同时抓住事物的主要特征进行描述，是儿童学习描述性讲述的重点。

（3）说明性讲述。说明性讲述就是用简单明了的语言，把事物的形状、特征、功用等解说清楚的讲述方式。如讲述"我喜欢的玩具"，要求儿童说明玩具是什么样的，什么材料做的，怎么玩等。

说明性讲述不需要儿童使用生动形象的形容词，而是以表述明白事物的状态，交代清楚它的特点、来源为主。

（4）议论性讲述。议论性讲述就是通过摆观点、摆事实来说明自己赞成什么或者反对什么。由于儿童的逻辑思维水平不高，议论能力还不强，因此他们只能进行初步的议论性讲述。如讲述"我喜欢夏天还是冬天"，儿童可以通过摆观点、举例子来说明，自己到底喜欢什么季节及其原因。这种讲述可以提高儿童的语言逻辑水平，对于发展他们的逻辑思维能力颇为有益。

2. 从凭借物的特点分类

依据凭借物的特点可分为以下四种。

（1）看图讲述。这是根据图片内容进行讲述的语言活动。看图讲述包括单幅图、多幅图讲述，排图讲述，拼图讲述，粘贴图讲述，绘图讲述等多种变化方式。无论用什么方式，提供什么样的图，看图讲述的凭借物都是图片，即平面的形象画面。这类凭借物表现情景静止瞬间的暂停形象，在指导儿童观察理解和进行讲述时，需要帮助他们联想图片之外活动的形象和连接的情节。

图片是现实生活中的实物和事件的再现，具有一定的直观性，它色彩鲜艳、形象生动、情节鲜明，能够引起儿童的联想和想象，而通过儿童观察、联想，必然使其产生表达的愿望。因此，看图讲述是对儿童观察思维和说话三种能力的综合培养。

看图讲述，根据图片的运用和对儿童讲述的不同要求，还可以分为以下几类。

第一，看图谈话。其主要是根据图片内容，在教师的提问和引导下，通过一问一答的方式，把图片中所表现的主要内容讲出来。

第二，描述性看图讲述。其要求儿童，不但能观察到图片上所描绘的对象和现象的主要特征，而且能观察到细节部分，把握事物之间的关系，并且能恰当地运用语言进行细致的描述，讲清图片上表现的是什么内容。

第三，创造性看图讲述。其不仅要求儿童讲出图片的主要和次要内容的特征和相互关系，还要求儿童能够在教师的帮助下，讲出那些与图片的内容有必然的联系，但图片上没有直接表现出来的事物或内容，如事件发生前后的情节、人物的心理活动、人物的对话部分等。这要求儿童能充分发挥自己的想象，用连贯的语言，讲述出图片体现的故事。

第四,排图讲述。其是给儿童提供一组无序号的图片,让儿童根据画面的内容,将图片排成一定的顺序并讲述故事情节的一种活动。一般来说,教师提供的这组图片所反映的内容,必须是儿童熟悉的,根据这些图片儿童可以按一种思路排序讲述,也可以按多种思路排序讲述。这就要求每幅图片既要有相对的完整性,又要有一定的内在联系和多种排列的可能。这种讲述既培养了儿童的讲述能力,也培养了儿童的逻辑思维能力和想象能力。

第五,拼图讲述。其是看图讲述的一种,是看图讲述的拓展,其特点是教师不直接提供讲述的凭借物,而是向儿童提供各种构图材料,如积塑玩具、贴绒图片、磁铁图片、立体图片,其中有人物、动物、花草树木、天气状况及不同的地点等,以及一张大的背景图。儿童根据自己的意愿与想象,将这些图片摆放在背景图上,构成一个个完整的有情节的故事,并将它们清楚地表达出来。这种讲述在培养儿童口语表达能力的同时,也锻炼了他们的创造性思维能力。[1]

(2)实物讲述。实物讲述是以具体的实物为凭借物,来帮助儿童进行讲述的一种活动,具有真实可感的特点。实物包含真实的物品、教具玩具、动植物、日常生活用品和自然景物等。指导儿童进行实物讲述时,要侧重描述、倾听等语言方面的目标,而不要把主要时间花在认识这种实物上。

(3)情境讲述。根据儿童经验设计情境,由教师或儿童扮演角色进行表演或操作木偶进行表演,教师在引导儿童观看表演的同时,要求儿童凭借对情境表演的理解来进行讲述。这要求他们在表演中集中注意力和观察力,在讲述中要有一定的记忆力,不仅要记住人物和情节,还要记住人物的对话、动作、事件的发展过程;另外要有一定的想象力和思维能力,要能感受人物的内心情绪、情感的体验和心理动态,并准确地讲述出来。

(4)生活经验讲述。儿童在教师指导下,根据已有生活经验,用完整、连贯、有条理的语言,讲述自己生活中所经历的或见过的,具有深刻印象或感兴趣的事情。在讲述中,要求儿童将零散、片断的感受,组织成一段有条理的表述,因此对其组织和概括能力提出了较高的要求。除了要求儿童有较强的表述能力外,还要求儿童能正确地感受和理解社会生活,了解人们之间的关系。类似的讲述有"可爱的动物园""庆祝六一儿童节"等。此外,生活经验讲述

---

[1] 张天军.学前儿童语言教育[M].2版.上海:复旦大学出版社,2016:62.

还包括对儿童个人经验和感受的讲述，如"今天我最高兴的事""暑假里最好玩的事情"等。

（二）儿童讲述活动的主要特征

讲述活动与谈话活动都是为提高儿童口头语言能力而进行的教育活动，但这两类活动，在活动目的、活动对象、活动方式等方面，均有较明显的差异。讲述活动具有以下几个主要特征。

1. 讲述活动具有一定的凭借物

与主要围绕儿童已有经验进行交流的谈话活动不同，儿童开展讲述活动，需要有一定的凭借物进行支持。所谓凭借物，是指讲述活动中教师为儿童准备的或儿童自己参与准备的图片、实物情景等。教师通过向儿童提供讲述活动的凭借物，给儿童划定讲述的主要内容，使他们的讲述具有明显的指向性。例如，教师提供图片，让儿童讲述"快乐的星期天"，儿童就可以按照图片所展示的内容，叙述星期天所发生的事情，以及主人公是如何做的，怎样感到快乐等。因此，在讲述活动中，凭借物往往为儿童的讲述提供语言素材，对儿童的讲述起着重要的作用。儿童的讲述活动与谈话活动相比，有一定的凭借物是它的独特之处。在讲述活动中出现凭借物，基于以下两个方面的原因。

第一，符合儿童讲述学习的需要。成人讲述一件事或一个物体，可以凭借当时出现在眼前的实物、情景，也可以凭借脑海中存留的记忆进行。而儿童存在着经验和表象积累不足的实际情况，在讲述活动中，儿童不可能完全凭借记忆进行讲述。因此，儿童在讲述活动中，需要具有一定的凭借物。

第二，讲述活动是一种集体参与的活动，儿童要在集体面前进行连贯、清楚的讲述。因此，组织儿童进行讲述时，需要有一种集体的指向，要求儿童就相同的内容构思表述个人的见解。讲述活动中出现的一定凭借物，为儿童指出了讲述的中心内容。儿童可以根据每个人具体的认识，去讲述相同或相似的内容，并且产生相互交流和影响的效果。

2. 讲述活动具有较为正式的语境

所谓语境即言语环境，包括语言因素，也包括非语言因素。上下文、时间空间、情景、对象、话语前提等与语词使用有关的都是语境因素。从交际场合来讲，言语交际的实质，是利用语言传递信息、交流思想感情。不同的语言环境，要求人们使用不同的语言。在一定场合中说话，说什么和怎样说，不仅与这个场合下所说的内容有关，也与参与说话的人有关，还与这个场合里其他人说话的方式方法有关。在这些因素的影响下，人们在交往中不由自主地调节自己的说话范围、说话方式和说话风格，便于适应这一特定场合的要求。如果是一个相当严肃的交际场合，参与交际的人就应当感受到这一语境的特点，要以相对严肃的内容方式和风格说话。归纳起来说，儿童在讲述活动中，不能像在谈话活动中那样宽松自由地交谈，要经过考虑后才能发表个人见解；说话时不能有很大的随意性，要经过较完善的构思，有头有尾地说出一段完整的话来；要尽量注意在用词造句方面的正确性、准确性，合乎规则。

讲述活动为儿童提供的是一种学习和运用较正式的语言的场合。这种正式表现在两个方面：一是语言规范，儿童需要使用较为完整的连贯句。二是环境规范，一般在专门的教学活动中开展，如看图讲述等。实质上，讲述活动就是要求儿童根据讲述的凭借物，在经过精心计划和准备的语言环境中，鼓励儿童运用过去的言语和知识经验，讲述规范性语言，以达到提高口头表达能力的目的。

总之，讲述活动必须针对具体的凭借物，根据语言环境要求，组织口语表达的内容和方式，运用较正规的语言风格说话。为儿童提供一种学习运用较正式的语言进行说话的场合，是讲述活动的一个重要特点。

3. 讲述活动的语言是独白语言

独白，需要说话的人独自构思和表达对某一事或物的完整认识。讲述活动是儿童语言交际的一个场合，儿童要学习的讲述是一种独白语言。如在讲述《树木好处多》图片时，儿童要依据图片思考什么地方，有什么，并且确定先说什么、后说什么，大致要打一个"腹稿"，然后按照图片的顺序，以口头语言的方式将自己构思的讲述内容在集体面前完整清楚地讲述出来。因此，讲述的语言比谈话的语言要求高，并且是建立在一般交谈的基础之上的。需要注意的是，儿童要在谈话活动和日常交谈中发展自己运用语言与人交往的能力，也要逐步具备一定水平的讲述能力。讲述活动由于是培养、锻炼儿童独白语言的有效途径，有别于其他各类语言教育活动，因而有独特的存在价值。

4. 讲述中需要调动儿童的多种能力

除了言语能力外，儿童在讲述活动中还需要运用其他一些能力，如观察力、想象力、记忆力和思维的逻辑性等，否则就很难提高讲述的水平。以看图讲述为例，如图片《小蚂蚁和蒲公英》，儿童要将图画的内容清楚有条理地描述出来，首先要完整地认识图片，了解图片的人物、事件，这就需要儿童运用观察力和分析综合能力；然后要理解画面的表面内容，描述画面中人物的动作和事件的主要内容，这就需要儿童凭借过去的生活和知识经验加以联想、综合并得出判断；最后，要深入地反映画面本质、挖掘出深刻的内容，需涉及画面的人物、背景、事件等诸多要素之间的联系，这就要求儿童对画面进行综合性的推想，必须具有思维的深刻性和间接性。总之，只有多种综合能力的配合，才能保证讲述活动顺利、有效地开展下去。

（三）儿童讲述活动的作用

讲述活动为儿童创设一个相对正式的语言场合，引导儿童依据一定的凭借物进行独立构思，并使用比较规范的语言表达自己对某事、某物或某人的认识，能够有效提高儿童的语言水平，同时对儿童的认知、社会化发展等方面也能起到良好的作用。具体来说，儿童讲述活动有以下几方面作用。

1. 帮助儿童学习认识事物的方法

儿童在讲述之前，需要认识所讲的事物或现象。通过讲述活动，儿童能够学习认识事物的顺序和方法。以讲述活动"菊花"为例，儿童自己先要认识菊花的特征，认识花的各个部分，按照认识的顺序，如名称—颜色—花瓣形状—味道—叶子—用途—开放时间—赞美的话，使自己的讲述给听的人一个完整清楚的印象。多次的练习，有利于儿童掌握认识事物的方法。

2. 锻炼儿童讲述能力和独白语言能力

在讲述活动中，儿童需要独立构思讲述的内容、顺序、重点，考虑怎样让别人理解自己的讲述内容等，因此儿童语言教育的意义之一是培养儿童的表述能力。例如，在讲述活动"我喜欢的游戏"中，儿童讲述前要思考：讲述哪些自己喜欢的游戏？先讲述什么？再讲述什么？用什么样的词语和句子来描述？所以，讲述活动能够帮助儿童连贯、完整、清楚地讲述某一事物，说出自己想说的事。在教师指导下，他们的语言表述能力逐步得到发展。

在讲述活动中，儿童有机会逐渐学习在集体面前独立、大胆地表达自己的想法和感受，尝试说明、描述简单的事物或过程，把一事、一物、一人讲清楚，让自身的语言表述能力在这个过程中逐步得到发展。

儿童讲述活动中着重培养的独白语言，是儿童语言表述能力的一部分。例如，儿童独立讲出《小兔搬家》的故事，在教师指导下，儿童所讲的内容逐渐达到完整、清楚、符合逻辑等要求。

3.发展儿童思维和想象能力

例如，在看图讲述时，图片中的人、事、物都有一定的因果关系或者前后顺序。讲述活动中，儿童只有观察分析事物的特征、事件发生的原因和顺序，才能领会人物在不同状态下的思想感情。儿童必须经过一定的推理、判断、分析，才能认识自己所要讲述的内容，然后组织语言连贯地表述出来。此外，在看图讲述中，儿童要对画面以外的事物展开丰富联想，这也有助于培养儿童的想象力和创造性思维能力。

（四）儿童讲述活动的目标

1.培养儿童的感知和理解能力

儿童不仅要学会表达自己的想法，还要学会按照主题要求去构思和说话。这就要求儿童懂得积极地感知理解"要求说"的内容，讲述活动就是提高这方面能力的良好途径。

讲述活动要求儿童不仅要听懂指示，还要观察讲述对象——凭借物，然后通过运用概念、想象、判断、推理等多种思维方式的活动，获得一定的认识。因此，这一过程有利于儿童不断增强综合性信息的汲取能力，对儿童语言和其他方面的发展都会起到极大的促进作用。

2.培养儿童独立构思与清楚、完整表达的能力

培养儿童掌握对语言交流信息清晰度的调节功能，是为了进一步完善儿童的独白语言，让其有话会说，或者是更好地表达出来。讲述活动为儿童提供了独立构思和清楚完整表述的场所。这类活动可以从以下三个方面提高儿童的语言水平。

（1）在集体场合自然大方地讲话。3岁的儿童萌生了在集体面前讲话的意识，但儿童在集体面前讲话的能力需要通过不断学习才能得到提高。例如，有的儿童在集体场合讲话音量很小，完全不像在游戏活动或个别交谈时那样大方。通过教师指导，儿童可以在讲述活动中逐步学会如何在集体面前自然大方

地讲话。在集体场合自然大方地讲话，包括这样几点要求：一是勇于在许多人面前说出自己的想法；二是乐于跟别人分享自己的观点，积极地说话；三是在集体面前说话不忸怩作态，不脸红害羞，不胆怯退缩；四是用大于平时讲话的音量和正常的语调、节奏在集体面前说话。

（2）使用正确的语言内容和形式进行讲述。儿童处于语言学习过程之中，他们的表达还会出现语音、语法、词语方面的错误。但是通过尝试，错误可以不断得到修正，一步一步地向正确的方向靠拢。讲述活动要求儿童使用规范化的语言，这就可以不断地纠正错误，提高儿童正确使用语言内容和形式的水平。

（3）有中心、有顺序、有重点地讲述。在讲述活动中要求儿童使用独白语言，以发展儿童有中心、有顺序、有重点地说话的意识和能力。有中心地讲述，要求儿童敏锐地感觉说话范围，在讲述时不跑题，不说与中心内容无关的事；有顺序地讲述，要求儿童按照一定逻辑规律来组织、表达自己的口头语言，增强他们说话的清晰度、条理性；有重点地讲述，要求儿童抓住事件或物体的主要特征，传达最重要的信息，而不是漫无目的。在讲述活动中，儿童独立进行构思和清楚完整表达的语言能力，可以提高他们的表述水平，促进语言发展。

3.培养儿童语言交流的信息调节能力

心理语言学的有关研究成果显示，儿童在学习运用语言与人交往的过程中，需要不断提升个体对交流信息清晰度的调节技能。从总体上说，这种调节技能是针对交往场合中各种主客观因素，以及这些因素与个人使用语言关系的敏感性而言的。儿童有必要通过讲述活动学习获得这种语言运用技能。讲述活动可从以下三个方面提高儿童对交流信息清晰度的调节技能。

（1）增强对听者特征的敏感性。根据听者的特征来调节说话的内容和形式，使听者能理解和接受，这是保证交流信息清晰度的一个方面。按照皮亚杰的观点，4岁前儿童的语言主要是以自我为中心的，他们之间没有真正的相互交流，即使在一起游戏他们也常常各说各的话。每个儿童在讲到自己正在做或准备做的事情时，既不注意别人在说什么，也不关心别人是否在听自己说。因此，他们对听者的特征是不敏感的。

但是儿童在语言发展过程中，在教育的影响下，可逐步提高对语言交流清晰度的调节技能。讲述活动要求儿童在所处的集体中说话、交流，并且这种说话有共同指向的内容。这样的活动可促使儿童关注别人的言谈，以及自己所说与别人所说内容之间的关系，努力使听众对自己所讲内容产生兴趣并能理解自己讲述的内容。于是，他们就可能渐渐学会去把握听者的特征，提高这方面的敏感性。

（2）增强对语境变化的敏感性。根据语言环境的变化来调节语言表达方式，也是保证交流信息的清晰度，促使听者理解的一个方面。讲述活动是一种不同于其他语言交往的环境场合，所以要求儿童使用不同于其他场合的语言进行交流。即使在讲述活动范围内，每一次给幼儿提供的语言环境也不尽相同。例如，讲述"春天的阳光"与讲述"有趣的星期天"不一样，看图讲述和情景表演讲述也有差异。可以说，每一次具体的讲述活动，都对儿童提出了感知语境变化的具体要求，儿童在学习讲述的过程中，逐步锻炼自己对语言变化的敏感性，培养能随语言环境变化而调节自己表述方式的能力。

（3）增强对听者反馈的敏感性。在运用语言进行交往时，儿童需要根据听者的反馈，及时调整自己说话的内容和方式，这是保持语言清晰度和交流效果的又一种语言技能。

掌握这一种语言技能，需要儿童获得两方面的能力。一是讲话人及时发现听者的信号。讲话人在说话时，要及时地捕捉听者听懂与否，表现出哪些困惑的、同意的、不赞成的或其他的反馈信息，并做出相应的反应。二是讲话人要能够根据听者反馈的信息对所说内容进行修正。有关研究认为，儿童修正自己讲话，以适应听者的能力尚处在初级阶段。当听者发出不理解的反馈信息时，儿童多半是沉默或多次重复最初的话语。如果讲述的内容是他们熟悉的事情，儿童能根据听者反馈的信息进行再编码，情况会显得好一些。通过修正和解释，儿童说的内容被听者所接受的水平也就相对高一些。

儿童可以并且应当在讲述活动中敏锐发觉听者的反馈，从而及时调整交流内容和方式。在讲述活动中，儿童要在集体面前讲述一段较长、较完整的话。就听和说双方而言，他们关注的是同一内容，均处于高度注意的状态，再通过教师的提示、插话，儿童可以觉察自己所说的是否有遗漏和信息被接受的状态，并能按照要求进行修补，最终培养起根据听者的反馈及时调整交流内容和方式的能力。既然将讲述活动的重要目标定位于促进儿童独白语言的发展，那么教师在开展讲述活动时，就应该把自己和儿童的主要精力放在"讲"上，重点引导儿童运用已有经验自由讲述，学习并运用新经验进行讲述等。教师应该树立这样的观念：讲述活动中的所有工作，如图片、实物准备、情境表演等都是为儿童的"讲"服务的。

五、儿童早期阅读活动

（一）儿童早期阅读活动的内涵

早期阅读是指0~6岁儿童凭借变化着的色彩、图像、文字或凭借成人形象生动的读讲来理解读物的活动。[1] 由此可见，儿童早期阅读概念比传统意义上的阅读宽泛得多，它是指0~6岁的儿童运用视觉、听觉、触觉、口语，甚至还有身体动作等综合手段来理解色彩、图像、声音、文字等多种符号的所有活动。也就是说，对于儿童来讲，只要是与阅读活动有关的任何行为，都可以算作阅读。例如，几个月大的孩子抓着一本书咿咿呀呀地玩着，甚至在撕书；妈妈抱着孩子翻看一本图书，告诉孩子"这是一只小狗"，孩子却用小手拍着图画书，拍得越重越开心；孩子拿着电话簿煞有介事地翻阅，甚至口中念念有词……上述情形都能算作儿童的早期阅读活动。

现代观点认为，早期阅读应当从0岁开始。因为心理学的研究发现，两个月大的婴儿即能分辨不同形状的物体与图案，婴儿在5个月左右就能区分母亲和别人的面孔了，即认生。幼小的婴儿之所以能够进行如此精细复杂的分别，并非因为他们具有对图案或面孔的特征进行分析比较的才能，而是由于他们在反复观察的过程中，把整个图案或面孔的印象原封不动地作为一个模式印进了大脑。心理学家把这种掌握事物的方式叫作"模式识别"，并认为3~4岁以前婴幼儿模式识别的能力远远超过了成人的想象。依据这一思路进行早期阅读，向儿童灌输某些有价值或难度较大的书面言语知识和行为模式，是极其必要的。

在早期阅读问题上，早期识字历来是不可回避的敏感问题，也历来是我国幼教同人持有争议的一个话题。早期识字重视的是对字的结构、偏旁、意义

---

[1] 张明红.关于早期阅读的几点思索[J].学前教育研究，2000（4）：17-18.

的认识,能识字不代表喜欢阅读、会阅读,识字只是早期阅读的内容之一。事实上,不少人对阅读的迷恋早于识字,对阅读的追求导致了他们的自发识字。所以,需要强调的是早期阅读不等同于早期识字。另一种观点认为,早期阅读就是看图讲述,因而在儿童语言教育活动的具体操作上常常将二者混为一谈。早期阅读活动不是看图讲述活动,教师应将其目标与看图讲述活动的目标区分开。看图讲述活动发展的是儿童的独白言语,而早期阅读活动更侧重理解,理解图书的基本结构,理解图书情节的发展,并对图书的结尾进行预测。早期阅读包含看图讲述活动的内容,但又不等同于看图讲述活动。

(二)儿童早期阅读活动的类型

1. 根据阅读组织形式的不同,可分为儿童自由阅读和师生共读

在早期阅读活动中,教师在简单介绍图书的封面内容和名称后,就可以让儿童自己翻看图书、自由阅读。儿童可以自由选择学习内容,观察自己选择的认识对象,获得有关的信息。他们可以边看边小声讲述,也可以看完后再讲述。在儿童自由阅读时,教师应给予适当的指导。比如,教师可以提出一些启发性的问题,引导儿童带着问题边思考边阅读,帮助他们理解图书内容中的重点和难点。教师还要注意观察每个儿童的表现,做出有针对性的指导。例如,鼓励读得快的儿童关注图书的细节部分;对读得慢的儿童要分析原因,了解其所读图书难度是否适合,如何调整,以使儿童顺利进入后续的学习活动中。

师生共读虽然是教师与儿童共同进行的阅读活动,但其实也是儿童在自己观察、认识、接触书面语言信息的基础上,由教师带领儿童进一步学习这些书面语言信息。在这种活动中,教师的任务不是要告诉儿童什么,而是要与儿童共同阅读,这种"共同"更多的是一种心灵的陪伴与呵护,同时对儿童的阅读活动给予适当和必要的指导。

2. 根据阅读指导方式的不同,可分为专门的阅读活动和以阅读为主的综合活动

(1)专门的阅读活动。专门的阅读活动,即有目的、有计划地为儿童安排的阅读活动。这种专门的阅读活动可以使儿童形成积极的阅读态度,养成良好的阅读习惯,获得阅读的基本技能。根据阅读材料的不同,专门的阅读活动又可以分为以下几种形式。

①大图书阅读。大图书是指将小图书按照一定的比例放大，或者教师按照实际需要自己动手制作成大尺寸的图书。大图书阅读可以让全班或小组儿童有机会一起阅读书上的图画和文字，弥补标准尺寸的图书只能供几个儿童一起阅读的不足。

②小图书阅读。小图书阅读指的是同一内容的图书人手一册，教师指导儿童逐步学会翻书的方法，儿童进行独立阅读，并在翻看图书的过程中自己感受、体会，获得阅读经验。

③听赏活动。听赏活动指的是以倾听、欣赏图画故事为主要内容的活动，让儿童反复倾听教师的讲述，不断体会品味，养成良好的倾听习惯，增强阅读的兴趣。

④排图活动。教师为每个幼儿提供一套打乱顺序的图片，儿童在看懂图意和已有经验的基础上，根据故事的内在逻辑将图片按顺序排列，并按顺序进行讲述。

（2）以阅读为主的综合活动。

①自编图画故事书活动、诗配画活动。在教师的指导下，儿童运用已有的阅读经验和绘画技能，将自编的故事、诗歌配上相应的画面。这种阅读活动可以培养儿童将语言符号转化为画面的能力，还可以发展儿童的思维能力。

②听音乐编故事活动。教师将阅读经验与音乐感受相结合，引导儿童通过感受、理解音乐，将其转化为语言符号，进行故事讲述活动。另外，教师还可以指导儿童结合阅读进行表演活动。在儿童阅读完一篇故事或儿歌后，教师可以指导他们分角色表演，以增强他们的阅读兴趣，加深对故事、儿歌等作品的理解。

早期阅读活动不仅仅局限在对书面材料的阅读上。儿童生活中常见的各种符号、标志、文字，都可以成为他们阅读的材料，如广告牌、交通标志、商店名称、影像视频等，都可供儿童去阅读和欣赏，都有助于提高儿童的阅读水平和阅读能力。教师应当引导儿童进行"生活阅读"，有意识地指导儿童关注自然环境和人文环境中的各种信息，学会观察生活、"阅读"生活。

（三）儿童早期阅读活动的价值

1.早期阅读可以促进儿童大脑的发育

0～6岁是人的一生中大脑生长最迅速的时期。每当儿童对某一刺激有反应时，他的大脑就会将经验储存下来。阅读就是积极刺激大脑和神经组织发展的良药。这也是研究早期阅读的专家，极力提倡儿童早期阅读的主要原因。从大脑左右半球的分工来看，阅读纯文字的书籍，主要是大脑左半球在活动，大脑右半球主管事物的图像、色彩、声音等。而儿童所阅读的图画书，以图为主，主要由大脑右半球负责。图画书大都配有少量的文字，儿童在阅读图画书的过程中，自然要涉及认读文字，这时大脑左半球亦要参与活动。所以儿童阅读图画书，不但有利于开发右脑的潜力，而且可使大脑的左右半球同时接受刺激，同步发展。

2.早期阅读可以促进儿童心理的发展

早期阅读，不仅能发展儿童的观察力，引导他们正确认识事物，开阔眼界，增长知识，还可以发展他们的想象力、思维能力。儿童生性好奇，极富幻想，很容易被作品的内容、情节及主人公的命运感动，从而产生丰富的情绪、情感体验。早期阅读还能对儿童的兴趣、性格、理想等的发展与形成造成一定的影响。

3.早期阅读可以丰富儿童的社会经验

人的一生不可能什么事都去亲身经历。通过早期阅读，儿童能从阅读材料中感知大自然的美丽，初探大自然的神奇奥秘，了解社会生活中的各种人、事、物，接触国内外、各地区、各民族的不同风俗文化，初步懂得做人的道理，了解做事的一些规则，从而不断丰富其社会生活经验。

4.早期阅读可以为儿童入小学后的学习奠定良好的基础

缺乏良好的早期阅读经验的儿童入小学后会出现缺乏阅读兴趣、阅读理解能力差、学习适应困难等问题。因此，让儿童产生浓厚的早期阅读兴趣、养成良好的阅读习惯、掌握初步的阅读技能，可以为其入小学后的学习奠定良好的基础，它将使人受益终身。

（四）儿童早期阅读活动的目标

1.情感态度方面，培养儿童的阅读兴趣，养成良好的阅读习惯和态度

兴趣是最好的老师，是儿童求知的开始，但兴趣又只是儿童打开阅读之窗的第一步。培养儿童的阅读兴趣，养成良好的阅读习惯和态度是早期阅读教育的重要目标。阅读的兴趣、态度和习惯虽然都属于非智力因素，却是影响早期阅读教育活动成败的重要因素。广泛而持久的阅读兴趣是儿童求知的开始，自觉的阅读态度是儿童主体意识发展的表现，良好的阅读习惯可以为儿童的终身学习奠定扎实的基础。

（1）阅读兴趣的培养。我国古代杰出的史学家司马迁，其父司马谈是汉朝的太史令，十分博学。司马迁受父亲的熏陶影响，自幼刻苦学习，阅读史籍，10岁就能流畅地读古文，从小就培养了对史书的兴趣，从而为其日后的辉煌学术成就奠定了基础。

犹太人都很爱读书，在他们出生不久，父母就把蜂蜜洒在《圣经》上，让孩子去舔书上的蜂蜜，让孩子从小就认为书是甜的，并从此不断地给孩子讲上面的故事，将书始终放在床头，让孩子从小就感觉看书和吃饭一样重要，旨在培养孩子的阅读兴趣。

为保持儿童对图书的兴趣，教师要定期更换图书，也鼓励儿童将家中的图书带来交换阅读，以最大限度地共享阅读资源。同时，教师和家长在为儿童选书的时候，要给予儿童自主挑选图书的权力，充分尊重儿童的阅读喜好，也可以开展区角游戏，激发儿童阅读兴趣。

（2）阅读习惯和态度的培养。由于儿童思维具有跳跃性的特点，常会见到他们在翻书的时候，一会儿翻到中间，一会儿翻到前面，有时候乱翻，有时候看看这幅图，再看看那幅图，随意性大，状态无序化，问他们内容时，他们回答不出来。同时一些儿童也存在缺乏认真阅读图书的态度及观察理解符号和思考的能力。因此教师在指导儿童看书时，要有针对性地示范看书的要领，如把一页图书放大，引导幼儿按照一定顺序进行观察，并根据图画的内容，提出相关问题，让儿童带着问题有目的地阅读，提高阅读的针对性和有效性，同时鼓励儿童自己猜测、想象阅读内容的发展和结局，促进儿童书面语言的学习。

王颖在《学前儿童语言教育活动设计与指导》一书中引用世界著名学者约翰·斯图尔特·穆勒的观点，即"如果说我有一点成就的话，那是我从我

父亲那里接受了早期教育的结果。父亲从小培养了我的阅读习惯，我还可以断言，早期阅读使得我进入社会比别人早25年"①。

某种习惯的养成，从一定程度来说，要依赖某种情境的反复出现，因而创设良好的阅读环境是为良好阅读习惯的形成创造条件。例如，教师可以将图书角设置在临窗户的墙角，避免和喧闹的建构区及表演区相邻，并且保证有充足的光源，配备与儿童身高相宜的书架，以及柔软舒适、色彩鲜艳的靠垫、地垫等。同时，制定合适的阅读规则也很必要。例如，根据阅读场地的大小限制人数，避免儿童阅读时出现拥挤现象；带儿童参观成人图书馆，感受图书馆的安静氛围，了解一些图书的借阅方式；教育儿童学会爱护图书，不撕书，不乱扔书，看一本书取一本书，看完书后放回原处，在看书时不要大声喧哗，不随便打扰别人，知道根据目录寻找相应页数的方法等。

2. 认知方面，初步建立儿童口头语言与书面语言的对应关系

人类语言的两大形式是口头语言和书面语言，这两种语言对人们的生活都有重要的作用。口头语言是书面语言发展的基础，学前期是幼儿口头语言发展的关键期。在进入小学之前，他们将基本完成口语学习的任务，为更好地学习口语，并为下一阶段集中学习书面语言做好准备。对儿童来说，他们的早期阅读过程是与他们已经获得的口语分不开的，学习书面语言是调动自己的口语经验，将书面语言信息与自己已有的口语经验对应起来，是儿童自主阅读能力发展的一个重要方面。在学前期，教师有必要帮助儿童初步感知、认识书面语言，理解口头语言与书面语言的对应关系，感知这两种语言符号系统的差异，明确书面语言与口头语言具有同等的重要性。

在讲故事、念儿歌时，教师可以有意识地反复边说边指着图书中的相关文字，让儿童知道教师是在讲图书的内容，明白故事、儿歌是由文字组成的。在儿童阅读时，教师要引导儿童观察画面上的文字，用口语讲出画面内容，或听教师读图书，知道教师是在讲故事的内容。教师要帮助儿童了解图书制作的经过，知道图书上说的故事是作家用文字写出来的，或是画家用图画表现出来的。儿童自己也可以尝试做小作家、小画家，把自己想说的话画成一页一页的图画故事，再订成一本图书；还可以让儿童尝试互相写信，把自己想说的话画成图画，请爸爸妈妈在下面填上文字，然后送给别人。儿童在写信、收信的过

---

① 王颖. 学前儿童语言教育活动设计与指导[M]. 芜湖：安徽师范大学出版社，2020：184.

程中，能理解口头语言与书面语言是可以相互转换的。

在早期阅读活动中，教师可以引导儿童获得三方面的认识：第一，懂得书面语言与口头语言都可以储存信息，但书面语言用文字的方式记录储存，具有可视的特点；第二，懂得书面语言与口头语言都可以用来表达思想，口头语言是直接说出来的，书面语言是用文字写出来的；第三，书面语言和口头语言都是人们交际的工具，但是交际的方式不同，书面语言可以不受空间和时间的限制。

3. 能力方面，培养儿童掌握科学的阅读方法和技能

"阅"即教给孩子看书的技能，如学会一页一页地看书，并能从前往后按顺序看。"读"即成人讲读书籍内容，幼儿倾听，或在成人的帮助下，通过连续的画面，把人物动作与背景串联起来，从而掌握书本的内容。

早期阅读教育最基本的目标就是使儿童掌握科学的阅读方法，具备自主阅读的能力。阅读能力是在掌握阅读方法的基础上形成的，只有懂得了方法，才能形成独立的阅读能力，为儿童的终身学习打下基础。

（1）儿童应掌握的阅读方法。儿童应掌握的阅读方法有很多，如拿书、翻书、指读、浏览以及查阅资料、使用工具书和阅读时的思考、分析、归纳与总结等。通常儿童看书速度偏快，往往一翻就翻到头，一本书就算看完了。这种看书方法对儿童来说并没有什么作用。因此，在阅读时，应该引导儿童逐页阅读，让儿童仔细观察每一个画面。具体的引导方法有以下几种。

①指导儿童看书时，先看封面和封面上的字，久而久之，看书要先看书的封面再往后看的习惯就形成了。儿童拿到书，看到封面，很容易就翻到第一页、第二页、第三页……这样，儿童看一页翻一页的习惯也逐渐养成了。

②设计一些浅显易懂的语言帮助儿童掌握翻书的方法。例如，把一本书比作一个小房子，封面是前门，封底是后门，页码是小房间。看书时要把前门打开，走进小房间，每个小房间都会有精彩的小故事，看完故事之后，从后门走出来，最后把门关上。又如，可以联想小品中的名句"把大象装进冰箱，总共分几步？"，引导幼儿在欢声笑语中学会正确翻书。

③要做到多想多忆，可以在阅读之前提出一些简单的要求，让儿童带着一些问题去阅读，注意一些重要的情节，边看边思考，让儿童"自由"地接受知识，以使儿童自觉养成仔细观察、独立思考的好习惯。

④成人通过与儿童共同阅读，为儿童树立正确看书、认真看书的榜样。

例如，教师边讲故事边翻动图书，为儿童进行榜样示范，让儿童在理解故事内容的基础上，感受到有序翻看图书的益处，学习有序翻看图书的方法。

⑤让儿童知道看书时应看懂前一页再看后一页，边看边想，理解每个画面的意思。

⑥让儿童听录音看图书，引导其直接感受图书故事与录音机之间的联系。通常多运用一些儿童读过的熟悉的故事，引导儿童边听边翻，在教师的简单提示下，让儿童体验录音和图书画面之间的对应关系，巩固有序翻书的经验，最后放手让儿童独立阅读图书。

（2）儿童应掌握的阅读技能。

①观察、理解和概括的能力。

首先，学会观察。幼儿观察能力的发展，表现在观察的目的性、持久性、组织性、细致性和概括性上。例如，教师要求儿童围绕某一问题观察画面。在阅读活动中，儿童需要通过对画面、角色表情的比较、分析等做出简单的判断和推理。儿童的思维在不断观察、想象中逐渐丰富，在成人经常讲解指点的刺激下得到促进，逐步从以具体、直观、形象为主向儿童晚期的逻辑抽象思维过渡。教师应指导儿童边看边想，引导儿童在阅读的过程中，仔细观察画面中人物的表情、动作和背景，启发他们合理想象，思考画面中的人物在干什么，将要干什么，让他们联系前后页来理解画面，并串联起来，有意识地让他们认识到一个精彩的故事是由连续的画面构成的。

其次，发展理解能力。一切外部信息，只有通过幼儿的理解，才能内化为其自身的东西，同时理解力也是儿童自主阅读不可或缺的能力。理解技能是儿童阅读中最基本的技能，儿童不仅要理解单页画面的内容，还要对画面间各种角色的表情、动作及角色间的关系进行观察、分析和判断，从而理解画面与画面之间、画面与整个故事之间的联系。

最后，儿童在看完图书后，应能概括出故事的主要意思。儿童需要对照前后画面的变化，寻找共同点、不同点和衔接点，在理解的基础上以口头表达的方式概括图书的主要内容。

②反思、预期和假设的能力。

首先，让儿童在听故事、看图书的过程中，能对故事里所发生的事情和故事里的人物等进行思考，或在听完故事、看完图书之后，有对阅读内容的反思过程，这种能力将有利于儿童加深对阅读内容的理解。

其次，发展儿童的预期能力，这种能力是指估测阅读内容的能力，可为儿童在未来的阅读学习中能比较快速地理解阅读内容奠定基础。预期能力要求儿童在阅读图书过程中，单看到一个故事的开头时，就能够知道这一类故事可能的过程和结局。

最后，听故事或者看图书之后，可以让儿童假设换一个条件或情境，故事里的人或物会怎样，事情会朝着什么方向发展。

第二节　儿童语言教育活动的设计

一、设计原则

要组织好语言教育活动，重要的是设计语言教育活动方案。在设计方案时，教师要制定语言教育活动的目标，选择能实现目标的具体内容，选择与内容相适应的活动方式等。因此，可以说，教师设计语言教育活动，就是将一定的目标、内容和活动方式转化成一个个具体方案的过程，也是对儿童有计划、有组织、有目的地施加教育影响的具体体现。它应遵循以下五个原则。

（一）教育活动经验连续性原则

所谓经验的连续性是指在设计与实施教育活动时，既要了解儿童已有的语言经验，又要考虑在此基础上为儿童提供新的语言经验，由此而获得语言能力的进一步发展。设计与实施任何一组或一个语言教育活动，教师都必须注意儿童的语言经验。只有以儿童语言经验为基本设计的出发点，才能保证设计与实施的活动是符合儿童语言发展需要的，才能使设计与实施的活动对儿童语言发展真正起到促进作用。

（二）教育活动中主客体交互作用的原则

主体和客体交互作用在语言教育活动过程中具体的体现：主体（儿童）具

有参与语言活动的主动性和积极性,客体(即多种语言教育内容和适合的教育方式)从客观上能引起儿童的兴趣,激发儿童的情感,能起到促使儿童主动参与活动的作用。主体和客体不断地连续地交互作用,可以促使儿童语言获得有效的进步。

(三)教育活动相互渗透性原则

在设计与实施语言教育活动时,应根据语言教育活动的内容,引入具体形象的符号系统作为辅助学习的工具。各种符号系统参与儿童的语言教育活动已成为一种新的趋向,但是教师在实际应用中应当从语言角度更多地考虑,尤其要注意:第一,活动的要求、内容和形式都应从语言角度进行思考,为儿童提供适应其语言发展需要的学习机会;第二,在语言教育活动中,其他发展领域活动因素的参与具有辅助意义,但要根据活动内容的要求而定,要从如何帮助儿童更好地理解学习内容、主动积极地学习、完成学习任务的角度来确定。语言教育活动从语言符号的操作出发,通过多种符号系统参与活动,最后仍应"落脚"到语言符号系统的活动上。教师在设计与实施活动时,既不要简单无目的地将活动搞成语言、音乐、美术的"大杂烩",也不要忘记落实到语言教育的根本点上,那种主次不分、本末倒置、搞形式主义的"花架子"都是不可取的。[①]

(四)活动内容和活动方式相适应原则

语言教育活动的内容是多方面的,活动的方式也是变化无常的,他们之间存在着一定的关系。在教育实践中,不同的活动内容可以选择相同的活动方式,同一个活动内容也可以选择不同的活动方式。例如,故事、诗歌、图片和情景讲述,都可以采用表演的活动方式。教师在设计与实施语言教育活动时,必须充分考虑使活动内容和活动方式相适应。首先,活动方式的选用,取决于活动内容的类型;其次,教师要根据具体的活动内容采用合适的活动方式。

(五)面向全体,重视个别差异的原则

在设计语言活动时,教师应具有正确的儿童观和教育观,要使设计的活动既面向全体儿童,又重视个别差异。面向全体儿童,是指教师要了解全体参

[①] 赵艳.学前儿童语言教育概论与实践[M].长春:吉林人民出版社,2019:53.

加活动儿童的需求，教师要站在教育对象的角度去思考这个问题，把握活动设计的尺度，使活动设计能照顾到面。例如，组织谈话活动，教师应注意本班儿童已有的谈话经验和他们可能共同感兴趣的话题，以及他们的语音、语义、语法和语用水平。如让本班儿童谈论去商店买东西，将主题定在"买玩具""买食品"上，就比较适合孩子的普遍需要，也能较好地引发儿童的兴趣和运用他们自身的经验。在面向全体的同时，教师要注意个别儿童的差异。教师对那些有可能超越一般活动要求或有可能在活动中出现困难的儿童都要予以帮助，既要为能力强的儿童提供发挥他能力的机会，又要为能力较弱的儿童或不具备这方面经验的儿童提供补偿的机会。

二、设计步骤

（一）选择活动内容

1. 选择的内容应有依据性

儿童语言教育内容的选择必须以儿童语言教育的目标为依据，否则将有可能偏离总的方向。根据目标选择活动内容，并不是说目标和内容必须一一对应。实际上，一项目标往往要通过多种内容来达到，一种内容也可以同时体现几项目标的要求。例如，要求儿童"能听懂和会说普通话"这一目标，就要通过多种活动内容才能实现。

2. 选择的内容应具有适宜性

儿童语言教育活动内容的选择要与儿童心理发展特点、语言发展水平和已有经验相适宜，教育内容既要适合学前儿童现有的接受水平，又要有利于儿童的语言发展，对他们有一定的挑战性。此外，语言教育活动内容的选择还应当与教育资源、教师的实施能力相匹配，否则难以实施。

3. 选择的内容应具有情趣性

儿童年龄小，有意注意和记忆的能力较差，易受情绪情感的影响。因此，儿童语言教育活动内容的选择应富有儿童情趣，为儿童提供发挥想象和自由创造的空间，使他们感到新奇有趣。这样不但能吸引他们的注意，而且还能激发他们参与活动的兴趣和愿望，有利于儿童轻松、愉快、积极、主动地学习。

4.选择的内容应具有统整性

儿童语言教育活动内容的选择不仅应考虑前后内容的连续性和横向内容的关联性，以及儿童新旧语言经验间的内在联系，还应考虑儿童整体素质的健康发展，照顾儿童多方面的需要。教师应在一个较为宽泛的范畴中全面均衡地选择语言教育活动的内容，有机整合学前教育各领域的内容。

（二）制定活动目标

儿童语言教育活动目标制定，是语言教育活动设计中最重要的一环。目标制定得恰当与否，将对整个活动设计产生决定性的影响，包括影响活动设计的方向、范围和程度。教育活动目标可分为终期目标、阶段目标和活动目标三个层次。其中，活动目标，即具体的每次语言活动的目标，处于最具体的层次，也是最贴近教育实践活动的目标。它是每一次教学活动的出发点和归宿，也是进行教学评价的依据。因此，教师要重视活动目标的制定，具体设计时应注意以下几个方面。

（1）活动目标要着眼于儿童的发展，包含两层意思：一是目标的制定要适应儿童的需求、兴趣与已有的发展水平，符合儿童语言发展的规律；二是目标的制定应将促进儿童的语言发展作为落脚点，也就是要落实到儿童对语言内容、语言形式和语言技能的掌握上。

（2）活动目标的内容和要求，在方向上要与终期目标、阶段目标相一致。活动目标要为阶段目标和终期目标服务，而终期目标和阶段目标正是通过一个个具体的活动目标落实在每个儿童身上。因此，在制定具体目标时，要根据儿童的年龄特征和发展水平，注意由浅到深、循序渐进地提出目标，使儿童能从具体到抽象、从直接到间接地获得语言经验。

（三）确定活动结构

活动结构是语言教育活动设计中的重要部分，但长期以来，一些教师在设计和组织儿童语言教育活动时，不重视对语言教育活动结构进行分析和研究，致使活动的组成部分不明确，各个组成部分之间的搭配和排列比较混乱，活动过程展开的线索不清晰。在这种情况下，教师要想准确地把握各类型语言教育活动的特点，有效地组织语言教育活动是有困难的。因此，为了使语言教育活动的设计和组织更加规范和更有规律，更便于教师的具体操作，教师必须重视对语言教育活动结构的分析和研究。语言教育活动结构的确定需要注意以下几点问题。

1. 不同类型的语言教育活动有不同的活动结构

每一种类型的语言教育活动都有它特定的目标、特定的内容和特定的组织方式，因此，活动结构也具有明显的特殊性和针对性，不存在对任何具体教育活动都普遍有效的活动结构。显然，谈话活动的结构不同于讲述活动的结构，讲述活动的结构也不同于文学欣赏活动的结构。这就要求教师在设计和组织具体的语言教育活动时，充分注意各种类型活动的特点，准确而恰当地采用合适的活动结构。

2. 活动结构是便于操作的

不管何种类型的活动结构，从形态上看，其总是分为几个部分，然后一个步骤一个步骤地排列和展开。有的语言教育活动类型的活动结构可以分为4个步骤，如讲述活动就可以分为"感知理解讲述对象""引导儿童运用已有经验自由讲述""教师通过示范引进新的讲述经验""巩固和迁移新的讲述经验"4个步骤，有的则分为5个步骤或者6个步骤。这些步骤的展开实际上就构成了每一个具体活动过程的基本框架，教师只要按照这些框架填塞具体内容就可以设计出丰富多样的教育活动来。同样道理，教师只要按照这些步骤组织教育活动，就可使教育活动进行得井然有序。

3. 每一种类型的活动结构具有在该类活动中的普遍适用性

每一种类型的活动结构总是在广泛实践的基础上，经过总结、归纳而研究出来的，它既反映了该类活动的一般规律，又对该类活动做出了一般规范。因此，某一种类型的活动结构研究出来之后，总是对这一类活动的设计和组织具有普遍适应性。教师只要吃透某一类型的活动结构，就可以设计出无数个属于同一种类型的具体活动来。例如，在文学活动中，教师熟悉了文学欣赏活动的一般结构，就可以设计出很多个故事欣赏活动和诗歌欣赏活动。

（四）拟定活动方案

为了实现儿童语言教育的目标，使语言教育活动更具目的性和计划性，教师在确定活动目标、选择活动内容和确定活动结构的基础上，还需认真拟定一份合理的语言教育活动方案。活动方案是将活动名称、活动目标、活动准备、活动过程、活动延伸等步骤，形成书面表达的形式。语言教育活动方案一般都包含以下几项内容。

1. 活动名称

活动名称体现的是一个语言教育活动的主题。在活动名称的前面或后面要求写清楚语言教育活动的具体类型，适合哪个年龄班，活动名称应主题鲜明、简洁明了，如看图讲述活动"变色的房子"、诗歌活动"绿色的世界"等。

2. 活动目标

活动目标是儿童通过语言教育活动应该达到的具体目标。首先，具体的语言教育活动目标内涵不要过大，条目不要过多，一般为2~3条，在目标陈述中要突出直接重点目标的位置，做到目标全面而又重点突出。其次，活动目标还应难易适中，表述准确具体、简洁清晰，表述方式一致，具有可操作性。

例如，散文诗《落叶》活动的目标可设定为：①喜欢这首充满幻想的散文诗；能体验作品所展示的"秋"的美好意境和欢快的情绪。②学习有感情、有节奏地朗诵全文；掌握动词"爬、游、飞"及短句"躺在上面、坐在里面、藏在下面"。③能理解掌握散文诗的内容、结构及句式特点，能沿着作品提供的线索积极、大胆想象，仿编、创编出新的散文诗句。

3. 活动准备

周全细致的活动准备是顺利开展语言教育活动的前提和保障，是在具体活动开展之前必须完成的工作。活动准备一般包括相关的物质准备和经验准备。

（1）物质准备。其主要指教具、学具、教学设备及场地等的准备，要求写清楚教具和学具的名称、数量、来源。

（2）经验准备。其一方面是指教师自身的准备，如相应的知识结构、能力水平等；另一方面是指儿童的相关知识、语言经验准备和心理准备等。

例如，谈话活动"有趣的饼干"的活动准备可设定为：儿童平时有品尝各种各样饼干的机会，有丰富的感性认识。请每位儿童从家里带几块不同样式的饼干，分别摆在碟中，放在桌上展览。

4.活动过程

活动过程即活动展开的具体过程，儿童语言教育活动的过程一般包括：开始部分(导入)、基本部分(展开)、结束部分(结束)。在编写活动方案时，也可以按照活动的环节和步骤，具体地加以设计和编写。

（1）开始部分。主要目的是在较短的时间内引起儿童的无意注意，激发他们的活动兴趣，为活动的展开做铺垫。导入的方式因活动内容的不同、年龄班级的不同而不同，大多通过儿歌、故事、谜语、游戏、情境表演，以及新奇的教具、学具或材料、图片等导入。需要注意的是，此环节的时间一般较短，否则会影响后一环节活动的开展。

（2）基本部分。这是活动的主体部分，具体如何设计活动，要由内容来定。不同类型的语言教育活动的基本部分有自身特定的结构和模式。如果是讲述活动，首先要引导儿童感知理解讲述对象，运用已有经验讲述，然后引进新的讲述经验，最后巩固和迁移新的讲述经验。如果是语言教学游戏，要先交代游戏规则，示范参与游戏，再引导儿童自主游戏，最后还要进行游戏评价。

这部分是活动方案的主要内容，也是活动的重点和难点所在，要写得详细一些，要预先设计启发提问，设计指导策略，突出活动的重难点。基本部分要求步骤清楚、环环相扣、时间分配合理，要充分地估计儿童的学习情形，并在活动过程中为突发事件和临时调整留有余地，确保活动过程的有效展开。

（3）结束部分。一个完美的结束形式，可以对一个活动起到画龙点睛的作用。活动结束的方式因活动内容不同而有较大的差异。常见的语言教育活动结束有以下三种形式。

①总结性结束。以评议、总结的形式进行，可以以小组为单位进行讨论、评议，师生共同参与评议，最后教师总结；也可是教师直接把活动的主要内容加以总结，加深儿童对活动的印象，帮助他们有重点地记住活动内容。

②悬念性结束。其是指教师的"结尾性"教学用语带有悬念性，能够激发儿童的想象和探索的欲望，为延伸活动做铺垫，同时也可为儿童提供更广阔的想象空间。如《小山羊过桥》故事讲述活动，在结束部分教师发问："小黑羊和小白羊在独木桥上因为互不相让而争吵，然后一起掉下了独木桥。小朋友们想一想，小黑羊和小白羊一起掉下了独木桥后又会发生什么事呢？"

③活动性结束。活动结束时，可采用和活动内容相关的游戏、表演等活

动方式结束。如《小兔乖乖》故事结束时,教师弹奏乐曲,儿童学小兔子蹦蹦跳跳,让儿童在轻松、愉快的情绪中自然而然地结束活动。

活动的结束一般要简洁明快,生动有趣,使儿童有意犹未尽的感觉。具体选用哪一种方式,均需在教案中简练、明确地写出来。

5. 活动延伸

语言教育活动不是止于特定的某一次活动,而是一个长期、持续的过程。目标的达成也不是一次活动就能完成的,所以,活动延伸不可缺少。

语言教育活动延伸的方法可以是家园共育、领域渗透、环境创设、区角活动等。

6. 活动反思及评价

活动反思及评价是儿童语言教育活动整体结构的一个组成部分。通过反思及评价可以使教师了解语言教育活动的目标、内容、过程、指导方法以及环境、操作材料等教育因素是否适合儿童的发展水平,是否有效促进儿童语言能力的发展,是否能够达到预期的目标,有效地完成教学任务。通过活动教师还可反思及总结成功的经验,查找问题的原因和解决的策略,以不断提高教学质量。

总而言之,语言教育活动方案是教师进行儿童语言教育活动的理论依据,是语言教育活动设计的书面表现形式,应认真规范,思路清楚,表述准确。教师在实施儿童语言教育活动方案前应进一步熟悉方案内容;在实施活动过程中可以根据活动实际需要及儿童的反映,灵活调整活动方案;在活动后要及时写出活动记录,评价并反思活动中的得失。

第三节 儿童语言教育活动的组织

活动设计的结果是一份完整的静态计划。而活动的组织实施,则由于儿童的参与,成了一系列动态发展的进程。整个活动过程中,需要解决好不少问题,例如,怎样把握重点,突破难点?也就是如何将一个高层次目标准确地转化为多个低层次目标?在教学过程中如何由浅入深、由易到难,一步一步递进?时间段的分配怎样做到科学、合理?等等。一般来说,一个教学内容是一节课完成，两节课完成，还是三节课完成，教师要根据课程内容的深浅、儿童接受能力来看。在教学中，课程的引入部分要精彩，能吸引儿童很快进入学习状态，所占时间很短。课程的重点、难点的教学，教师的提问要到点，才能启发和引导儿童清晰明了课程的重点、难点，提问太杂、没有主次、条理不清，会把儿童弄糊涂的，这部分所占时间较多。课程的结束部分自然、合理，所占时间较短。如果时间段分配得不科学、不合理，活动各环节衔接得不自然，那事先备出那么优秀的课程也没有用，教学效果肯定达不到预期效果。这也是有的教师，备课备得很好，但上起课来总觉得哪里有欠缺，儿童知识点掌握得不好的原因。

一、语言教育活动的指导

在语言教育活动中，教师可以通过以下几方面发挥良好的中介作用。

（一）直接指导

教师通过语言示范、启发提问、讲解、评价等手段，直接指导儿童的活动。根据儿童语言经验及语言水平的实际状况，一般对语言发展较差的儿童，或进行教育内容难度较大的语言教育活动时，教师会较多地运用直接指导方式。

（二）间接引导

教师通过自身语言潜移默化的影响、语言的提示、眼神或手势的暗示等手段，间接引导儿童主动、积极地参与语言活动。这种间接引导方式，对年龄稍大的儿童和语言发展较好的儿童宜于多用。

（三）环境条件的利用

从本质上讲，利用环境条件也是一种间接引导。教师利用教具和学具，如幻灯、图片、电视、录像等，引起儿童学习的兴趣，调动他们主动、积极参与活动的热情，帮助儿童在活动中提高语言能力。根据儿童的表现和活动过程的实际情况，教师要灵活运用以上各种指导手段，使儿童始终处于活动的最佳状态，实现目标，圆满结束活动。

另外，教师自身的语言修养，即语音是否准确，吐字是否清晰，用词是否得当，内容是否简洁有条理，语调是否生动、有感染力等，都能对儿童语言发展起到十分显著的作用。

二、提高提问的有效性

提问是一种最直接、最常用的师幼交流的方式，是一种重要的教学组织手段。教师提问得成功与否，直接影响儿童参加语言活动的兴趣，巧妙设问可以调动儿童的积极性。可见，提问在语言教学中起着至关重要的作用。

（一）面向全体，引发思考

一个班级中儿童的发展水平会有差异，个性也不同。教师设计问题时要以调动全班儿童的兴趣与积极主动性为目标。如在故事《小猴卖圈》的教学中，可在故事前提问："小猴要卖圈，谁会来买呢？"这样的问题会让每个儿童都能主动地参与到活动中来，且都有话可说、有话想说。在这个故事的结尾有个问题"它们买的圈各是什么？"，根据儿童的发展水平，教师可以把它分解，如"小鸭买的圈是什么？""小猫买的圈是什么？"，在儿童回答问题后，对能力强的儿童要适时追问，引发进一步思考。例如，当儿童回答出"小鸭要买的圈是游泳圈"时，可追问"你是怎么知道的？"；而对能力弱的儿童要及时给予提示，当儿童回答不出小老虎买的是足球时，可提问"什么球可以让很多人在草地上踢来踢去？"。这样可以让每个儿童都能在自己的水平上得到发展又能体验到成功。

（二）简洁明了，目的明确

教师要根据儿童的年龄特点和思维特点来设计问题，尽量避免诸如"你是不是不能同意他不这样做？"之类的拐弯抹角、深奥难懂的问题。另外，还要避免太长的陈述，有的教师怕儿童听不清楚问的是什么，先说一大堆的话再提问题，或提出问题后，又马上加了很多说明，让儿童不能专注思考。好的问题应能为教学目标服务，能紧扣重点和难点，由浅入深逐层展开，帮助儿童梳理经验，使其得到多方面的发展。例如，故事《小猫钓鱼》中问题设计就比较简练："小猫第一次钓到鱼了吗？为什么？后来钓到鱼了吗？为什么？猫妈妈是怎么说的？"

（三）一问多答，激发创造

故事中的答案往往只有一个，但教师不能拿唯一的答案去束缚儿童的想象、类比、推理等能力的发展。所以，教师应多设计一些能引发儿童积极思考的开放性问题，使问题的答案多元化，尽量避免单一的选择性问题，如"是不是？""对不对？"等。

（四）以问带问，发展语言

设计这种问题主要是引导儿童根据自己的理解发表观点，展开讨论。如："你还有什么地方没有听懂？""你喜欢故事里的谁？喜欢他什么？为什么喜欢？"这些问题可促使不同发展水平的儿童积极思考，使他们有问题可提，有话可说。

（五）适时提问，留有余地

提问时要注意选择适当的时机，能在开始问的不留到后面，需要在最后问的也不能提到前面来问，也可以边讲边问。但无论哪种问题都需要给儿童预留充分思考和回答问题的空间、时间，尽可能地发挥儿童的自主性。

（六）积极评价，提升经验

问题问了并不是结束了，教师要认真倾听儿童的回答，并给予积极的评价。教师对儿童的答案往往有一定的期待，对与自己期待一致的答案往往会充分肯定，对其他的答案则容易出现"请你再想想吧！""噢""嗯"等模糊的评价。有的教师还喜欢重复儿童的答案，还有的教师对儿童的回答一律用不同程度的肯定给予回应，全是诸如"很好""真不错""你真棒"之类的回答，这是教师对儿童回答的不恰当的反馈，都不利于培养儿童的概括能力和表达能力。教师可根据儿童的生活经验进行追问，加强指导性评价，以帮助儿童梳理和提升经验，具体如下。

（1）当儿童回答正确时，教师应肯定正确的观点，进一步诱导追问，激发儿童再思考。教师可以进一步询问儿童是怎么想的，为什么这样想，除此之外还可以怎么办等。

（2）当儿童回答正确但不完整时，教师通过提示继续问"还有其他吗？""还有其他原因吗？"，或给予一定线索进行有效的启发。教师在回馈反应时，应从实际出发。

（3）当儿童回答问题有困难时，教师应耐心期待并积极设法促成转机。一般教师可根据具体情况采用"分解难度、化难为易""转换角度、另辟蹊径""适当提示、给予线索"等方法；而不是采用干巴巴的语言让儿童"继续"或"你再想想"，一遍一遍地"逼"问，这样做不但不能有效地鼓励儿童，反而可能让儿童觉得教师在给自己施加压力。

（4）当儿童回答错误时，一方面教师可以艺术性地纠正儿童的错误观点，引导儿童正确思考的方向；另一方面教师也可以对儿童的错误回答不予回应，让儿童在随后的环节中自行纠正错误观点。只有这样，才能更好地培养儿童的思维品质，培养儿童的推理、分析能力。

（5）教师要鼓励儿童自我判断或衡量同伴的回答，学会批判思维。教师应让儿童自我判定自己的回答是否准确，自己的猜测是否正确；让儿童去评价班上其他儿童的回答，如"你同意他的看法吗？还有不同意见吗？"。有些问题教师可以马上给予反馈，有些问题可以在随后的教学中得到验证，因此没有必要马上给予回答，可以让儿童相互作答，相互讨论。实际上，教师应首先提出问题，听取儿童的两个或三个答案后再做出反应。

综上所述，一个有效的"好问题"，可以使儿童的学习高效，更好地促进儿童的发展。而什么问题是"好问题"却没有固定答案和标准。教师要根据特定的课堂教学情境，从整体上去把握课堂教学，只有这样，才能保证教学过程真正成为发现、分析、解决问题的过程，教师与儿童才有可能真正对话。

第四节 儿童语言教育活动的评价

一、儿童语言教育活动的评价内容

语言教育活动的评价涉及许多方面，概括起来主要是三个方面：对语言教育活动的评价、对教师的评价、对儿童的评价。[①]

（一）对语言教育活动的评价

1. 对活动目标的评价

活动目标是教师按照一定的教育目标要求和儿童本身发展的需要制定的各种期望性活动结果。评价活动目标可以从以下几个方面入手：评价活动目标与儿童语言教育的总目标、各年龄段目标和各种类型语言教育活动目标是否一致；评价活动目标是否与儿童的语言发展水平相适应，处在儿童语言的"最近发展区"里；整个活动的设计与实施，是否围绕教育目标来进行；评价活动目标是否涵盖了认知、情感与态度、能力等方面的要求；评价活动目标是否具体等。

2. 对活动内容的评价

语言教育活动内容是实现语言目标的中介。评价语言教育活动的内容，主要是对内容的选择方面进行评价。评价语言教育活动内容，可以从以下几个方面入手。

一是评价语言教育活动内容是否能达到活动的目标，要根据活动目标来选择活动内容，而非确定了活动内容之后再制定活动目标。二是评价内容是否与儿童发展水平相适应。三是评价内容的分量是否恰当，有无过多或过少的情况。四是内容的安排是否分清主次或突出重难点。五是内容的布局是否合理，各要点之间的衔接是否自然流畅。六是评价内容是否便于设计和再创造。当

[①] 张天军. 学前儿童语言教育[M]. 2版. 上海：复旦大学出版社，2016：136.

然，选择的内容并不要求面面俱到，但一定要有明确的目标性，可以有所侧重，适当兼顾。

3. 对活动过程的评价

活动过程一般包含设计者的教育理念、教学思路、教学方法、组织形式、结构安排以及教具的制作与使用等内容。因此，对活动过程的评价应从以下几个方面进行。

（1）评价活动中所蕴含的教育理念：教师是否注意面向全体儿童？是否尊重儿童？等等。

（2）评价教学思路：教学思路是否清晰？逻辑性是否强？是否注意到了每一个环节和步骤之间的层次性、系列性、递进性？等等。

（3）评价教学方法：教学方法的选择和运用是否与活动的目标和内容相适应？方法的选择和运用是否考虑到了儿童的年龄特点和接受性？方法的运用是否单调呆板？是否能随着活动目标、活动内容及儿童实际而变化？等等。

（4）评价语言活动的组织形式：在语言活动进行的过程中，教师是否恰当地采用集体活动、小组合作以及个别活动等多种形式？是否在活动中体现了因材施教？分组时是否考虑到人际关系以及儿童的情感因素？等等。

（5）评价材料（教具、学具）的选择和使用：教具和学具是否有助于活动目标的实现？与活动内容是否相适应？教具和学具是否具有实用性和可操作性？数量是否充足？教具和学具是否得到了最大限度的开发和利用，即充分发挥教具的作用？等等。

（6）对活动效果的评价：判断一个活动好坏的重要标准是是否达成了预定的目标。因此，活动结束后，要看预期的目标是否达成，以及达成程度如何。

（二）对教师的评价

在儿童语言教育活动评价中，对教师本身的评价也是一个很重要的方面，它可以应用于教师自评和管理者对教师的评价。有效的评价可以促进教师自身的发展，又能促进语言教育目标的达成，提高儿童语言活动的质量。对教师进行评价需考虑以下两个方面。

1. 对教师教学能力的评价

教师的语言素养对语言活动的效果起着直接的作用,对儿童的语言发展影响更大。教师语言素养的评价可以从语言清晰和准确、普通话标准和流畅等语言表达、语言组织和语言指导等方面来进行。

另外,对教师教学能力进行评价还要评价教师在语言教育活动中的教态。观察教师在活动中的教态是否亲切自然、精神饱满、富有一定的感染力,是否善于调动儿童的情绪和内在动力;评价教师的活动组织能力和教学机智,能否灵活地处理突发事件。

2. 教师和儿童互动的情况

分析评价教师在活动中是否为儿童创设适宜的活动环境,以激发儿童主动学习的积极性;是否注意到在活动过程中培养儿童的自信、独立等良好的心理品质;是否注意到在活动中与儿童的情感交流,以及为儿童之间的交流沟通创设机会和条件等。例如,在谈话活动中,教师要充分发挥儿童的自主性、创造性,鼓励儿童以自己的视角和思维进行表述,真正使儿童成为活动的主体。

(三)对儿童的评价

教育活动评价的着眼点是引起儿童出现变化或儿童在活动中的表现有所变化。对儿童的评价从侧面反映了教育活动的效果,为调整教育计划与措施,使之朝着预定的教育或发展目标前进,并最终达到该目标提供科学的依据;也可以帮助评价者了解儿童语言学习状况及儿童语言发展的某些不足,进而有针对性地为不同水平儿童创设良好的教育机会和环境,以使他们在各自原有水平上得到进一步的发展。具体来说,对儿童的评价可以分为两个方面:一方面是从儿童学习效果的角度,对目标达成情况进行分析和评价;另一方面是从儿童在活动中的表现,对儿童参与活动程度进行分析和评价。

1. 对目标达成情况的评价

在对目标达成情况进行分析时,一般涉及三个方面。

(1)认知目标的达成情况,即了解儿童是否获得了目标所规定的语言知识,是否掌握了有关的词语和句型,是否懂得在什么样的语言环境下运用这些词语和句型等。

(2)情感与态度目标的达成情况,即了解儿童是否形成了耐心倾听别人说话的态度，是否乐意在集体面前讲述自己经历的事或图片内容，是否懂得并遵守语言交往中的一般规则。

（3）能力目标的达成情况，即了解儿童组词成句的能力和在具体情境中运用语言的能力，是否能根据活动中的语言情境来运用有关的词语、语法和语调，是否能用连贯的语句说清楚自己想要表达的意思等。

在对以上三个方面进行分析的同时，还应对达成程度做出判断，一般分为三个等级，即"完全达到""基本达到"和"尚未达到"三个等级。

2. 对儿童参与活动程度的评价

在活动中观察儿童的表现，可以了解儿童语言发展的状况，同时从侧面反映活动设计和组织的情况。因而观察儿童是了解儿童进而评价语言教育活动的基础。儿童参与活动的程度，可以分为三个等级，即"主动积极参与""一般参与"和"未参与"。

主动积极参与是儿童参与教育活动的最佳状态。在这种状态下，儿童有着强烈的学习动机和浓厚的学习兴趣。在活动中，儿童注意力集中，跟随着教师的思路走，认真倾听教师和同伴的发言。当教师提问时，儿童积极举手发言，乐意在集体面前表述自己的观点或讲述一件事情。如果在一个活动中，儿童能主动积极参与并能达到预期教育目标，说明这个活动从目标的制定到活动的组织都是恰当的，与儿童的语言发展状况有着高度的适应性。

一般参与是儿童参与活动程度的中间状态。在这种状态下，儿童仍然进行着学习活动，但基本上属于被动学习。在教师的不断提醒下，儿童能集中一定的注意力倾听教师的话和同伴的发言。当教师提问时，儿童并不积极主动举手发言，但当教师点到名字时，其也能站起来回答教师的问题。在一般参与状态下，通过教师的精心组织，教育活动目标基本上可以达到，教育任务也能完成。但是，这种状态的出现说明：活动目标的制定、活动内容的选择、活动方法的使用，与儿童语言发展状况还缺乏高度的适应性，还需要加以改进。

未参与是儿童参与活动程度的最不理想状态。在这种状态下，儿童对正在进行中的活动毫无兴趣，当教师发出指令或是同伴发言时，他们不能够集中注意力倾听，或是东张西望，或是与同伴打闹嬉戏。这种状态的出现，说明教师事先在设计活动方案时，从活动目标的制定到活动过程的组织不太恰当，需要重新设计。

二、儿童语言教育活动的评价类型

按照不同的维度,儿童语言教育活动的评价可以分为不同的类型。每一种类型都有适用的条件和前提,但与此同时,不同的评价类型之间并不是完全独立和相互排斥的,在评价的实际运用中通常是相互交叉的。

(一)正式评价和非正式评价

根据评价的计划性,儿童语言教育活动的评价可以分为正式评价和非正式评价。

正式评价往往采用量化的方式来进行。体现在教育活动中,正式评价多表现为上级行政部门或幼儿园管理层根据一定的目的和计划而开展与实施的评价,一般采用量化和等级或分数式的评价表。

非正式评价通常是指发生在教育活动过程和特定活动情境中所进行的对儿童的言行以及教学活动现象或事件的观察和评定。非正式评价一般很难量化,具有较大的主观性和隐蔽性。但教师通过非正式评价可以更好地了解学习者的需要、学习风格、认知特点,以帮助和促进儿童的学习。非正式评价也需要一些信息的收集,观察法通常是教师收集信息最重要的方法之一。

(二)诊断性评价、形成性评价和总结性评价

根据评价的功能和运行时间,儿童语言教育活动的评价可以分为诊断性评价、形成性评价和总结性评价。

诊断性评价是在教育活动之前进行的预测性评价,目的在于了解评价对象的基本情况,从而有效地发现问题,为制订计划和解决问题做准备。

形成性评价是在教育过程中持续进行的,通过对儿童学习进展情况的评价,了解教育过程的成效,及时调节教育活动的进程,以提高教育活动实效。形成性评价是伴随着活动进程自始至终所进行的一种动态性评价,能够获取的评价信息量大、范围广。对于教育活动的实施来说,形成性评价在及时获取有效信息,把握活动状况、儿童需要,调整教学指导策略,促进儿童有效学习等方面有着重要作用。伴随着教育活动过程的形成性评价可以通过与儿童交谈、观察儿童具有典型意义的行为表现、分析儿童作品等方法来进行。

总结性评价是指在完成某个教育活动或某个单元性、阶段性活动之后进行的总结和评定。它与目标达成密切相关,注重活动结果的评价,基本不涉及过程,是事后评价。

(三)个体评价和整体评价

根据评价对象的范围,儿童语言教育活动的评价可以分为个体评价和整体评价。

个体评价是指对参与教育活动的儿童个体进行的评价,评价的内容包括儿童对于活动所表现出的兴趣、儿童的参与态度、儿童的学习方式与能力等诸多方面。个体评价的目的是更好地了解儿童个体,进而有针对性地促进儿童个体提高探索和学习方面的能力。

整体评价是对教育活动中参与活动的儿童群体进行的综合性评价。通过整体评价,教师可以从宏观方面把握本班儿童的认知水平、学习能力、兴趣爱好,对整体特点进行分析,从而改进教育活动的设计与实施方案。

(四)自我评价和他人评价

根据评价的主体,儿童语言教育活动的评价可以分为自我评价和他人评价。

所谓自我评价,是指参与者主体进行的自我评价。在教育活动中,自我评价主要是指教师通过自我认识与分析,根据一定的标准对自己的教学活动进行价值评判的过程。对于教师而言,这是一种内在的行为,是教师对教育的反思过程,能够有效促进教师专业能力的提高。对教育活动进行反思,教师可以从儿童学习的角度进行反思,也可以从教师教学的角度进行反思。总之,反思是教育活动中自我评价的一种重要方式,是现代教师成长的阶梯。教师有意识地进行自我反思和评价能更快地提高自己的课堂教学能力。

他人评价是指评价主体独立于评价对象之外所实施的一种评价。这里的他人可以是管理者,也可以是同行教师。管理者对教育活动进行评价,其目的是评价教师的教学水平,对教师进行考核;教师之间的评价是分享经验、彼此交流。他人评价教育活动,可以将着眼点放在儿童身上,评价儿童在活动中的具体表现;也可以将着眼点放在教师身上,评价教师在教育活动设计和组织过程中的表现。

三、儿童语言教育活动的评价原则

（一）客观性原则

客观性原则是指进行儿童语言教育活动的评价时，必须采取客观公正、实事求是的态度，科学地确定和使用评价标准，尽量减少主观臆断和个人情感因素的影响。这是进行语言教育活动评价的基本原则。

遵循客观性原则，首先，要求评价者必须采取科学合理的评价方法、手段和工具来展开评价，不能依靠主观经验来臆断。评价开始之前，评价者应该对评价对象、评价目的、评价内容以及评价依据与手段做认真的考虑，做好充分的评价前准备；在评价过程中，评价方法和手段要具有科学化标准，能便于评价者合理操作和实施。在评价过程中随意增加或减少标准、提高或降低标准的做法都是不符合客观性原则的。其次，要求评价标准应适合每个评价对象，不能以偏概全，否则，就不是客观的标准。最后，要求评价者以客观公正的态度对待每个评价对象，不能添加个人感情色彩，更不能因个人好恶而使评价结果出现偏差。

（二）全面性原则

儿童语言教育活动的评价要体现全面性原则。首先，全面性原则指教育评价要贯穿教育活动的全过程，关注教育活动的各个环节，避免以偏概全，或只评价教育活动的结果。其次，全面性原则还指要全面评价儿童发展的各个方面，对其认知、情感、态度、社会性、学习品质等多方面进行考察。再次，全面性原则还指评价的信息渠道应该多样，评价者可以通过观察、记录、交流等多种方式获得信息。最后，全面性原则还指评价主体应该多样，评价应该是家庭、社区、教师、儿童等共同参与和合作的过程。

遵循全面性原则，一方面要求评价标准能够全面和充分地反映教育目标，反对过分强调某些因素而忽视其他因素；另一方面要求在评价过程中要全面、充分地收集信息，不要偏听偏信。只有遵循了全面性原则，才能保证评价标准的全面性和在评价过程中收集信息的全面性，才能使评价工作更科学、准确。

（三）参照性原则

参照性原则是指制定的儿童语言教育活动的评价标准要有一定的依据。首先，要依据国家有关法规性质的文件来开展评价，这是确定语言教育活动的评价的根本依据。其次，要依据儿童语言发展的基本规律来开展评价。应根据儿童在每一个年龄阶段应有的语言发展水平做出恰当的规定，不可任意提高或降低评价的标准。最后，要依据语言教育活动的目标来开展评价。语言教育活动的目标不但是语言教育活动的指南，而且也是语言教育活动的评价的指南和参照。在评价过程中，那种脱离目标另定标准的做法是不可取的，也是缺乏科学性的典型表现。

（四）发展性原则

在进行儿童语言教育活动的评价的过程中，评价者要以发展的眼光来看待被评价者，评价的目的是促进教师和儿童进步。从教师角度来看，评价者要善于引导教师运用专业知识审视自己的工作，不断发现、分析、研究、解决教育工作中遇到的问题，并在这一过程中锻炼自己的专业实践能力，实现自身的专业成长；从儿童角度来看，对儿童的评价过程不应该是简单做出结果性评判，而应当成为教师了解儿童、理解儿童、欣赏儿童的过程，从而促进每个儿童的发展。

（五）情境性原则

教育活动是在一定的情境下发生的，教师与儿童或儿童与儿童之间不断互动的动态过程，因此，对教育活动的评价必须考虑到其特定的情境。在教育阶段，评价的主要意义在于提供这样一种信息，即儿童在教育活动中是如何取得进步的，并允许教师根据评价结果调整活动计划来满足儿童的需要与适应其学习特点。比起测试性评价，关注到情境的真实性评价更能够保证教师掌握儿童学习发展的现实状况，从而进一步设计出合适的教育活动。

（六）个别化原则

儿童语言教育活动的评价既要关注到儿童群体，也要关注每一个个体。教师应该遵从儿童的个别差异，在活动的过程中对不同儿童进行观察记录，给予有针对性的评价。此外，教育活动评价既要关注儿童的全面发展，也要关注儿童某些方面的特殊表现和能力，教师要对儿童特有的潜能或一些独特的个性进行记录评价，为其个性化、个别化的发展和生成留有空间。

（七）尊重性原则

儿童语言教育活动的评价要充分尊重被评价者。无论是对儿童还是对教师的评价，评价者要公正、客观，尽量从正面入手，帮助儿童和教师发现自己的长处，弥补自己的不足，做到扬长避短。尤其是教育管理者对教师的教育行为进行评价时，一定要注意持肯定和鼓励态度，激发教师不断进取的信心和渴望，促使教师能够不断自我完善和提高，从而使教育活动得到改进；避免直接切入缺点，打击被评价者的自尊心。

四、儿童语言教育活动的评价方法

（一）观察法

观察法在儿童语言教育活动的评价中发挥着重要作用。教师通过游戏、劳动、娱乐、散步、游览等活动，对儿童进行细致的观察，把评价工作纳入日常生活之中，能够更真实地反映儿童语言发展的实际水平。

观察法是指对评价对象的外在行为进行有目的、有计划的观察和记录，并以此来了解被观察者的表现或发展情况。通过观察，教师可以更好地认识、理解儿童的能力与需要，获得真实的信息，进而为选择和制定教育活动目标与内容提供依据。观察是教育评价的有效工具，在教育领域运用广泛。在运用观察法时，评价者不应该对被观察者的行为进行干预和限制，同时还要避免让被观察者发觉评价者的观察意图，从而出现紧张或不自然的行为，影响观察结果的真实性，并且要有明确的观察目的，做好观察记录。通过观察，评价者可以获得大量的评价信息，可以及时了解教育活动的运行状况，还可以通过观察得来的反馈信息，及时调整活动的内容、方法和组织形式。这一方法主要通过对儿童行为表现的观察与了解来对整个教育活动的效果进行分析，这是一种很有效的评价方法。观察法的运用可以通过多种途径来进行，最常见的是在自然情况下进行观察，有时也可以通过提问来观察儿童语言表述情况。在自由活动时，教师可以通过与儿童的个别交往和巡视来对儿童的语言发展情况进行观察。对于在日常生活中不易观察到的情况，教师可以根据评价指标设计专门的活动，创设相应的条件，以促使儿童自然地表现其发展状况。

（二）自由叙述法

自由叙述法是将对儿童语言教育活动的意见、判断、感想等自由地写下来，通过文字叙述对儿童语言教育活动加以评价的方法。这种方法既适用于自我评价，也适用于对他人的评价。自由叙述法的最大特点是不做定量分析，不需要专门的测量工具和复杂的评价程序。

自由叙述法有利于综合反映活动过程中的情况，既可以对静态的因素（如目标、内容、方法、材料、环境等）加以评价，又可以对动态的因素（如儿童在活动中的行为表现）加以描述。不过，为了清楚地用文字表述对某一活动的评价，在叙述时评价者应该加以分类。叙述中的分类可以有多种维度，可以按照活动的要素将叙述的内容分为对目标的评价、对内容的评价、对方法的评价、对教师与儿童关系的评价、对活动气氛的评价，也可以按照优缺点分成两大类，还可以分为对儿童的评价和对教师的评价，等等。总之，叙述中的分类可以灵活多样，自由评述。

（三）综合等级评定法

为了在评价中获得对儿童语言教育活动的总体印象，在儿童语言教育活动的评价中，评价者还可以运用综合等级评定法。这种方法既对活动的各种因素进行分析评定，又对活动的各种状态进行分析和评价，从而能够得到综合的评价信息。

综合评定法从纵向和横向两个维度确定评价指标。纵向评价指标包括构成语言教育活动的各种因素，主要有目标、内容、形式、儿童参与活动程度、材料利用情况、师生关系；横向评价指标包括教育活动各因素在运行过程中的状态及等级。综合评定表见表5-1。

表5-1 综合评定表

	目标	完全达到	基本达到	未达到
目标达到分析	目标1			
	目标2			
	目标3			
适合程度分析	内容	完全适合	基本适合	不适合
	形式			
活动因素分析	参与程度	主动参与	一般参与	未参与
	材料利用	充分利用	一般利用	未利用
	师生关系	积极互动	一般配合	消极被动

参考文献

[1] 陶金玲. 做中学与幼儿教育[M]. 合肥：安徽少年儿童出版社，2011.

[2] 赵艳. 学前儿童语言教育概论与实践[M]. 长春：吉林人民出版社，2019.

[3] 张明红. 婴幼儿语言发展与教育[M]. 上海：上海科技教育出版社，2017.

[4] 李香娥，李宪勇. 学前儿童语言教育[M]. 沈阳：辽宁大学出版社，2013.

[5] 陈艳妮. 儿童语言发育特点[M]. 西安：世界图书出版公司，2018.

[6] 刘慧丽，连翔. 自闭症儿童语言干预的内容、反思与建议[J]. 现代特殊教育，2012（12）：45-47.

[7] 孙静. 利用童话故事促进儿童语言发展的策略研究[J]. 早期教育（教育教学），2020（11）：16-17.

[8] 翁娅. 基于案例分析的儿童语言教育研究：评《学前儿童语言教育与活动设计》[J]. 语文建设，2022（2）：83.

[9] 蒋文霞. 幼儿语言教育意义探析：评《学前儿童语言教育》[J]. 中国教育学刊，2021（11）：146.

[10] 施怿璇. 绘本作品在儿童语言教育中的运用[J]. 汉字文化，2021（11）：102-103.

[11] 周锐，贺志华. 基于儿童特征的语言教育APP中交互性叙事研究[J]. 齐齐哈尔大学学报（哲学社会科学版），2021（4）：180-184.

[12] 张红梅，李敏. 焦点、问题与展望：幼儿语言教育研究述评[J]. 教育观察，2021，10（8）：6-10，43.

[13] 田晔. 儿童文学对幼儿语言教育的作用[J]. 汉字文化，2020（10）：120-121.

[14] 程颖. 绘本剧表演在学前儿童语言教育发展中的实践[J]. 农家参谋，2020（14）：214，254.

[15] 张晓燕. 情境创设在学前儿童语言教育中的应用[J]. 吕梁教育学院学报，2019，36（1）：33-34，52.

[16] 郭庆. 语言获得理论对听障儿童语言康复教育的启示[J]. 现代特殊教育，2021

（9）：52-54.

[17] 张云秋，徐晓炜. 早期儿童语言习得中的经验因素[J]. 首都师范大学学报（社会科学版），2021（2）：120-129.

[18] 周鹏. 儿童语言习得机制跨学科研究：进展、问题和前景[J]. 语言战略研究，2021，6（1）：48-59.

[19] 李军石. 口部肌肉训练和感知训练治疗孤独症儿童语言交流障碍的疗效[J]. 医学信息，2019，32（12）：118-119.

[20] 高立群. 儿童语言习得的经验论和先天论[J]. 中国听力语言康复科学杂志，2019，17（2）：154-157.

[21] 李广兴，宋杨. 浅析语言发展理论对学前儿童语言教育的影响[J]. 才智，2016（22）：180.

[22] 傅顺华. 论儿童语言获得研究中的语言感知实验方法[J]. 凯里学院学报，2015，33（2）：98-101.

[23] 王学坚. 论语言发展理论对学前儿童语言教育的启示[J]. 黑龙江教育学院学报，2014，33（6）：113-114.

[24] 杨虎民. 幼儿语言获得理论的综述及其展望[J]. 赤峰学院学报（汉文哲学社会科学版），2014，35（4）：205-206.

[25] 宋新燕，孟祥芝. 婴儿语音感知发展及其机制[J]. 心理科学进展，2012，20（6）：843-852.

[26] 刘晓峰. 儿童语言获得机制的研究[J]. 信阳师范学院学报（哲学社会科学版），2012，32（4）：21-25.

[27] 黄璟. 从语言获得理论谈儿童语言教育的启示[J]. 中国石油大学胜利学院学报，2010，24（1）：69-71.

[28] 刘道英. 谈儿童语言能力获得的条件与过程[J]. 青海师范大学学报（哲学社会科学版），2007（6）：116-119.

[29] 周福盛. 论儿童语言获得中的先天作用和后天作用：兼论几种较有影响的语言获得理论[J]. 宁夏大学学报（人文社会科学版），2003（2）：105-109.

[30] 刘电芝，洪显利. 影响儿童早期语言获得的主要因素[J]. 学前教育研究，2000（6）：10-12.

[31] 蒋瑶，李芊均，崔丽君. 儿童语言发育迟缓诊断和康复治疗进展[J]. 按摩与康复医学，2022，13（12）：62-64.

参考文献

[32] 钟庆,刘青,陈芳芳,等.自闭症儿童语言康复实验研究[J].安顺学院学报,2021,23(6):82-85.

[33] 昝飞.自闭症儿童社交技能训练的实施策略[J].现代特殊教育,2020(13):17-20.

[34] 刘金凤.改善自闭症儿童人际交往能力的个案研究[J].科学咨询(教育科研),2020(7):142.

[35] 徐子淇,贾兆娜.听觉障碍儿童语言习得探析:基于乔姆斯基普遍语法的思考[J].绥化学院学报,2020,40(7):33-36.

[36] 康彩玲.听障儿童语言发展的干预措施[J].教育观察,2019,8(33):138-139.

[37] 刘霞,魏燕荣.我国自闭症儿童教学干预研究综述[J].乐山师范学院学报,2019,34(8):134-140.

[38] 喻斌,朱柯,吴开腾,等.我国自闭症儿童的现状研究[J].科教导刊,2019(15):136-137.

[39] 郭雨祺.前语言动作与早期语言发展关系刍议[J].唐山师范学院学报,2017,39(1):53-55,92.

[40] 杨俊荣.探究语言运用的儿童语言发展观[J].凯里学院学报,2015,33(5):60-62.

[41] 赵蕴楠.孤独症儿童语言发展个案研究[J].教育教学论坛,2014(20):278-280.

[42] 贺利中.听觉障碍儿童言语行为发展研究[J].教育理论与实践,2009,29(30):54-56.

[43] 赵晓妍.图片交换沟通系统(PECS)在自闭症儿童语言训练中的运用:无语自闭症儿童语言训练的个案研究[J].现代特殊教育,2007(6):40-42.

[44] 李宇明.儿童语言发展的连续性及顺序性[J].汉语学习,1994(5):18-23.

[45] 刘佳佳.汉语话题结构的儿童语言习得研究[D].广州:广东外语外贸大学,2021.

[46] 陈珊珊.自闭症儿童形象语言理解文献研究[D].广州:广东外语外贸大学,2021.

[47] 康长旭.基于游戏化理念的学龄前儿童语言教育应用设计研究[D].上海:华东理工大学,2018.

[48] 陈玲招.在自闭症儿童语言发展中的实践研究[D].深圳:深圳大学,2018.

[49] 毛倩.汉语自闭症语障儿童语言教育基础研究[D].烟台:鲁东大学,2012.